Wolfgang Pucher

Rebell der Nächstenliebe

Aufgezeichnet von Cornelia Krebs

:STYRIA

Fotonachweis:
Cornelia Krebs: S. 6, 28, 86, 96, 152, 248, 264, 276, Bildteil 3/4, 6, Bildteil 4/1-3, 5-9, Bildteil 5/1
Mo Krebs: S. 268
Wolfgang Pucher: 48, 61, 64, 73, 81, 82, 172, 177, 232, 244, 247, Bildteil 1/1-7, Bildteil 4/4, 10-11, Bildteil 5/6, Bildteil 6/1-6
www.bigshot.at/Christian Jungwirth: S. 114, Bildteil 2/5-7, Bildteil 3/5
Andreas Hofer: S. 210, Bildteil 5/4
Peter Melbinger: Bildteil 3/1-3
Stefan Amsüss: S. 132, 151, Bildteil 4/12, Bildteil 5/2
Wolfram Strohschein: S. 144-146
Michael Bachler: Bildteil 4/15
Claudia El Morsi: S. 200, Bildteil 5/3
Foto Fischer, Graz: S. 149, Bildteil 2/2-3
Privat: S. 138
Foto Gösta Pongratz: Bildteil 4/14
Foto Jare: S. 18, Bildteil 2/4
Wim van der Kallen: Bildteil 4/13, Bildteil 5/5
Max Behounek: Bildteil 2/1
Cover: McCann Erickson/Peter Palme

3. Auflage Februar 2015

Projektleitung: Anneliese Kainer, Graz
Lektorat: Rosemarie Konrad, Graz
Covergestaltung: Bruno Wegscheider, Wien
Innenlayout: malanda-Buchdesign, Andrea Malek, Graz
Repro: Look@Piculjan, Graz
Druck und Bindung: gesponsert von StyriaPrint GmbH, Am Hartboden 33, 8101 Gratkorn, www.styria-print.com

ISBN 978-3-222-13264-3

Inhalt

IV., LEND
Heßgasse

Heßgasse oder Lehrjahre im Sozialbau

Am 3. Juni 1973 hielt ich in Graz-St. Vinzenz meine erste Predigt. Ich sagte zu den Leuten: „Ich werde für alle Menschen da sein, aber in erster Linie für diejenigen, die mich am meisten brauchen." Ich denke, dass mich damals viele nicht richtig verstanden und mit meinen Worten nicht viel anfangen konnten. Ich selbst erkannte jedoch sehr bald, wo ich hingehen musste – in die Delogiertensiedlung in der damaligen Heßgasse.
Die Heßgasse – das waren vier sechsgeschoßige Häuser, in den 50er-Jahren notdürftig errichtet für Menschen, die kurzfristig keine andere Behausung hatten. 800 Menschen lebten in dieser Siedlung, 200 davon waren Kinder, ausgespuckt von der Gesellschaft – oder sie hatten sich selbst von ihr verabschiedet.
Eigentlich war die Heßgasse ein Provisorium, eine reine Notunterkunft. In Wahrheit ein einziger Slum. Ich hatte so etwas in Österreich noch nie zuvor gesehen. Keines der Häuser hatte auch nur ein einziges Bad oder eine Dusche. Es war sogar verboten, sich einen Sanitärraum einzurichten. Niemand besaß eine eigene Waschmaschine, pro Haus gab es eine Gemeinschaftswaschküche – bei je 30 Wohnungen kann man sich den Betrieb dort vorstellen. Es gab keine Straßenbeleuchtung und keine Telefonanschlüsse. Und natürlich keinen Spielplatz. Die Wohnräume waren spartanisch ausgestattet: eine Glühbirne an der Decke, ein

Tisch mit ein paar Sesseln, ein Waschbecken. Pro Stockwerk gab es zwei Toiletten am Gang. Die Eingangstüren der Häuser waren sinnigerweise aus Glas – sie wurden immer wieder eingetreten, im Winter pfiff der eisige Wind durch die Stiegenhäuser. In dieser Siedlung spielte sich alles ab, was man sich an Hässlichem nur vorstellen kann: Alkohol, Prostitution, Gewalt. Fast alle waren arbeitslos. Vor allem die Kinder waren in großer Not.
Ich versuchte, eine Hausversammlung zu organisieren. Die Vinzenzgemeinschaft hatte ich zuvor auf das Projekt eingeschworen. Wir gingen von Tür zu Tür und luden die Menschen zu einem Treffen in die benachbarte Volksschule ein, wo uns ein Klassenzimmer zur Verfügung gestellt worden war. Den Platz benötigten wir schließlich bei Weitem nicht – von den 800 Menschen kamen ganze vier. So wirklich überrascht war ich darüber nicht. Menschen, die ganz unten sind, neigen dazu, jeglichen Kontakt zur Umwelt abzubrechen, sie schotten sich freiwillig von der Gesellschaft ab. Sie gehen zu keinem Amt mehr, sie lesen keine behördlichen Schriftstücke, Zahlungsaufforderungen werden ignoriert, die Post wird weggeworfen. Und wenn jemand zu ihnen kommt und sie einlädt, dann ignorieren sie das einfach.
Wir fragten die vier, die gekommen waren, was sie am meisten bedrücke. Und es wurde eine ganz schön lange Liste, zwei DIN-A4-Seiten voll. Die Probleme teilten wir in zwei Gruppen: die, deren Lösung etwas kosten würde, und die, für deren Linderung kein Geld nötig war. Wir wollten mit jenen Dingen anfangen, die wir uns leisten konnten. Die erste Sache, die wir in Angriff nehmen wollten, war der Straßenname. Jeder, der in der Siedlung wohnte, trug ein Stigma: Weil die Heßgasse – das waren eben nur diese vier Häuser.

Als in der Volksschule einmal ein sogenannter Läuseerlass vom Landesschulrat veröffentlicht wurde (die gibt es ja auch heute noch ab und zu), hieß es als Erstes: „Heßgassen-Kinder raus!“ Die wurden sofort untersucht. In diesem Zusammenhang fällt mir ein junges Mädchen ein, das eine Schnupperlehre in einem Friseursalon beginnen wollte. Als man sie nach ihren Daten fragte, traute sie sich nicht, ihre Adresse zu nennen. „Drüben, bei dem großen Autohaus“, gab sie nur an. Die Chefin des Salons – eine Mitarbeiterin von mir – wusste gleich Bescheid und fragte, ob sie denn in der Heßgasse wohne. Das Mädchen nickte verschämt. Sie hatte Angst gehabt, die Lehrstelle deswegen nicht zu bekommen.
Oder all die jungen Burschen – wenn einer mit einem auffrisierten Moped von der Polizei erwischt wurde und seinen Ausweis herzeigte, hatte er gleich einen Tritt am Schienbein – im übertragenen Sinn zumindest.
Für uns war also klar: Wir fangen mit dem Straßennamen an, der muss weg. Zuvor galt es aber noch, die fürchterliche Beschriftung an den Eckhäusern der Siedlung zu entfernen. Da prangte nämlich in großen Lettern: „Wohnhaus der Gemeinde Graz – Delogiertenwohnheim“. Ich kündigte an, diesen Schriftzug selbst herunterzuholen, wenn ihn die Stadt Graz nicht entfernen würde. Das stand dann übrigens auch in der Zeitung. Die Aufschrift wurde zwar entfernt, an der schmutzigen Wand dahinter blieb sie aber noch lange gut lesbar. Hartnäckig hielt sich damals das Gerücht, ich selbst hätte die Buchstaben heimlich abmontiert – nun, ich hätte es auch tatsächlich getan.
Es folgten zähe Verhandlungen mit den Behörden. Die Heßgasse war ja eigentlich nur ein Verbindungsstück zwischen zwei anderen Straßen. Wir wollten, dass die vier Häuser in diese beiden Straßenzüge integriert werden.

Es kam zu Reaktionen, die man sich kaum vorstellen kann. Argumentiert wurde mit allem Möglichen und Unmöglichen: Die Leute müssten ja dann alle ihre Visitenkarten und Briefköpfe neu drucken lassen. Und erst die Änderungen im Telefonbuch. Ich fragte den Beamten, ob er denn schon einmal in der Heßgasse gewesen sei. Dann würde er nämlich wissen, dass dort niemand ein Telefon hatte. Und wohl auch kaum jemand wusste, was ein Briefkopf überhaupt ist.
Schließlich gab es eine Besprechung bei uns im Pfarrsaal: die Vinzenzgemeinschaft, die maßgebenden Vertreter aller Parteien und die zuständigen Beamten. Ich hatte auch noch zwei Bewohner der Heßgasse eingeladen, damit sie konkrete Fragen stellen konnten. Bei dieser Veranstaltung ging es zwar ziemlich wild zu – doch am Ende hatten alle eingesehen, dass die Causa Heßgasse angegangen werden musste.
Doch es war noch lange nicht so weit. Einer der Bezirksvertreter fiel mir in den Rücken – er hatte beschlossen, gegen die Straßennamensänderung zu stimmen. Am 22. Mai 1986 kam es schließlich zu einer denkwürdigen Gemeinderatssitzung. Von den 13 Tagesordnungspunkten betraf der zehnte Punkt die Löschung des Straßennamens Heßgasse. Ich hatte nie zuvor an einer Gemeinderatssitzung teilgenommen, aber damals war ich dabei, oben auf der Galerie. Der Bürgermeister wies beim Vortrag unseres Begehrens auch auf mich da oben hin. Alle schauten zu mir herauf, und ich schaute freundlich hinunter. Es war meine erste große Begegnung mit der Politik unserer Stadt. Nach heftigen Diskussionen war ich recht empört, dass die Grünen gegen den Antrag stimmten, und zwar mit der Begründung, dass die Entfernung des Straßennamens lediglich ein Ablenkungsmanöver von den wirklichen Prob-

lemen im Sozialbau sei. Sie fürchteten offenbar, dass die Kollegen mit dieser Maßnahme das Kapitel Heßgasse zuschlagen würden, ohne es je richtig aufgeschlagen zu haben. Schließlich erwies sich diese Gegnerschaft aber doch als sinnvoll: Der Straßenname wurde gelöscht, und durch die differenzierte Kritik fühlten sich die Verantwortlichen verpflichtet, künftig mehr für die Bewohner der Heßgasse zu tun. Und es gelang tatsächlich, Schritt für Schritt Verbesserungen zu erzielen.

Problematisch war allerdings das Verhältnis zur Nachbarsiedlung. Immer wieder tauchten Leserbriefe in den Zeitungen auf, in denen sich die Bewohner über die Leute aus der Heßgasse beschwerten. Was sie in der schönen Gartenanlage nicht alles kaputt machen würden. Der Bürgermeister bekam sogar einen Brief, in dem stand, dass jetzt endlich ans Licht kommen würde, welche Untermenschen, welch arbeitsscheues Gesindel in der Heßgasse hause, das die tüchtigen Nachbarn mit in den Dreck ziehen wolle. Der Schreiber kündigte eine Bürgerinitiative an, sollte die Entscheidung nicht rückgängig gemacht werden. Man werde dieser Sauerei ein Ende machen.

Das Schild „Heßgasse" durfte ich behalten. In meinem Testament steht unter anderem, dass dieses Schild mit mir gemeinsam begraben werden muss. Im Sarg, auf meinen Körper gelegt. Ich will es in die Ewigkeit mitnehmen. Weil es ein Symbol ist für meinen ersten entschiedenen und konsequenten Schritt an der Seite von Außenseitern und Armen. Die erste Geschichte, bei der ich nicht lockergelassen habe.

*

Unser Engagement in der Siedlung war breit gestreut. Doch in erster Linie wollten wir bei den Kleinsten beginnen, und so organisierten wir zunächst eine Kleinkinderbetreuung. Die Heßgassen-Kinder waren ziemlich verwahrlost und vor allem oft unbeaufsichtigt. Beim Bahnhof gab es damals das Büro einer karitativen Organisation, und gemeinsam mit den Mitarbeitern dieser Vereinigung organisierten wir eine Kindergruppe. Ein Jahr lang war dort eine Kindertagesstätte untergebracht, dann jedoch konnte der Verein nicht weiter in das Projekt investieren, und ich übernahm es selbst. Wir stellten eine Frau ein, die sich fortan direkt in der Siedlung um die Kleinen kümmerte. Und auch die Mütter integrierten sich langsam in die Gruppe. Das Leben in der Heßgasse begann sich zu verändern.
Schon zuvor, im Herbst 1982, hatte uns die Stadt Graz für unsere Aktivitäten eine der Wohnungen in der Siedlung zur Verfügung gestellt. Ein Jahr später begannen wir dort mit der Nachmittagsbetreuung der Schulkinder – wir wollten sie beim Lernen unterstützen. Später übersiedelten die Kinder für ihre Nachhilfestunden zu uns ins Pfarrhaus. 2007 konnten wir schließlich das 25-jährige Bestehen der Lernhilfegruppe feiern. In den ersten zehn Jahren hatten wir nichts dafür verlangt, mittlerweile erhalten wir einen kleinen Unkostenbeitrag. Und in all den Jahren hat sich bestätigt, dass die Kinder, die unsere Lerngruppe besuchten und besuchen, sich in der Schule leichter tun und ihr Lernziel erreichen.
Es gab auch immer ein warmes Mittagessen für alle, denn die Kinder aus der Heßgasse kamen oft mit leeren Mägen in die Schule. Und auch meist zu spät, weil es viele Mütter – müde von nächtlichen Erwerbstouren – nicht schafften, ihre Sprösslinge rechtzeitig aufzuwecken.

Man kann sich vorstellen, dass die Familien in der Heßgasse am 24. Dezember kaum je einen Weihnachtsbaum sahen. Darum wollten wir ein symbolisches Zeichen setzen: Der Christbaum unserer Gemeinde sollte dort aufgestellt werden, wo Jesus wirklich zur Welt gekommen ist – unter den Armen. Die Menschen sollten wenigstens vom Fenster aus einen Baum mit vielen Lichtern sehen. Das ist der Grund, warum es jetzt schon seit vielen Jahren zu Weihnachten einen großen, schönen Christbaum für die Delogiertensiedlung – so wird sie noch heute genannt – gibt. Das Ganze ist natürlich mit einem Fest verbunden – gedacht als kleines Äquivalent zur Feier auf dem Grazer Hauptplatz, wenn die zahllosen Lichterketten am großen Christbaum zum ersten Mal erstrahlen. Jedes Jahr kommen Vertreter der Stadt und des Bezirkes zu uns, und jedes Mal treten auch Musikgruppen auf. Wir verteilen kleine Geschenke und laden die Leute zu einem bescheidenen Essen ein. Viel Freude gibt es im Leben der Heßgassen-Bewohner ja nach wie vor nicht, das Weihnachtsfest aber ist für alle immer ein schönes Erlebnis, vor allem für die Kinder.

*

Immer wieder ist es in den letzten Jahren zu Polizeieinsätzen in der Heßgasse gekommen. Doch nicht immer waren diese Einsätze auch begründet. Ich erinnere mich an einen besonders abstrusen Vorfall: Eines Nachts erhielt ich einen Anruf von einem Bekannten, der direkt hinter der Siedlung wohnte: In der Heßgasse sei die Hölle los, elf Einsatzfahrzeuge mit Blaulicht hätten Aufstellung genommen. Der Hintergrund: Irgendwo in Graz war eingebrochen worden, und aus irgendeinem Grund überprüfte die

Polizei daraufhin die Autos, die in der Heßgasse parkten. In einem Auto wurde tatsächlich Einbruchswerkzeug gefunden.
Die Beamten kontrollierten die Wohnung des vermeintlichen Täters, bei dem gerade Geburtstag gefeiert wurde. Der Mann und seine Gäste setzten sich zur Wehr, was dazu führte, dass die Leute von den Beamten aus dem Haus gezerrt wurden, die Frau angeblich an den Haaren, im Nachthemd. Draußen war es bitterkalt. Andere Bewohner, die das Treiben vom Fenster aus beobachteten, fingen an, die Polizisten zu beschimpfen. Daraufhin wurden auch diese Leute aus ihren Wohnungen geholt, die Situation eskalierte. Der Verdächtige wurde schließlich in eines der Einsatzfahrzeuge gepackt und mitgenommen.
Ich wusste nicht, was ich tun sollte, immerhin gab es ja erhebliche Verdachtsmomente gegen den Mann. Am nächsten Tag fuhr ich mit dem Bekannten, der mich auf den Polizeieinsatz aufmerksam gemacht hatte – er war zufällig mit dem Verdächtigen verwandt –, zum Journaldienst der Polizei: Ich wollte herausfinden, was eigentlich vorgefallen war. Der diensthabende Beamte meinte: Fakt sei, dass ein Einbruch stattgefunden habe. Fakt sei weiterhin, dass im Auto des Verdächtigen Tatwerkzeuge gefunden worden seien. Für den Verhafteten schaue es nicht gut aus, er werde am nächsten Tag ins Landesgericht überstellt.
Ich sah keine Möglichkeit, ihm zu helfen. Am Nachmittag erhielt ich dann einen Anruf: Der Mann sei schon wieder zu Hause. Ich konnte es nicht glauben! Des Rätsels Lösung: Die Geburtstagsfeier war etwas laut ausgefallen, ein Nachbar hatte sich beschwert, es war zu einem Streit gekommen, in dessen Verlauf der Jubilar dem genervten Nachbarn eine Ohrfeige verpasst hatte. Dieser hatte daraufhin die Polizei verständigt, weil er Anzeige erstatten

wollte. Zur gleichen Zeit wurde die Polizei zu diesem Einbruch gerufen, und diese beiden Dinge müssen sich überschnitten haben. Die einen Beamten kamen wegen der Ohrfeige, die anderen wegen des Einbruchs, mit dem derjenige, dem die Hand ausgekommen war, gar nichts zu tun hatte. Das Werkzeug in seinem Auto, so stellte man später fest, hatte mit der Tat nichts zu tun. Die Folgen der ganzen Aufregung: eine ungerechtfertigte Festnahme und Geldstrafen in der Höhe von bis zu 5000 Schilling, wegen Beamtenbeleidigung – für diejenigen, die die Polizisten beschimpft hatten.
Meiner Ansicht nach ist die Staatsgewalt in diesem Fall über Menschen drübergefahren, die ohnehin schon nichts haben und deren Ausdrucksweise aufgrund ihrer Lebensumstände natürlich etwas derber ist. Das also war der Zustand in dieser Siedlung, und es war ein Dauerzustand.

*

Um eine Familie kümmerte ich mich besonders. Es war an einem 24. Dezember, am Vormittag, an das Jahr kann ich mich nicht mehr so genau erinnern. Bei mir in der Pfarrkanzlei saß eine schmächtige junge Frau mit einem kleinen Mädchen. Sie erzählte von ihren fünf Kindern, für die sie kein Essen hätte. Und natürlich auch keine Geschenke. Sie fragte mich, ob ich ihr nicht helfen könne.
Ich gebe zu, ich war ungehalten darüber, dass sie mit ihrer Bitte so lange gewartet hatte – in einer Stunde würden die Geschäfte schließen, und außerdem hatte ich noch jede Menge Vorbereitungen für den Heiligen Abend zu treffen. Sie war über meinen Unmut derart empört, dass sie mich mit zahlreichen Schimpfwörtern bedachte und die Pfarr-

kanzlei verließ. Ich blieb betroffen zurück und dachte mir, dass ich wohl etwas falsch gemacht hatte. Und so beeilte ich mich in die Heßgasse, in die Wohnung der Frau. Das Ambiente dort war ganz und gar nicht weihnachtlich: Im Bett lag ein junger Bursche, in der Zimmerecke stand ein kleiner Ofen, und davor lag eine alte, aufgeschnittene Matratze, mit deren Füllmaterial das Feuer im Ofen am Leben erhalten wurde. Vor dem Fenster hing ein Kabel, das von der Gangtoilette herführte – die Familie hatte schon seit langem keine Stromrechnung mehr bezahlt. Ich fragte den Burschen nach seiner Mutter, die aber noch nicht nach Hause zurückgekehrt war. Also schnappte ich mir ihren Sohn, und wir machten uns auf in ein Kaufhaus, dessen Besitzer der Vinzenzgemeinschaft sehr nahe stehen. Die Chefin stellte ein Lebensmittelpaket für drei Tage zusammen, der junge Mann suchte für seine Geschwister ein paar kleine Geschenke und Christbaumschmuck zusammen, und ich organisierte in der Zwischenzeit einen Baum. Zurück in der Wohnung, sagte ich zu ihm: „Am Nachmittag komme ich wieder, und da will ich dann sehen, wie festlich es hier ist."
Um 16 Uhr war ich wieder dort. Auf dem speckigen Tisch stand ein überquellender Aschenbecher – die meisten armen Menschen rauchen –, die Asche war überall verstreut, dazwischen lagen Stöße von Wursträdern, und hart gekochte, geschälte Eier rollten herum. Das war's. Der Christbaum lehnte in einer Ecke, eine einzige Kugel hing darauf. „So", sagte ich, „ich geh jetzt noch einmal fort und besorge ein Tischtuch, Teller und Besteck. Ihr werdet in der Zwischenzeit den Christbaum aufputzen. Und dann komme ich wieder." Nach einer Stunde war ich zurück, der Baum war endlich geschmückt. Das war der Beginn einer zweijährigen intensiven Betreuung.

Eines der Kinder war nicht getauft. Alle nannten das neunjährige Mädchen „Mädi“. Das konnte und wollte ich nicht anstehen lassen. Ich konnte auf die Unterstützung einer gut situierten Grazer Geschäftsfrau zählen, die uns sehr wohlwollend gegenüberstand. Mit ihrer Hilfe wollten wir am 20. März 1988 eine Tauffeier ausrichten, bei der aus Mädi Julia werden sollte. Ich hatte Einladungen vorbereitet, mit denen das Kind und ich in der Siedlung von Tür zu Tür gingen, um die Menschen zur Feier einzuladen. Doch als es schließlich so weit war, kam niemand. Nicht einmal die Familie war vollzählig anwesend. Als dann im Anschluss beim Kirchenwirt ein kleiner Umtrunk stattfand, sagte mir Julias Vater, es wäre das schönste Fest in seinem Leben gewesen.

Dieses Mädchen wurde 1979 geboren. Ich habe sie bereits begraben. Sie ist den Weg ihrer Mutter gegangen, die in der Nacht ihr Geld verdient hat. Man fand Julia auf einer Bank am Hasnerplatz, gestorben an zu viel Alkohol und Drogen.

*

Es gab drei Töchter und zwei Söhne in der Familie. Der Vater war arbeitslos, und einer der drei Männer saß immer im Gefängnis, wegen irgendwelcher Gaunereien. Auch als ich die Mutter damals in der Pfarrkanzlei kennenlernte, war die Familie gerade wieder einmal nicht vollzählig. Ich bin zwar kein ausgebildeter Sozialarbeiter, aber ich nahm

mich dieser Leute sofort an. Ich nahm sie an mein Herz und besuchte sie täglich.
Eine der Töchter hatte in der Schule enorme Schwierigkeiten. Niemand lernte mit ihr, und Claudia war auch nicht besonders intelligent. Ich lud sie also ins Pfarrhaus ein, und von da an machte sie täglich ihre Schulaufgaben bei mir in der Kanzlei.
Irgendwann begann sie mit einer Friseurlehre. Die machte sie, glaube ich zumindest, zu Ende. Und dann lernte sie einen jungen Mann kennen. Schon bald erreichten mich Gerüchte, Claudia würde heiraten. Ich war empört, warum erfuhr ich nicht persönlich davon? Wo wir uns doch so nahe standen. Ich machte mich auf in die Siedlung, um den Vater nach seiner Tochter zu fragen. „Ach so?“, meinte dieser bass erstaunt, als ich ihn – offenbar als Erster – von der bevorstehenden Hochzeit in Kenntnis setzte. „Ich weiß von nix, da müssen S’ die Mutter fragen“, setzte er noch hinzu. Also fragte ich die Mutter. Die wusste davon. „Ja, die wollten, aber wir haben die Dokumente nicht finden können.“ Dann erwischte ich Claudia endlich selbst. Ich sagte ihr, dass ich fuchsteufelswild und außerdem gekränkt sei, weil sie mir nichts von ihrer geplanten Heirat erzählt hatte. „Ja, haben wir vergessen, aber is’ eh noch net so weit“, lautete ihr Kommentar. Ein paar Wochen später hatte ich wirklich eine Einladung auf meinem Schreibtisch liegen.
Es war Winter. Die Trauung fand im Amtshaus in der Kaiserfeldgasse statt. Ein mit mir befreundeter Theologe hatte seine Teilnahme zugesagt. Mit dem Moped fuhr ich zum Amtshaus und machte mich auf die Suche nach dem Trausaal, wo wir uns treffen wollten. Doch dort war niemand, außer meinem Freund, der Großmutter des Bräutigams und dem Vater der Braut. Wir waren ratlos, auch die Standesbeamtin, die schon alles vorbereitet hatte. Ich

machte mich auf die Suche und fand die Brautleute einen Stock höher – in jenem Raum, in dem das Sterbebuch aufliegt. Die beiden wollten sich, in der Annahme, sie täten wohl das Richtige, in eben dieses eintragen lassen. Was hier vielleicht lustig klingen mag, ist in seiner Symbolik so traurig, dass ich es gar nicht ausdrücken kann. All das gehört zur Armut dazu.

Mit dem Hinweis, es sei höchste Zeit, brachte ich die junge Frau und ihren zukünftigen Gemahl zum Trausaal. Die Braut trug einen kurzen, engen Jeansrock, der Bräutigam steckte in einem Anzug, um den Hals eine vernudelte Krawatte. Ich erinnere mich noch gut an den kleinen Blumenstrauß in Claudias Hand. Die viel zu kurz abgeschnittenen Stängel waren mit Stanniolpapier umwickelt, um die Feuchtigkeit zu halten. Wir gingen hinein, voraus das junge Paar, daneben die Trauzeugen – der Vater der Braut und die Großmutter des Bräutigams. Dahinter mein Freund, der Theologe, und ich, mit einem Fotoapparat bewaffnet.

Die Standesbeamtin fragte den Bräutigam, ob er gerne eine Ansprache wolle. Ich dachte mir noch, warum sie solch eine Selbstverständlichkeit überhaupt erwähnte. Und da sagte der junge Mann an Claudias Seite: „Naa." Daraufhin fragte die freundliche, aber etwas verdutzte Frau Claudia, ob sie denn eine Ansprache wolle. „Naa."

Mir blieb der Mund offen stehen, die beiden unterschrieben – und fertig war die Trauung. Sie waren nun Mann und Frau, ohne dass die Standesbeamtin ihres Amtes gewaltet hatte und ihre Standardrede losgeworden war.

Für ein professionelles Hochzeitsfoto brachte ich sie noch zu einem Fotografen. Danach fuhren wir nach Hause, um ein bisschen zu feiern. Die große Familie lebte mittlerweile in zwei Wohnungen. Ich wurde in ein Zimmer geführt, in dem ein niedriger, leerer Tisch stand, auf dem Sofa sa-

ßen die Großmutter und mein Freund. Ich setzte mich zu ihnen, und wir harrten der Dinge, die noch kommen sollten. Die Tür ging auf, Claudias Mutter brachte uns drei Teller Suppe. Auf meine verwunderte Frage, warum wir nicht alle zusammen essen würden, meinte sie nur, so viel Platz gäbe es nicht.
Das ging nun wirklich nicht. Im Haus war doch unser Lernhilferaum frei. Innerhalb einer Stunde hatten wir im Pfarrhaus Tischtuch, Servietten, Teller und Besteck zusammengepackt. Und schließlich saßen wir alle um den gedeckten Tisch. Claudias Mutter servierte Nudelsuppe und Schnitzel.
Schon die ganze Zeit war mir aufgefallen, dass es zwischen den Brautleuten keinerlei Zärtlichkeiten gab. Kein Handerlhalten, kein Busserl, nichts. Der Bräutigam hatte eine Flasche Sekt mitgebracht, und als wir auf das Ereignis des Tages anstießen, nahm er endlich kurz ihre Hand. Das war die einzige zärtliche Geste. Ich hielt noch eine kleine Rede, die Hochzeitsrede sozusagen. Und weil ich noch immer etwas ratlos war wegen der fehlenden Rede auf dem Standesamt, fragte ich Claudias Ehemann, warum er denn keine Ansprache gewollt hatte. Der junge Mann sah mich verständnislos an und sagte: „I kann do net redn." Nun fragte ich Claudia, ob sie auch geglaubt hätte, dass sie eine Rede hätte halten sollen. Sie nickte. Und auch der Vater war derselben Meinung. Da zeigte sich mir eines wieder ganz deutlich: Ein Teil der Armut ist der Mangel an Sprachvermögen, sowohl im Verstehen als auch im Ausdruck.
Mein Freund, der Theologe, meinte nach der Feier, die ärmste Bauernhochzeit, bei der er je gewesen sei, sei im Gegensatz zu der eben erlebten Trostlosigkeit ein riesiges Fest gewesen.

*

Dem Vater und der ältesten Tochter der Familie hatte ich zu einer Arbeit in einem Fleischereibetrieb verholfen. Die Chefin hatte bald bemerkt, dass die Tochter recht geschickt war, und wollte sie dazu überreden, eine Lehre anzufangen. Doch das Mädchen meinte, sie wolle lieber Geld verdienen, blieb deshalb Hilfskraft und mischte Tag für Tag enorme Mengen von Aufstrichen für die 24 Filialen der Fleischerei. Der Vater arbeitete in einer Abteilung, in der es etwas härter zuging – in der Waschanlage für die großen Gefäße, die von den Filialen zurückkamen. Er war ein sehr schmächtiger, ja geradezu magerer Mann. Eines Tages krachte ihm eines dieser Gefäße in der automatischen Anlage so heftig gegen das Bein, dass er eine schlimme Wunde davontrug, die nach einer Weile zu eitern begann, hinein bis zum Knochen. Er kam ins Spital, wo seine Frau und auch ich ihn täglich besuchten. Er lag dort eine ganze Weile und hätte eigentlich schon nach Hause entlassen werden können. Der behandelnde Arzt sagte mir, dass es wohl besser wäre, den Mann so lange wie möglich im Krankenhaus zu behalten. Ihm sei nämlich die Frau des Patienten aufgefallen. Und er gehe davon aus, dass der Mann daheim nicht die Pflege bekommen würde, die sein Bein bräuchte. Die Wunde würde bestimmt wieder aufbrechen.

Da ich mit der Chefin des Fleischereibetriebs sehr gut bekannt war – sie war es, die mich damals auch bei Julias Taufe unterstützt hatte –, vereinbarten wir, dass ich das Gehalt des Mannes ausbezahlt bekommen und es an ihn weitergeben würde. Die Familie hatte jede Menge Schulden, dazu kamen die Miete, Stromkosten und die notwendigsten Lebensmittel. Wir brauchten also einen Finanzplan. Ein Sparbuch mit einem Notgroschen sollte in Notfällen helfen, darauf überwiesen wir monatlich einen kleinen Teil des Gehalts. 1000 Schilling pro Monat blieben für zusätzliche Ausgaben über. Der Vater bekam in der Fleischerei jeden Morgen sein Frühstück und einen Sack mit Wurstwaren für die ganze Familie. Trotzdem: Knapp 30 Schilling Tagesbudget für Lebensmittel war nicht gerade üppig für eine so große Familie, doch es musste reichen.

Es kam, wie es kommen musste. Zu Beginn bekam die Mutter das gesamte Geld am Monatsanfang. Nach 14 Tagen war alles weg. Daraufhin vereinbarten wir eine wöchentliche Auszahlung. Nun, da war dann eben am Donnerstag nichts mehr da. Also bekam die Frau schlussendlich ihr Geld täglich. Das ging ungefähr ein Jahr lang gut. Eines Tages eröffnete mir der Vater, man habe ihn aus dem Betrieb geworfen. Auf meine entsetzte Frage, was denn passiert sei, meinte er, er würde des Diebstahls verdächtigt. Ein Kollege hätte ihn beim Chef verpetzt, weil er angeblich Wurst gestohlen hätte. Er selbst bestritt den Vorfall. Ich rief in der Fleischerei an. Der Chef bestätigte den Vorwurf. Ich bat ihn, nur noch eine Sache für den armen Mann zu tun: Er solle ein gemeinsames Gespräch mit dem vermeintlichen Täter und dessen Kollegen führen und herausfinden, ob die Dinge wirklich so gelaufen waren, wie es schien. Der gute Mann stieg darauf ein und sprach tatsächlich mit den beiden. Dann rief er mich zurück und verkündete, er habe den Verdächtigten wieder eingestellt. Er habe von ihm einen ehrlicheren Eindruck gehabt als von dem Kollegen, der ihn beschuldigt hatte.

Nach nicht einmal zwei Wochen kündigte der Vater schließlich. Er habe die misstrauischen Blicke der Kollegen nicht mehr ausgehalten, meinte er, als er in die Pfarrkanzlei

kam. Ich schlug die Hände über dem Kopf zusammen. Was, um Gottes willen, war nur in ihn gefahren? Er hatte einen guten, sicheren Arbeitsplatz gehabt – und jetzt das? Ich war einfach fassungslos.
Ich half ihm noch dabei, eine Abfertigung von 16.000 Schilling zu bekommen. Die wollte er sofort und zur Gänze haben. Ich wollte ihn davon überzeugen, dass das keine gute Idee sei, es wäre besser, das Geld auf die Seite zu legen. Doch er bestand darauf, mit dem Hinweis, ich könne es nicht einfach behalten, es sei sein Geld. Ich wolle ihm sein Geld nicht unterschlagen, meinte ich und bat ihn inständig, noch einmal darüber nachzudenken So lange war es jetzt gut gelaufen mit unserem Finanzplan, er könne doch nicht alles über den Haufen werfen, er wisse doch genau, dass das Geld sofort weg wäre. Daraufhin drehte er sich zornig um und ging.
Ich saß da und überlegte verzweifelt. Dann ging ich in die Siedlung. Der Vater lag im Bett, stand nicht einmal auf, als ich kam. Während ich mit ihm redete, konnte ich seine Frau sehen, die hinter mir stand und sich im Schrank gegenüber spiegelte. „Ich mache Ihnen einen Vorschlag: Teilen wir die Summe. Sie bekommen 8000 Schilling sofort in die Hand, die andere Hälfte legen wir auf die Seite." Hinter mir machte die Frau abwehrende Handbewegungen. Ich fuhr das letzte Geschütz auf. „Wenn Sie darauf nicht einsteigen, können Sie mich vergessen, ich tu nie wieder was für Sie!" Und wieder fuchtelte die Frau hinter mir mit den Händen.
Ich muss dazu anmerken, dass sie eine gewisse Erotik ausstrahlte und ihr Mann ihr offenbar ausgeliefert war. Sie war auch immer relativ gut gekleidet – ich wollte gar nicht wissen, wo das Geld dafür herkam. Die Gesten hinter meinem Rücken in Richtung ihres Mannes waren ein-

deutig: „Wehe dir!“ Ich legte das ganze Geld auf den Tisch und ging.

*

Meine Enttäuschung war maßlos. Zwei Jahre hatte die Beziehung zu dieser Familie gedauert, und es war eine Beziehung mit viel Herz gewesen. Nun war diese Zeit also vorbei. Ich konnte einfach nicht mehr. Ich dachte lange über diese Geschichte nach. Erst im Nachhinein wurde mir einiges klarer. Heute bin ich zum Beispiel davon überzeugt, dass sich der Vater tatsächlich vor den Augen seines Kollegen Wurst in die Tasche gesteckt, sie aber nachträglich wieder zurückgelegt hat. Er war kein Dieb. Er wollte nur reinen Gewissens beschuldigt werden, um die Arbeit loszuwerden, die ihm offensichtlich zu schwer war.
Ohne meine Hilfe ging es den Leuten nun offenbar viel besser. Mit mir war alles so geordnet gewesen, es hatte Disziplin gebraucht, um den Finanzplan einzuhalten. Nun lebten sie wieder so wie früher: In der ersten Woche ging der Vater mit den Kindern von der Sozialhilfe Spielzeug kaufen, in der zweiten schenkte er seiner Frau ein Kleid. In der dritten Woche gab es nur noch Suppe und ein paar Kartoffeln. Und in der vierten gingen sie betteln und stehlen.
In den ersten beiden Wochen benahmen sie sich, als hätten sie alles Geld der Welt. In der dritten Woche verarmten sie. Und in der vierten wurden sie kriminell. Ich habe kaum mehr Kontakt zu ihnen, aber es wird wohl auch heute noch so sein.
Wenn ich ehrlich Bilanz ziehe: Die Familie war vor und nach meiner Zeit wesentlich glücklicher. Der Vater hat einmal wörtlich zu mir gesagt: „Wegen einer Flasche Bier

und einer Schachtel Zigaretten pro Tag geh ich nicht arbeiten." Viel mehr an Vergnügen hatte er ja nicht.
Man kann das nicht nachvollziehen, wenn man nicht selbst in dieser Not lebt. Die ganzen wissenschaftlichen Erkenntnisse über die Armut sind sicher richtig und wichtig. Aber in der Praxis sieht alles noch viel schlimmer aus. Als normal lebender Mensch kann man sich gewisse Zustände schlichtweg nicht vorstellen.
Ich habe in diesen zwei Jahren sehr viel gelernt. Wenn man so will, dann waren es wohl meine wahren Lehrjahre. Es gibt ein sehr schönes südamerikanisches Sprichwort: *Wenn du nicht 1000 Meilen in den Mokassins des anderen gegangen bist, hast du kein Recht, über ihn zu urteilen.* Und der Grundsatz der Vinzenzgemeinschaft lautet: *Man muss an den Betten der Armen sitzen, man muss mit ihnen frieren* ... Hat man sich so mit allen Einzelheiten des schrecklichen Problems vertraut gemacht, erst dann beherrscht man das ganze Problem, erst dann kann man an seine Lösung denken.
Die Vinzenzgemeinschaft ist also eine Hingeh-, eine Nachgehgemeinschaft. Und das haben wir in Graz auch gemacht. Wir haben die Obdachlosen, die nirgendwo Unterkunft fanden, gesucht. Unter Brücken, in Abbruchhäusern, in der städtischen Kanalisation, in leeren Eisenbahnwaggons. Es waren Menschen dabei, die sehr unnahbar, geradezu menschenscheu waren. Nur mühsam konnte so manch einer davon überzeugt werden, mit uns zu gehen, um die Nacht in einem sauberen Bett zu verbringen.
Ein armer Mensch wird oft arm geboren. Er lebt arm und stirbt auch in Armut. Es ist ein Schicksal, mit dem er leben, überleben muss. Es gibt nur wenige Fragen, die ich Gott mit aller Entschiedenheit und auch Empörung stellen will, wenn ich eines Tages vor ihm stehe werde. Eine da-

von wird sein: „Warum hast du die Menschen so unterschiedlich in die Welt hineingehen lassen? Mit so vielen ungleichen Voraussetzungen?“ Das ist für mich die größte Ungerechtigkeit der Welt.
Auf dem Weg zum Zentralfriedhof fahre ich immer an der Karlau, dem Grazer Strafgefangenenhaus, vorbei. Ich schaue zu den vergitterten Fenstern hoch, und jedes Mal steht dort jemand und blickt hinaus. Und ich denke mir dann: Hätte ich deine Eltern gehabt und du meine, ich deine Schule und du meine und so weiter – dann würde ich vielleicht heute da drinnen sitzen und du hier herunten im Auto, vielleicht sogar als Priester.
Ich wurde für mein Engagement in der Delogiertensiedlung jahrelang massiv angegriffen, auch in der eigenen Pfarrgemeinde. Das war lange, bevor ich mich der Obdachlosen angenommen, lange bevor ich mich um Flüchtlinge gekümmert habe. Ich stellte mich einfach an die Seite dieser Menschen. Und ich habe gemerkt, dass dies von vielen „normalen“ Menschen als Verrat betrachtet wird. Und schon damals wusste ich: Nicht die Gesunden brauchen den Arzt, sondern die Kranken. Das ist ein Wort Jesu. Und daran halte ich mich, so gut ich kann, bis heute.

2

Den ganzen Menschen meinen

Ich weiß: Wenn wir heute über Seelsorge nachdenken, hat jeder ein anderes Bild vor sich. Vor einiger Zeit verbrachte ich mit 74 Menschen ein Wochenende am Längsee in Kärnten – lauter Leute, die hoch motiviert waren, etwas für Arme zu tun. Wir veranstalteten einen „Tag des Träumens“ und fragten uns: Was würde wohl Vinzenz von Paul tun, der größte Revolutionär innerhalb der Kirche seit Franziskus, wenn er jetzt unter uns wäre? Es gab angeregte Gespräche, und eine der Visionen war die Schaffung eines Wohlfühlhauses, eines Hauses der Barmherzigkeit, eines offenen Hauses. Es sollte eine Hausgemeinschaft sein, in der wir miteinander leben, beten, essen, abwechselnd verschiedene Dienste versehen und offen sind für jeden, der uns braucht. Da könnte es dann durchaus vorkommen, dass der Priester den Küchendienst macht, weil man sich eben abwechselt. Als ich diese Idee in der Runde präsentierte, meldete sich eine geistliche Schwester und sagte mit offensichtlich großer innerer Überzeugtheit: „Das ist nicht Ihre Aufgabe als Priester! Küchendienst zu machen!“ Wir saßen einander gegenüber, und ich fragte sie: „Und was ist, wenn ich das an meinem freien Tag mache?“ Sie erwiderte mit strengem Blick: „Das könnte man vielleicht tolerieren.“ Also sogar eine geistliche Schwester – die im Übrigen sehr, sehr viel für arme Menschen tut – kann nicht verstehen, dass Seelsorge den ganzen Menschen umfasst. Es reicht

nicht, mit dem Armen Mitleid zu haben und zu helfen – man muss dabei selbst menschlich bleiben und sich mit seinem ganzen Menschsein einsetzen.
Mir fällt dazu Bert Brecht ein: *Erst kommt das Fressen, dann die Moral.* Ich erinnere mich aus meiner Zeit in der Türkei, auf die ich später noch zurückkommen werde, an eine Karikatur in einer satirischen Zeitung, eine Darstellung des Wirkens der christlichen Missionare in jenen Ländern, in denen Armut herrscht: Da stand ein Mann im weißen Talar, vor ihm bettelnde Kinder mit Hungerbäuchen. Und er steckte jedem von ihnen eine kleine Bibel in den Mund. Das mache ich nicht. Wenn jemand in Not zu mir kommt, dann weiß ich, dass ich als ganze Person gefragt bin. Als Mensch, als Christ und als Pfarrer, und das zu gleichen Teilen. Da stellt sich nicht die Frage: Was ist Seelsorge, was ist Sozialarbeit? Es geht immer um den ganzen Menschen, der nicht aufzuspalten ist in Leib und Seele.
Ich denke zurück an einen Nachmittag vor vielen Jahren, als eine mir unbekannte Frau mittleren Alters in meine Kanzlei kam und fragte, ob sie mit mir reden könne. Ich sah ihr an, dass sie recht mitgenommen war. Wir zogen uns in den Speisesaal in einen ruhigen Winkel zurück, und sie begann zu erzählen: Dass sie in ihrem Leben schon des Öfteren versucht hätte, eine funktionierende Partnerschaft einzugehen, was ihr lange nicht geglückt sei. Und dann sei er plötzlich da gewesen, der Mann fürs Leben. Er wollte sie heiraten – und läge nun im Sterben.
Die Frau saß vornübergeneigt am Tisch, die Hände vors Gesicht geschlagen, und weinte bitterlich. Ich war so betroffen, dass ich sprachlos war. Was hätte ich in diesem Moment auch sagen können? Hätte ich in diesem Augenblick darüber nachdenken sollen, was Seelsorge von Sozialarbeit unterscheidet? Hätte ich ihr von der ewigen Selig-

keit und dem Himmel erzählen sollen? Ich war hoffnungslos überfordert. Ich wusste, dass ich mich nicht drücken durfte und konnte und auch gar nicht wollte. Ich musste mich der Situation stellen. Das Einzige, was mir aus dem Innersten und ohne zu überlegen in den Sinn kam – ich legte meine rechte Hand auf ihren Kopf. Fest, warm und lange. Ohne ein Wort zu sagen. Sie wurde langsam ruhiger, hörte auf zu weinen und erzählte noch ein wenig von ihrem Freund. Ich saß einfach da und dachte bei mir, dass alles, was ich ihr geben könne, mein volles, uneingeschränktes Mitgefühl sei. Als Priester habe ich ja auch die Aufgabe, zu heilen – vielleicht konnte ich dieser Frau damals ein kleines Stück Heilung schenken. Von diesem Tag an kam sie jeden Tag in die heilige Messe. Jahrelang. Obwohl ich an jenem besagten Nachmittag nicht ein einziges religiöses Wort mit ihr gesprochen hatte. Später begrub ich ihren Partner, ihre Mutter und ihren Bruder.
Eines Tages erzählte ich in der Kirche von einem entlassenen Häftling, der sich in großer finanzieller Not befinden würde. Am nächsten Tag kam diese Frau zu mir und übergab mir ein Sparbuch mit 100.000 Schilling. Ich solle damit machen, was ich wolle, sagte sie. Dieses Sparbuch ist heute noch in Verwendung, alle persönlichen Zuwendungen werden dort für Ernstfälle zurückgelegt.
Vor Kurzem begegneten wir einander wieder, und sie erzählte mir von ihrer neuen Partnerschaft. Ich konnte sehen und spüren, dass es ihr gut geht. Ich bin mir nicht sicher, ob ich je Anteil hatte an der seelischen Gesundung dieser Frau. Ich weiß nur, dass ich ihr alles gab, was ich geben konnte – als Mensch, als Christ, als Pfarrer. Und dass ich das bei jedem tue – egal, ob er Schuld auf sich geladen hat, seine Kinder nicht ernähren kann oder psychisch schwer belastet ist.

Unlängst kam ich mit einem jungen Mädchen aus der Slowakei ins Gespräch, einer Pflegehelferin, die eine alte Frau aus meiner Gemeinde jeden Samstagabend zur Messe begleitet. Das Mädchen betete oder sang nie mit, kümmerte sich aber immer liebevoll um ihren Pflegling. Ich brauchte eine Information aus der Slowakei und bat sie, kurz ein Telefonat für mich zu führen. Es ging um ein Roma-Projekt, und ich wollte vom dortigen Pfarrer wissen, was genau geplant sei. Sie reagierte ziemlich mürrisch und erfüllte meinen Wunsch nur widerwillig. Nachdem das Telefonat beendet war, blickte sie mich an und fragte kopfschüttelnd: „Warum tun Sie so viel für diese Leute? Die haben es doch gar nicht verdient! Warum tun Sie zum Beispiel nichts für alleinerziehende Slowakinnen?" Ich dachte kurz nach. Und dann erzählte ich ihr die Geschichte von der Frau, die damals zu mir gekommen war, als ihr Freund im Sterben lag. Und ich sagte zu ihr: „Wenn jemand zu mir kommt, dann bin ich für ihn da. Egal, welcher Religion er angehört und welche Hautfarbe er hat. Egal, in welcher Lebenssituation er sich befindet, egal, wie seine moralischen Wertvorstellungen aussehen. Wenn er in Not ist und mich bittet, dann tue ich, was ich kann. Wenn Sie nun zu mir kämen mit einem Problem, würde ich Sie auch nicht nach Ihrer Staatsangehörigkeit fragen. Ich würde Sie nur fragen, was ich für Sie tun kann, und würde es tun." Das Mädchen bekam plötzlich feuchte Augen, umarmte mich und strich mir behutsam über den Rücken.

Vielleicht hab ich vom Herrgott die Fähigkeit mitbekommen, Leid wie auch Freud mitfühlen zu können, intensiv und mit ganzem Herzen, und das hat sie wohl gespürt. Die heilige Messe hatte für mich lange Jahre die höchste emotionale Bedeutung. Heute sind es meist Begegnungen mit armen Menschen, die mich derart bewegen. Wenn mich das Leid eines anderen mit voller Wucht trifft, dann kommen mir manchmal die Tränen. Auch das Leid Jesu ist für mich tief nachempfindbar. Als ich das erste Mal in Jerusalem war und am Ort der Kreuzigung niederkniete, weinte ich auch. Vielleicht ist es eine Schwäche, vielleicht aber auch eine Stärke – meine Emotionalität. Eine Schwäche sicher, wenn es der Jähzorn ist, der mich packt. Eine Stärke, wenn es um Mitgefühl geht. Wenn ich einen Menschen leiden sehe, verschwimmen die Grenzen manchmal. Sein Schmerz wird ganz zu meinem. Als fühlte ich sein Leiden ganz und gar.

*

Erst kürzlich hatte ich wieder eine Begegnung, die mich zutiefst erschütterte. Ich bereitete mich gerade für den ersten Adventgottesdienst vor, als es an der Kanzleitür klopfte. Ich öffnete, und eine schmächtige Frau mittleren Alters stand vor mir. Sie hatte Tränen in den Augen und fragte, ob ich Zeit für sie hätte. Ich bat sie herein. Am ganzen Körper zitternd erzählte sie von ihren schweren Depressionen und Angstzuständen, dass sie einfach nicht mehr weiterkönne. Ich fragte sie, ob sie denn in ärztlicher Behandlung sei. Sie bejahte dies und meinte aber, große Angst davor zu haben, wieder in die Sigmund-Freud-Klinik zu müssen, wo sie gar nicht gut behandelt worden sei. Einmal hätte man ihr einen Plastiksack über den Kopf gestülpt, die Schwester hätte den Sack an ihrem Hals zugehalten und diese Prozedur mit den Worten gerechtfertigt, man müsse schauen, ob und wie sie hyperventiliere. Ein anderes Mal hätte ihr ein Pfleger eine ganze Schachtel Beruhigungspillen hingehalten, mit den Worten: „Da haben S'. Ist eine Chance für Sie." Sollten diese Anschuldigun-

gen stimmen, sind sie einfach ungeheuerlich. Selbst als die Frau bei mir in der Kanzlei saß, sagte sie überzeugt: „Ich will doch leben!"
Mir war klar, dass diese Frau bereits alles probiert hatte, um ihrer Seele Linderung zu verschaffen. Doch sie war gefangen in ihren Ängsten. Und nun saß sie hier, in der Pfarre. Was wollte sie von mir? Dass ich sie als ganzen Menschen wahrnehme und alle meine Möglichkeiten, die irdischen wie die überirdischen, für sie einsetze. Sie erzählte über ihr Leben. Nach ihrer Scheidung sei ihre heute 27-jährige Tochter dem Vater zugesprochen worden. Nun lebe sie mit einem Mann zusammen, der vor allem in letzter Zeit sehr grausam zu ihr sei und kein Verständnis für ihren Zustand aufbringe. Eigentlich solle sie ihm gerade helfen und mit ihm Waren für einen Flohmarkt abholen, aber im Moment sei sie einfach nicht fähig dazu. Plötzlich läutete ihr Handy. Ihr Partner war am anderen Ende der Leitung. Er brüllte so laut, dass ich mithören konnte. Sie solle sofort zu ihm kommen, er bräuchte sie beim Einladen. Ich deutete ihr, mir das Telefon zu geben: Er solle nicht ungehalten sein, seine Freundin wäre bei mir, sie sei jetzt nicht in der Lage, ihm zu helfen, und wenn er wolle, würde ich ihm jemanden zum Helfen vorbeischicken. Er meinte nur, er würde jetzt nach Hause fahren, seine Sachen zusammenpacken und verschwinden. Und ich erwiderte aus meinem Innersten heraus: „Tun Sie das." Er legte auf. Wenig später rief er nochmals an. Die Frau hörte eine Weile schweigend zu, während ihr die Tränen die Wangen hinunterliefen.
Ich wusste, ich konnte nichts tun, außer für sie da zu sein. Ob sie denn ein Medikament zur Beruhigung dabei habe? Sie nickte, und ich brachte ihr ein Glas Wasser. Ich fragte sie, ob sie gläubig sei. Nicht im übertriebe-

nen Sinne, erwiderte sie, doch glaube sie daran, dass es einen Gott gibt. Ich schaute ihr fest in die Augen. „Ich habe in meinem Leben schon öfter erlebt, dass Gott mir geholfen hat. Wenn ich ihn um etwas gebeten habe, hat er mich nie enttäuscht. Er hat nicht immer das getan, was ich wollte, aber er hat immer den richtigen Weg für mich gefunden. Und jetzt sag ich Ihnen etwas." Ich nahm ihr Gesicht in meine Hände. „Glauben Sie mir: Wenn Sie Gott ganz, ganz fest und ehrlich darum bitten, er möge Ihnen in Ihrer Verzweiflung beistehen – er wird es tun." Sie blickte mich ruhig an. Ich spürte, dass ich ihre kleine Glaubenskraft mit meiner eigenen größeren verstärken konnte. Sei es mit meinem Blick, sei es mit meinen überzeugenden Worten oder meinen warmen Händen an ihren Wangen.

Ich dachte nach, wie ich ihr weiterhin helfen könnte, und fragte sie, was sie sich im Moment am meisten wünsche. Nach längerem Überlegen meinte sie: „Ich will allein sein und meinen Frieden haben." Ob ich ihr ein Zimmer zur Verfügung stellen solle? Sie nahm dankend an. Ich rief im Haus Rosalie, unserer Frauennotschlafstelle, an und fragte, ob es ein freies Einzelzimmer gebe. Wir hatten Glück, und ich bat die Diensthabende, den Raum für die Frau vorzubereiten und auch für ihre Verpflegung zu sorgen. Dann rief ich noch eine Bekannte an, die selbst lange Jahre an schweren Depressionen gelitten hatte und mittlerweile Selbsthilfekurse für Betroffene gibt, und bat sie, sich kurz mit meinem leidenden Gast zu unterhalten, was sie dann auch tat. Ich fragte sie um Rat, wie ich mich denn am besten verhalten solle. „Nicht in Panik verfallen", meinte sie, „und Ruhe bewahren. Der Frau das Gefühl vermitteln, dass sie sich in Sicherheit befindet und ihre Wünsche äußern darf."

In meinem Schrank liegt ein Säckchen mit kleinen Olivenholzkreuzen aus Jerusalem. Das Holz stammt angeblich aus dem Ölgarten. Ich gab ihr eines und sagte: „Dieses Holz hat miterlebt, wie Jesus gelitten hat vor seiner Hinrichtung. In ihm steckt das ganze Leid Jesu, aber auch die Kraft, dieses Leid zu überwinden. Ich schenke es Ihnen." Ich legte das Kreuz in ihre Hand. „Wenn es Ihnen nicht gut geht, nehmen Sie es und drücken Sie es ganz fest." Ich betrachtete es fast wie ein Medikament: Sie solle es nehmen, wenn es ihr schlecht ginge. Mit dem geistigen Hintergrund, dass es jemanden gab, der sie sehr liebte und der noch dazu die Macht hatte, ihr bei der Bewältigung ihres Lebens zu helfen.
Ich brachte die Frau ins Haus Rosalie, kaufte ihr noch Zahnputzzeug und ein kleines Radio, und später besorgte ich noch einen Adventkranz.
Was hatte ich in den drei Stunden für einen mir völlig unbekannten Menschen tun können? Als Mensch, als Priester, als Seelsorger? Und ich frage mich: Wenn das nicht Seelsorge ist, was ist es dann? Bedeutet Seelsorge nur, Gottesdienste zu feiern und Sakramente zu spenden? Zu Taufen, Hochzeiten und Begräbnissen zu gehen? Kann das alles sein? Wenn ein Mensch in seiner Not nicht mehr weiterweiß und schließlich zu einem Seelsorger geht – ist es dann nicht vielmehr die Aufgabe, ganze Hilfe zu leisten? Vom Zimmer und der Verpflegung über den Schutz vor dem verständnislosen Partner bis hin zur Begleitung durch einen Menschen, der mit der Situation umgehen kann? Die Gewissheit zu vermitteln, dazubleiben und nicht mehr loszulassen? Antoine de Saint-Exupéry hat im „Kleinen Prinzen" geschrieben: *Du bist zeitlebens für das verantwortlich, was du dir vertraut gemacht hast.* Das ist der Gedanke, der dahintersteht.

Was erwartet sich solch ein armer Mensch noch? Wohl ein wenig mehr als die menschlichen Möglichkeiten. Es geht darum, die Einheit zwischen Irdischem und Überirdischem, zwischen Diesseitigem und Jenseitigem spürbar zu machen. Die Berührung zwischen göttlicher Kraft und irdischer Ohnmacht – das zu vermitteln, ist Seelsorge.
Und es gibt viele verschiedene Fälle. Wie kann ich zum Beispiel einen Menschen erreichen, der sich über die Moral und alle Regeln hinwegsetzt? Womit kann ich so jemanden treffen? Wie kann ich ihm dabei helfen, seiner Enge zu entfliehen, die ihn im Endeffekt doch nur selbst zerstört? Man muss den Punkt suchen und mit Gottes Hilfe auch finden, an dem er berührbar ist.

*

Vor einiger Zeit kam ein Mann zu mir und berichtete mir von seiner 44-jährigen Schwester, die an den Folgen von Bulimie verstorben war. Er wollte, dass ich bei ihrer Verabschiedung nicht bete, sondern nur eine einfache Ansprache halte. Ich sagte, dass ich das in dieser Form nicht tun würde. Ich könne nur eine Verabschiedung machen, wie die Kirche sie vorsieht. Er war eingeschnappt und wandte sich zum Gehen. Ich versuchte, ihn zurückzuhalten, und sagte: „Ich spreche gerne über Ihre Schwester, so wie Sie sich das vorstellen. Aber ein Gebet für sie werden Sie mir doch erlauben." Der Mann setzte sich wieder. Und er begann zu erzählen. Von seiner Schwester und ihrer Zurückgezogenheit, von ihrem In-sich-gekehrt-Sein, aber auch von ihrem Willen, für die kleine Familie da zu sein. Ihre Nichte zum Beispiel, deren Taufpatin sie war, hatte sie über alles geliebt. Und nun seien sie alle sehr traurig über den Tod seiner Schwester. Ich fragte ihn: „Glauben Sie, dass es Ihre Schwester noch irgendwo gibt?“ Er schaute mich lange schweigend an. Dann antwortete er: „Wenn Sie mich jetzt fragen: nein.“ Ich begriff sofort, was er damit eigentlich sagen wollte. Dahinter steckte der Wunsch, daran glauben zu können, dass sie noch irgendwo sei. Doch der Schmerz, den er wegen ihres frühen und tragischen Todes verspürte, ließ im Moment keinen Glauben zu. Ich erzählte ihm eine Geschichte aus meiner Familie. Etwas, das nichts mit Glauben zu tun hat, sondern mit einer Erfahrung, die ich nicht wegwischen kann. Egal, ob ich Priester bin oder nicht.

Meine Eltern müssen ein sehr inniges und liebevolles Verhältnis zueinander gehabt haben. Mein Vater war der Erste in unserem Dorf, der in den Krieg ziehen musste. Deswegen hasste meine Mutter Adolf Hitler aus ganzem Herzen. Zum Glück war mein Vater nicht weit weg stationiert, in der Kaserne in Straß an der slowenischen Grenze. Als Unteroffizier musste er zum Partisaneneinsatz in das Bacherngebirge. Manchmal, wenn ihn die Sehnsucht nach meiner Mutter trieb, schwang er sich in der Nacht aufs Fahrrad und fuhr ohne Licht – das war zu dieser Zeit ja verboten – auf einer Schotterstraße die 30 Kilometer bis nach Zerlach. Die beiden hatten ein Codewort und ein Klopfzeichen auf die Fensterläden vereinbart, damit sie wusste, dass er es war. Mein Vater blieb für gewöhnlich eine Stunde lang und machte sich dann wieder in der Dunkelheit auf den Weg zurück in die Kaserne, um bei Morgengrauen seinen Dienst zu beginnen.

Am Abend des 8. Jänner 1943 richtete meine Mutter sich zum Schlafengehen. Nachdem sie sich niedergelegt und die Petroleumlampe ausgelöscht hatte, verspürte sie plötzlich am ganzen Körper ein eigenartiges Jucken und Kribbeln. Sie zündete die Lampe wieder an, stieg aus dem Bett

und suchte es nach Ungeziefer ab. Doch da war nichts. Plötzlich hörte sie ein Klopfgeräusch am Fensterladen. Sie öffnete und fragte durch die geschlossenen Balken nach dem Code. Keine Antwort. Sie legte sich wieder ins Bett, und das Jucken und Kribbeln begann von Neuem. Wieder stand sie auf, und wieder ertönte vom Fenster das Klopfzeichen. Sie rief hinaus – keine Antwort. Das Ganze wiederholte sich noch einmal. Schließlich stand sie auf, nahm die Petroleumlampe, ging hinaus und machte eine Runde ums Haus. Nichts.
Sie konnte in dieser Nacht nur schwer einschlafen. Am nächsten Vormittag kam der Postbote mit einem Telegramm. Darin stand, dass ihr Mann gefallen war – für Führer, Volk und Vaterland.
Nach dem Krieg bekamen wir Besuch aus Tirol, es war jener Mann, der neben meinem Vater gestanden hatte, als ihn die Kugel eines Heckenschützen in den Kopf traf. Er war sofort tot gewesen.
Ich fragte mein Gegenüber: „Was glauben Sie, ist in dieser Nacht wohl passiert? Wo war mein Vater nun? Gab es ihn noch? Sie können glauben, was Sie wollen, aber mit Ihrer Schwester ist es nun das Gleiche. Ihr Körper liegt jetzt im Kühlhaus. Gibt es sie noch? Welche Erklärung kann es für die seltsame Nacht in meinem Elternhaus geben? Was steckt da dahinter? Wissen Sie, ich habe keinen Zweifel daran, dass es mein Vater war, der meine Mutter damals besuchen kam. Natürlich nicht mit seinem Körper. Doch er konnte seine Liebe, seine Sehnsucht nach seiner Familie nicht einfach loslassen, ohne noch einmal Lebewohl zu sagen."
Der Mann saß ganz ruhig da. Und ich erzählte ihm von Raymond A. Moody und seinem Buch „Leben nach dem Tod". Im Verlauf einer fünfjährigen Untersuchung war es

ihm gelungen, rund 150 Menschen ausfindig zu machen, die klinisch tot gewesen waren, dann aber doch weitergelebt hatten und nun von ihrer Erfahrung jenseits der Grenze berichten konnten. Von allen hatte er im Grunde die gleiche Antwort bekommen: Es sei gar nicht so schlimm gewesen, „tot" zu sein. Im Gegenteil. Fast alle erzählten, dass sie sich zu Beginn zwar in einer bedrohlichen Enge gewähnt hatten, ähnlich einem Geburtskanal, aber dass am Ende dieses Tunnels etwas sehr Helles, sehr Warmes gewesen wäre, ein Du, ohne Umrisse. Und dieses Du hätte sie weich aufgenommen. Verständnisvoll und ohne Vorwurf. Manche berichteten auch davon, dass durch dieses Licht bereits verstorbene Verwandte und Freunde auf sie zukamen. Das Buch von Moody stand bei mir im Regal. Ich nahm es heraus und gab es ihm. „Das schenke ich Ihnen. Lesen Sie es, wenn Sie mögen."
Nach etwa einer Stunde verabschiedete sich der Mann. Wir drückten einander fest und innig die Hand. Was damals zwischen unseren beiden Seelen passiert war, ist Seelsorge.
Manche werfen mir vor, dass ich hauptsächlich Sozialarbeit machen würde. Diese Leute wissen überhaupt nicht, was ich eigentlich tue. Sie glauben, ich stelle nur Container für Obdachlose auf, damit sie nicht erfrieren müssen. Sie irren sich. Unlängst verstarb ein VinziDorf-Bewohner, der aus der Kirche ausgetreten war, als er damals zu uns kam. Während der Zeit bei uns widerfuhr ihm etwas Rettendes und Heilendes, etwas Besonderes, das er nie zuvor kennengelernt hatte. Und eines Tages verspürte er das Bedürfnis, wieder einzutreten – ohne dass ich auch nur ein Wort mit ihm darüber gewechselt hätte, denn ich wusste gar nichts davon. Von diesem Moment an ging er jeden Sonntag in die St. Leonhard-Kirche, neben der das

VinziDorf steht. Ich habe ihn begraben und dabei seine Geschichte erfahren.
Im Übrigen bin ich davon überzeugt, dass die Vinzi-Dorf-Bewohner im Durchschnitt christlicher leben als die Mehrheit unserer Getauften. Sie leben bescheiden, sind mit dem zufrieden, was sie haben, und erwarten eine bessere Zukunft. Sie sind hilfsbereit und dankbar für jede Gabe, die sie bekommen. Viele sagen, dass sie beten und auch den Sonntag heilig halten. Ihr Versagen ist ihnen vollkommen bewusst. Sie bereuen auch vieles, und sie erwarten ein gerechteres und schöneres Leben im Jenseits. Wie viele Getaufte können all dies von sich sagen?
Es ist erstaunlich, dass jeder Bewohner im VinziDorf ein Kreuz in seinem Container hängen hat. Wozu hängen diese Menschen das hin, wenn sie angeblich ohnehin nichts anderes brauchen als das Wenige, das sie haben, nämlich eine warme, sechs Quadratmeter große Kiste, in der ein Bett steht und in der sie trinken dürfen. Es scheint, dass sie durch diese Wärme, die menschliche Nähe und Fürsorge von etwas Überirdischem berührt werden.
Jesus hat den Menschen nicht nur ihre Sünden vergeben, sondern sie auch von ihren Krankheiten geheilt, sie aus ihrem unmoralischen Leben gezogen. Aber nicht durch Verurteilung, Ermahnung oder Drohung, sondern durch seine liebevolle Nähe. Seelsorge passiert auf ganz vielen verschiedenen Ebenen. Wichtig ist nur, dass man den anderen zur Gänze annimmt, so wie er ist, ihn nicht verändern will, mit ihm leidet, sich aber auch mit ihm freut – einfach ein Stück des Lebens mit ihm teilt. In dieser Berührung berühren sich auch die Seelen. Und wenn ein Gläubiger einen Un- oder weniger Gläubigen berührt, dann geschieht das nicht ohne Folgen.

Madeleine Delbrêl, die für mich die größte christliche Persönlichkeit des 20. Jahrhunderts ist, hat einst geschrieben: *Wir wissen, dass wir durch Dich ein Scharnier aus Fleisch geworden sind, ein Scharnier der Gnade. In uns vollzieht sich das Sakrament Deiner Liebe. Wir binden uns an Dich, wir binden uns an sie. Weiche unser Herz, damit es alle zu fassen vermag.* Wir bleiben den Menschen also nahe, wir weichen nicht von ihnen, nur weil sie anders leben und anders denken und uns gegenüber vielleicht auch negativ eingestellt sind – wir müssen nur bei ihnen bleiben. Delbrêl war in ihrer Jugend Atheistin, studierte Philosophie und stand der Religion völlig fern. Durch die sehr starke, innige Liebesbeziehung zu einem Studienkollegen gelangte sie schließlich zu den Wurzeln, zur Quelle aller Liebe – zu Gott. Ohne dass ihr jemand etwas einreden musste, wurde sie gläubig, begann die Bibel zu lesen und lebte die Liebe zu Gott gleichermaßen wie ihre menschliche Liebe. Und Gott prüfte sie schwer, wie er es nur mit ganz fest Glaubenden tut: Er nahm ihr ihren Geliebten. Er trennte sich von ihr, weil er Priester werden wollte. Das war die letzte Probe ihrer eigenen Liebesfähigkeit und Liebesbereitschaft – bis zur letzten Konsequenz.
Madeleine Delbrêl trug ihre Liebe zu Gott zu den Menschen hinaus, weil sie begriffen hatte, dass sie es ist, wovon wir alle leben. Sie verließ Paris und zog nach Ivry, einen Ort südlich der französischen Hauptstadt, in der damals der einzige kommunistische Bürgermeister Frankreichs wirkte. Der dortige Pfarrer freute sich bereits auf seine tolle neue Mitarbeiterin. Sie aber sagte zu ihm: *Hier werde ich nicht gebraucht. Hierher kommen doch die Menschen, die ohnehin schon glauben. Ich werde dort gebraucht, wo keiner glauben kann oder will, deswegen bin ich hier.* Und sie ließ sich im kommunistischen Rathaus als Sozialarbei-

terin anstellen. Sie war ihren Kollegen, die mit Religion nichts anzufangen wussten, nahe, ohne sich dabei zu verleugnen, ohne jemanden zu verraten, und blieb dabei sich selbst treu. Sie gründete ein offenes Haus, in dem sie mit gleichgesinnten Frauen lebte. Dort fanden Begegnungen statt, die, wenn man es vordergründig betrachtet, zunächst nicht als religiös bezeichnet werden können. Und Madeleine Delbrêl sagte: *Wenn ich im Wirtshaus sitze und neben mir beginnt gegen Mitternacht, der Wirt möchte schon zusperren, jemand zu lallen, dann wäre es ein Verrat, diesen Menschen allein dort sitzen zu lassen. Er braucht mich jetzt und ich bleibe bei ihm. Jetzt bin ich das Scharnier der Gnade Gottes, jetzt kann Gott durch mich diesen Menschen berühren.* Und so wurde sie, ohne je missionarisch tätig gewesen zu sein, für viele Menschen zur Vermittlerin des Glaubens. Das ist für mich Seelsorge.

Manchmal kann es auch notwendig sein, jemanden zu verletzen, um zur Wahrheit zu kommen. Indem ich dem Menschen etwa ins Gesicht sage, dass er unehrlich ist. Oder dass es nicht in Ordnung ist, wie er sich verhält. Dass er nachdenken soll.

Natürlich gibt es Menschen, die mit mir als Pfarrer nicht viel zu tun haben wollen. Wenn ich mich aber ganz öffne, mich nicht verstecke hinter einer Fassade aus Wissen, Bildung und Gescheitheit, sondern einfach nur der Wolfgang Pucher bin, ist immer ein Dialog möglich. Wenn der Wolfgang dem Hans, dem Franz oder dem Hubert zuhört, wird dieser irgendwann auch dem Wolfgang zuhören. Und wenn der Wolfgang gut zugehört hat, dann spürt er, welche Fragen wirklich anstehen. So wie unlängst bei diesem Mann, der um seine Schwester trauerte. In dieser Begegnung kann sich das, was Madeleine Delbrêl meint, das Scharnier der Gnade Gottes, verwirklichen und aktiv werden.

Von meiner ersten großen Krise während meiner Studienzeit werde ich noch berichten, meine zweite erlebte ich, als ich mir eines Tages die Frage stellte: Was ist, wenn du selbst nur ein betrogener Betrüger bist? Mit welchem Recht stellst du dich vor Menschen und willst ihnen etwas geben, wovon du selbst nicht mehr überzeugt bist? Ich habe gezweifelt, ganz tief. Nicht an meinem Beruf, sondern daran, ob es Gott wirklich gibt. Ob es die Ewigkeit gibt. Ob ich nicht selbst einem Schwindel, einem Betrug aufgesessen bin. Diese Fragen waren essenziell und existenziell. In dieser Not, in der auch Beten nichts mehr half, blieb ich mir selbst treu. Ich stellte mich ehrlich meinen Zweifeln. So wird es wohl auch in Liebesbeziehungen sein. Manchmal gibt es große Enttäuschungen, wenn es nichts mehr zu geben scheint, was beide verbindet – und sie bleiben doch zusammen. Und dann kann es sogar passieren, dass durch dieses Halten der Treue die längst erloschen geglaubte Glut wieder aufflammt.
Auch Vinzenz von Paul erlebte einst diese Dunkelheit des Geistes, von der auch in der Mystik die Rede ist. Und er konnte sich nur helfen, indem er das Glaubensbekenntnis auf ein Blatt Papier schrieb und dieses an eine Schnur geknüpft um seinen Hals trug. Wenn ihn der Zweifel so richtig packte, drückte er das Schreiben an sein Herz. Das ist es, was ich mit Treue meine.
Ich hab es überstanden und heute keinen Glaubenszweifel. Ich bin nicht nur fest davon überzeugt, dass es Gott gibt, sondern auch, dass er hier ist. Dass man ihn anstoßen kann, ja geradezu zwingen, zu tun, wozu er sich verpflichtet hat: als Vater auf mich, seinen Sohn, auf dich, seine Tochter, zu schauen. Das kann man einfordern! Gott lässt sich bitten, und er lässt sich erweichen.

Wenn man das erlebt hat, kann man verstehen, warum jemand nicht zu glauben imstande ist. Ich kann in solch einem Fall ganz anders mit diesem Menschen umgehen, brauche ihm nicht mit Himmel oder Hölle zu kommen, weil das völlig unsinnig wäre. ***Aber es muss im Leben mehr als alles geben.*** Das ist auch ein Satz von Antoine de Saint-Exupéry.

Unsere Welt ist schnelllebig und oberflächlich. Oft ist es der Seele gar nicht möglich, nach dem letzten Grund des Lebens zu fragen. Es reißt einen hierhin und dorthin, und so kann es immer wieder zu Katastrophen kommen. Meine Aufgabe als Seelsorger ist es, meine Erfahrungen weiterzugeben. Und wenn ich merke, dass ein Mensch keinen festen Halt hat, dann reicht es, einfach nur in eine bestimmte Richtung zu weisen und zu sagen: „Schau doch einfach einmal hin."

Es kann vorkommen, dass ich auch nicht weiterweiß. Dann liege ich abends im Bett, mit den Armen auf der Decke und mit geöffneten Händen. Und dann sage ich zu Gott: „Ich bin nicht mehr bereit, weiterzumachen. Wenn du noch etwas mit mir vorhast, dann tu es. Ich kann nicht mehr." Noch nie war das vergebens. Nach einer halben Stunde oder Stunde löst sich der Krampf. Ich klammere mich mit einem Mal nicht mehr so fest an die Umstände, die mich fertigmachen. Ich löse mich von mir selbst, und jemand kann in mich hineinwirken. Ich erzählte das unlängst einer Frau, die ziemlich chaotisch ist und sich im Leben nicht so richtig zurechtfindet. Sie solle das einmal ausprobieren und mich am nächsten Tag anrufen. Sie tat es und erzählte mir, es habe wirklich funktioniert, aber leider nur für eine Stunde. Ich sagte ihr, sie solle es weiter praktizieren, denn in ihrem Leben sei wohl so viel in Unordnung, dass der Herrgott zum Aufräumen wohl mehr Zeit brauchen würde.

Es gibt Leute, die mein Handeln nicht nachvollziehen können. Doch ihre Kritik geht völlig ins Leere. Vielleicht bekomme ich ja durch meine Tätigkeit einen besonderen Zugang zu Menschen, den diejenigen, die Seelsorge rein als Sakramentenpastoral betrachten, kaum je haben werden. Diejenigen, die nur für jene predigen, die ohnehin schon gläubig sind. Ich fühle mich zu denen gesandt, die verloren sind. Für die Menschen, die brav in die Kirche gehen und den Rosenkranz beten, braucht Gott mich nicht. Die sind ja schon auf dem sicheren Schiff. Ich will aus dem sicheren Schiff aussteigen, mich in ein Schinakel setzen und mich den Wellen und Stürmen des Lebens aussetzen. Wenn ich dann Halt gefunden habe mit meinem Boot, rufe ich dem anderen zu: „Ich habe Halt gefunden! Willst du nicht auch? Ich werf' dir ein Seil zu, und dann machen wir gemeinsam fest!" Diesen Anker des Glaubens kann man nur bei Gott ganz sicher festmachen. Und dafür, dass ich diesen Ankerplatz anderen vermittle, dafür bin ich da. Das ist Seelsorge.

Von frühen Prügeln, verbotenen Gefühlen und ernsthaften Zweifeln

Meine Eltern waren im Dorf die Einzigen, die keinen Status hatten. Weil sie keine Bauern waren. Meine Mutter war die uneheliche Tochter einer slowenischen Magd aus der Südoststeiermark, die vom Bauern regelmäßig geschwängert worden war. Die ersten drei Kinder hatte er ihr gleich weggenommen, das vierte, meine Mutter, wollte sie nicht hergeben. Der Bauer scheuchte sie daraufhin vom Hof. Viel später, ich war schon längst Priester, besuchte ich das Grab meines vermeintlichen Großvaters. Ich musste mich sehr überwinden, nicht darauf zu spucken.

Meine Großmutter fand mit ihrer kleinen Tochter Unterschlupf bei einem armen Keuschler. Sie wohnten im Stall bei den Kühen, dort war es warm, und sie schliefen auf einem Sack, gefüllt mit Maisstroh. Meine Mutter besuchte später in St. Georgen an der Stiefing die Volks- und dann die Bürgerschule, anschließend erlernte sie das Schneiderhandwerk. Mit ihrer Nähmaschine ging sie auf Wanderschaft, auf die Stör. Sie nähte für die Bauern – gegen Kost und Logis. Ihre Mutter, die bereits alt und gebrechlich war, nahm sie mit auf die Reise. Eines Tages gelangten sie in das kleine Dorf Zerlach im Bezirk Feldbach. Dort begegnete meine Mutter dem einzigen nicht bäuerlichen Menschen – meinem Vater, er war Schuster. Das sind meine Wurzeln.

Die Hochzeit war so ärmlich, wie es ihrem Stand entsprach. Meine Eltern fuhren mit dem Autobus 30 Kilometer nach Graz in die Mariahilfer-Kirche. Der Mesner und die Putzfrau waren ihre Beistände. Nach der Trauung gingen sie in ein Gasthaus, aßen ein Gulasch und fuhren wieder nach Zerlach zurück. Das war's.

Ich war das erste Kind. Meine Mutter, die recht stark gebaut war, fürchtete sich vor der Geburt. In Hausmannstätten in der Nähe von Graz lebte eine berühmte Hebamme, Frau Nachtnebel. Im Gemeindehaus des Ortes gab es zwei Wöchnerinnenzimmer, dort brachte mich meine Mutter mithilfe dieser Hebamme zur Welt. Ich war blau bei meiner Geburt und atmete nicht. Meine Mutter erzählte mir später, Frau Nachtnebel hätte mich an den kleinen Füßchen gepackt und mir sanft, aber bestimmt den Hintern versohlt, bis ich endlich zu schreien anfing. So bezog ich also schon am ersten Tag meines Lebens eine Tracht Prügel.

Meine Eltern waren fleißige Leute, schnell hatten sie ein kleines Häuschen gebaut. Es maß gerade einmal 32 Quadratmeter. Es gab ein Schlafzimmer für die Eltern, ein Zimmer für uns mittlerweile drei Kinder und noch einen Raum mit einer Küche, in dem auch das Bett der Großmutter stand. Gleichzeitig war dieses Zimmer die Schusterwerkstatt meines Vaters und die Schneiderei meiner Mutter. Die Haustür bestand aus dünnen Holzbrettern, durch die es im Winter unerbittlich zog. Wir Kinder verbrachten diese frostigen Tage manchmal unter der Bettdecke, um die Kälte halbwegs ertragen zu können. Es gab keinen Strom im Haus, kein fließendes Wasser und natürlich auch keine Toilette. Samstags war Waschtag, da kamen wir drei in einen Holzzuber und wurden von der Mutter geschrubbt. Um uns diese Prozedur zu versüßen, versprach sie uns immer ein Zuckerl als Belohnung – das war der Genusshöhepunkt der Woche. Diese Zuckerln wurden in einem Rexglas aufbewahrt, das auf dem Schrank im Schlafzimmer stand. Die ganze Woche blickten wir sehnsuchtsvoll hinauf.

Wir hatten fast nichts. Aber wir besaßen viele Haustiere, und die waren eigentlich auch unsere Spielgefährten. Am liebsten hatten wir die jungen Ziegen. Wir lebten von der Mutterziege Mecki, die uns mit Milch und Fleisch von den Jungtieren versorgte. Eines Sonntags kamen wir von der Kirche nach Hause, da lag Mecki tot im Stall. Damals weinte die ganze Familie, als wäre einer von uns gestorben. Sie war unsere Nährmutter gewesen.

Meinen Vater sah ich das letzte Mal, als ich dreieinhalb Jahre alt war, 1942. Meine ganze Kindheit hindurch habe ich das Fehlen der väterlichen Bezugsperson sehr schwer genommen. Ich war der Einzige in der Schule, der keinen lebenden Vater hatte. Immer wieder stellte ich mir vor, er würde plötzlich vor mir stehen. Damals gab es Totgesagte, die doch noch aus dem Krieg heimkamen. So sehr habe ich es mir gewünscht – er kam nicht wieder.

Durch den frühen Verlust war der Begriff Vater für mich immer sehr positiv besetzt. Schon als Kind hatte ich eine besondere Beziehung zum Himmelvater, den ich als immer anwesend spürte. Meine Mutter war sehr gläubig, und sie versicherte uns unentwegt, dass Gott uns gut behüten würde. Für mich war der regelmäßige Gang in die Kirche keine Last, sondern Freude, und schließlich wurde ich Ministrant.

Das war die erste Wende in meinem Leben. Ich ministrierte sehr gerne. Der halbstündige Fußmarsch zur Kirche machte mir nichts aus, auch wenn der Frühgottesdienst schon um sechs Uhr begann. Danach bekamen die Minist-

ranten im Pfarrhaus eine Speise, die bis zum heutigen Tag mein Leibgericht ist: den sogenannten Hoadntommerl, eine dünne Palatschinke aus Buchweizenteig, die in saure Suppe eingelegt ist.
Als ich etwa neun Jahre alt war, fragte mich meine Mutter eines Tages: „Wolfi, was willst du denn einmal werden?" Ich gab ihr zur Antwort: „Wagner will ich werden." Ich hatte zu jener Zeit schon mitbekommen, dass die Arbeitslosigkeit groß war, die Wagenbauer aber immer Arbeit hatten. Meiner Mutter passte das wohl nicht so ganz. Und sie begann, Alternativen aufzuzählen: „Warum nicht Schlosser? Oder Briefträger? Oder Priester?" Und in diesem Moment schlug ich zu. „Ja, Priester möchte ich werden!"
Jahre später erfuhr ich, dass meine schlaue Mutter damals genau wusste, was sie tat. Am Tag meiner Priesterweihe erzählte sie mir: Schon mit meinem Vater hätte sie einst vereinbart, dem Buben zu gegebener Zeit den Priesterberuf nahezulegen. Und sie gab ein heiliges Versprechen: Sollte das Vorhaben eines Tages gelingen, würde sie nach Mariazell pilgern. Als ich schließlich Priester wurde, war meine Mutter schon sehr krank und konnte ihr Versprechen nicht mehr halten. Sie bat mich, ihr Gelübde einzulösen, und so ging ich für sie zu Fuß nach Mariazell.
1949 kam ich ins Internat, ins Bischöfliche Seminar nach Graz. Das Bettzeug war mitzubringen. Mein Bettzeug war mein Strohsack, und dieser hatte seine Tücken. Am Morgen, wenn ich in den Jutesack griff, um das Maisstroh aufzuschütteln, das sich während der Nacht zusammengedrückt hatte, hüllte mich regelmäßig eine dicke Staubwolke ein. Ich war in meiner Klasse der Einzige, der einen Strohsack statt einer Matratze hatte. In der Früh, wenn es ans Schütteln ging, lachten mich alle aus.

Zum Frühstück bekamen wir einen Teller Einbrennsuppe und zwei Stück trockenes Brot. Mittagessen war um halb zwei. Es gab eine eigene Jausenkammer, in der die Pausenbrote der Schüler verwahrt wurden. Ich hatte nichts, und ein paar wenige andere der insgesamt 300 Zöglinge im Internat auch nicht. Und so schlichen wir uns immer wieder heimlich in den leeren Speisesaal. Dort standen lange Tische mit Hunderten Sesseln, und auf manch einem lag ein Stück Brot, das ein Mitschüler dort für das Mittagessen zurückgelegt hatte. Wir huschten in gebückter Haltung durch den Saal und suchten die Sessel ab, um im Anschluss unsere Beute auf einen Sitz zu verschlingen.
Ich betrachtete diesen Diebstahl als Mundraub, deshalb war es für mich auch kein Diebstahl im eigentlichen Sinn. Bis heute habe ich diesen Vorfall nicht gebeichtet und habe es auch in Zukunft nicht vor.
Ich hatte zum Glück eine Zugehfrau, die jede Woche meine Wäsche machte. Sie war eine nette Person, die mir jedes Mal, wenn sie kam, ein Sackerl Zuckerln mitbrachte. Dieses Sackerl stand auf meinem Studientisch, und ich aß jeden Tag nur eines davon. Am Ende der Woche teilte ich die übrig gebliebenen unter meinen Kollegen auf.
Ich war als Bub sehr verspielt und auch künstlerisch begabt. Malen und Zeichnen machte mir immer sehr viel mehr Spaß als Lernen. Schon in der ersten Klasse fiel ich beinahe durch, in der zweiten ging es gerade noch mal gut. In der dritten war die Katastrophe perfekt, ich fiel mit sieben Fünfern durch.
Damals weinte ich bitterlich – ich wollte doch so gerne Priester werden. Weltpriester, auf keinen Fall Ordensmann. Schon die Kleidung der Ordensleute war mir fremd. Ich wollte einfach Pfarrer werden und sonst nichts.

Gott hat mein Leben schon sehr früh in die Hand genommen. Er hat es gelenkt und die Weichen gestellt. Die Tatsache, dass ich mit meinen schlechten Noten vorerst nicht Weltpriester werden konnte, brachte eine Veränderung mit sich, die für mein Leben entscheidend war: Ich kam in eine Priestergemeinschaft, die sich den Armen verpflichtet hatte. Mein damaliger Erzieher, Präfekt Winfried Gruber, hatte einen Studienkollegen, der Lazarist war. Die Lazaristen, 1625 vom heiligen Vinzenz von Paul in Paris gegründet, sind zwar kein Orden, aber sie legen ewige Gelübde ab. Gemeinschaft wird großgeschrieben, es ist eine Gemeinschaft von Weltpriestern. Ich selbst war im Seminar der Lazaristen später dann selbst drei Jahre lang Erzieher. Noch nie war ein Schüler aufgenommen worden, der so viele Fünfer im Zeugnis hatte wie ich. Und trotzdem durfte ich in die Gemeinschaft eintreten.

Ich ging in ein öffentliches Gymnasium, wie alle Buben bei den Lazaristen. Ich erinnere mich, dass ich am ersten Schultag geweint habe. Durch das Fenster konnte ich das Bischöfliche Seminar sehen, das ich sehr geliebt hatte. Die Zeit verging, und ich wurschtelte mich mehr schlecht als recht durch die Schule. Damals – wie übrigens auch heute noch – litt ich unter einem furchtbar schlechten Gedächtnis. Ich konnte mir manche Dinge einfach nicht merken, was mir das Lernen sehr erschwerte. Bis heute kann ich nicht ordentlich rechtschreiben. In den Lernfächern schrammte ich ständig am Nichtgenügend entlang, in den logischen Fächern wie Physik oder Mathematik schrieb ich hingegen fast immer Einser. Latein wäre mir fast zum Verhängnis geworden. Mithilfe eines sehr gescheiten Nachhilfelehrers begriff ich endlich die Logik dieser Sprache. So habe ich nicht nur die Nachhilfeprüfung geschafft, sondern sorgte in der achten Klasse bei der

ersten Lateinschularbeit für eine Überraschung. Ich saß als gerade noch Durchgekommener in der ersten Bank – mein Lateinlehrer hatte keine Ahnung von meinen neu erworbenen Lateinkenntnissen. Als er mit den korrigierten Arbeiten ins Klassenzimmer kam, knallte er voller Zorn die Hefte auf den Tisch. Seine Augen funkelten und sein Bart bebte. „Sieben Nichtgenügend, sechs Genügend, vier Befriedigend, zwei Gut – ein Sehr Gut! Pucher! Rauskommen! Wo hast du abgeschrieben?!" Ich war fassungslos. Ich hatte eine Eins geschrieben! Neben mir war niemand gesessen, von dem ich hätte abschreiben können. Bei der nächsten Schularbeit verwehrte mir der strenge Professor den Sitzplatz in der letzten Bank, dort, wo die ganzen guten Schüler saßen. Er setzte mich stattdessen wieder in die erste zu den miserablen, weil er mir immer noch nicht glaubte. Und wieder schrieb ich eine Eins oder Zwei – wie bei den restlichen Lateinschularbeiten auch. Mein Lehrer war aufs Äußerste verwirrt. Stotternd fragte er mich schließlich, ob ich denn eine Antenne zum Heiligen Geist hätte – der gute Mann war tief gläubig. Ich verneinte. Ich hatte lediglich diese Sprache endlich begriffen.
Schon in der siebenten Klasse konnte ich einen anderen großen Erfolg verzeichnen – ich wurde Landessieger eines Redewettbewerbs der Liga der Vereinten Nationen. In meiner Rede ging es um Jugendprobleme. Die ganze Schule war im Schulhof versammelt. Der Direktor wies zwei meiner Schulkollegen an, mich auf die Schultern zu nehmen, und dann ließen sie mich hochleben. In Wien, im Auditorium maximum der Universität, trugen alle Landessieger ihre Rede noch einmal vor. Der damalige Bürgermeister und spätere Bundespräsident Jonas übergab jedem von uns einen Bildband über Wien, mit seiner Widmung versehen. Das Buch habe ich heute noch.

1

2

3

4

5

6

1 Die geliebte slowenische Oma Elisabeth Dužič
2 Mit Mutter und Schwester
3 „Ich will Priester werden" (Wolfgang mit 9 Jahren)
4 Novizen der Lazaristen in Graz, 1959
5 Im Chor des Bischöflichen Knabenseminars, 1950
6 14. Juli 1963: Primizfeier mit der Familie
7 7. Juli 1963: Priesterweihe in Mariatrost

*

Mit 17 kam es, wie es kommen musste – ich verliebte mich Hals über Kopf. Wie jeder andere junge Mann. Dieses Gefühl war unbeschreiblich schön. Die Dame meines Herzens war eine Mitschülerin – allerdings vergeben, was ich jedoch nicht wusste. Sie hatte bald bemerkt, wie es um mich bestellt war. Und genau wie mir, war auch ihr klar, dass ich in der Ausbildung zum Priester stand. Ich hatte zwar noch kein Keuschheitsgelübde abgelegt, aber es war definitiv verboten, sich mit einem Mädchen einzulassen.
Ich hatte bald herausgefunden, wo sie wohnte. Auf dem Weg zur Schule fuhr ich oft an ihrem Haus vorbei, in der Hoffnung, sie zu sehen. Auf dem Fahrrad begegneten wir einander immer wieder, aber ich war viel zu schüchtern, um irgendetwas zu sagen oder ihr gar mein Herz auszuschütten. Ihr blieb meine Verlegenheit natürlich nicht verborgen.
Abgesehen von meiner künftigen Berufung waren die Zeiten damals auch andere. Man näherte sich einem

Mädchen nicht so unverblümt. Es war ein langsames Herantasten, mit einer Distanziertheit, die getragen war von Respekt, Hochachtung und einem zarten, feinen Gespür für das andere Geschlecht. Man blickte zu den Mädchen auf. Das ist etwas, das heutzutage leider verloren gegangen scheint.

Es kam der Tag, an dem sie mir endlich mitteilen musste, dass sie einen Freund hatte. Das war der absolute emotionale Tiefpunkt meines jungen Lebens. Diese Traurigkeit war furchtbar. Nachdem mir meine große Liebe das Unglaubliche verkündet hatte, zog ich völlig verstört und ziellos durch die Gegend. Schließlich traf ich einen Freund aus dem Internat. Er war Geiger, ist es heute noch. Ich stand unter dem Fenster, an dem er gerade übte, und bat ihn, das Wolgalied von Franz Lehár für mich zu spielen: *Du hast im Himmel viel Engel bei dir! Schick doch einen davon auch zu mir!* Er tat es für mich. Dieses Lied war der Ausdruck meiner Sehnsucht und meiner Trauer. Heute noch, nach so vielen Jahren, kann ich spüren, was ich damals gefühlt habe. Das habe ich nie vergessen.

Ich hatte mit 17 kein schlechtes Gewissen. Auch wenn es absolut nicht opportun war, solche Gefühle zu haben, und auch wenn es schlicht und ergreifend nicht zusammenpasste – mein Entschluss, Priester zu werden, und meine Liebe zu diesem Mädchen. Und ich muss ganz ehrlich sagen: Wenn sie nicht vergeben gewesen wäre und sie mich auch geliebt hätte – ich hätte alles hingeworfen und meine Ausbildung abgebrochen. Alles, was ich wollte, war sie. Mein Lebensweg wäre dann wohl anders verlaufen.

Nach einer langen Zeit des Kummers passierte es schließlich tatsächlich noch einmal: Ich verliebte mich in ein Mädchen, eine Mitschülerin aus einer anderen Klasse. Die Intensität meiner Gefühle war diesmal zwar nicht so gewaltig, aber ich fühlte mich doch sehr hingezogen zu ihr. Sie hatte keinen Freund. In der Früh fuhr ich meist etwas früher von zu Hause weg, um sie im Stadtpark auf dem Schulweg treffen zu können. Wir hielten uns weder an den Händen noch küssten wir uns. Aber sie erwiderte meine Gefühle. Es war eine sehr herzliche, warme und tiefe Zuneigung. Ein einziges Mal gab es doch eine Berührung: Wir saßen gemeinsam in einem Chorkonzert, auf der Empore des Stefaniensaals. Und dort griff ich mit klopfendem Herzen nach ihrer Hand. Das war der Höhepunkt unserer Zärtlichkeiten. Mehr ist nie passiert.

In diesem Alter ist es wohl generell nicht einfach, die Linie fürs Leben zu finden. Ich war 19 und grün hinter den Ohren. Doch die Entscheidung stand an: Was mache ich in Zukunft? Wie wird mein Leben aussehen? Dass ich Priester werden wollte, stand nie in Zweifel, auch wenn ich starke Gefühle für zwei Mädchen gehabt hatte. Mir war vom Verstand her bewusst, dass die Dinge nicht zusammenpassten, aber ich konnte nicht anders. Ich schrieb ihr einen Abschiedsbrief. Dass ich Priester werden wolle und meine Beziehung zu ihr daher beenden müsse. Sie schrieb mir zurück. Ich las den Brief, wusste jedoch, dass ich ihn nicht aufheben konnte, denn mein Entschluss war gefasst. Und so verbrannte ich ihn.

Damals zeichnete ich sehr viel, und ich hatte noch ein selbst angefertigtes Porträt von meiner ersten Schwärmerei. Später, als ich schon Theologe war im Seminar, stellte ich dieses Bild auf mein Lernpult. Meinem Direktor fiel es auf. Und als ich auf seine Frage, wer das denn sei, antwortete, das sei meine erste große Liebe, zerriss er es vor meinen Augen.

Die Ausbildung war sehr streng. Uns war jeglicher Kontakt zur Außenwelt, ja sogar zur Familie verboten. Zwei

Jahre lang waren wir kaserniert. Unsere Briefe wurden nur geöffnet entgegengenommen bzw. ausgehändigt. Auch wenn man sich das heute gar nicht mehr vorstellen kann – das war die Erziehung zum Priesterberuf.
Mit 24 legte ich mein Gelübde ab – arm, keusch und gehorsam zu leben. Ich hatte meine Entscheidung nicht bereut, auch wenn ich die Gefühle der Liebe heftig erlebt hatte. Für mich war immer klar, dass es nur ein Entweder-oder geben konnte. Ich wusste stets, dass es nicht leicht werden würde. Aber ich habe schon damals meine Berufung so stark gespürt, dass es mir dieses Opfer – und es ist ein Opfer – wert gewesen ist. Und diese Berufung war, den Armen das Evangelium zu bringen. Das war mir so wichtig und auch emotional bedeutsam, dass kein Platz für Zweifel vorhanden war.
Ich habe mit den Jahren eine sehr innige Liebe zu Gott entwickelt, und meine Beziehung zu ihm ist so tief, dass ich tatsächlich sagen kann, wie man es sonst nur aus voller Emotion zu einem Menschen sagt: Ich liebe ihn. Ich habe mich für Gott entschieden, und jetzt muss er mich halten. Denn jede Liebe bedarf zweier Seiten. Ich bin davon überzeugt, dass auch in einer funktionierenden Ehe derjenige, der schwächelt, vom anderen gehalten wird. Dieses Halten habe ich bei Gott gesucht und auch eingefordert.

*

Ein Jahr vor meiner Priesterweihe erlebte ich etwas, das mich sehr nachdenklich stimmte. Ein Kollege von mir, der Weltpriester geworden war und in meinem Heimatort Kirchbach im Schwarzautal seine erste heilige Messe feierte, wurde von der dortigen Bevölkerung absolut verehrt. Die Erwartungshaltungen an diesen Mann waren schier grenzenlos. Da bekam ich das erste Mal ernsthafte Zweifel. Ich dachte mir: Das schaffe ich nicht. Die verlangen von mir, dass ich all das, was ich predige, auch selber

Große Erwartungen vor der Primiz

lebe. Das ist aber nicht möglich. Es gibt auf Erden keinen zweiten Jesus. Ich kann das nicht, und ich will es nicht. Damals wollte ich aufhören, da war ich 22 Jahre alt. Ich hatte unterschätzt, welche Anforderungen die Menschen an mich stellen würden. Als ich sah, wie diese Leute meinen Kollegen förmlich in den Himmel hoben, packte mich die Angst. Nicht vor Gott, nicht vor dem Beruf. Sondern vor den Menschen. Und diese Angst war berechtigt. Ich weigere mich auch heute noch, die Verpflichtung einzugehen, alles, was ich predige, auch machen zu müssen.

Ich bin zum Beispiel jähzornig. Schon als Kind war ich ein Zornbinkerl. Das ist nicht sehr christlich und moralisch auch nicht in Ordnung. Aber ich konnte mich nie davon lösen und werde es auch nie können. Weil es ganz einfach nicht geht. Das Recht, Fehler zu haben, hat jeder – auch ein Priester. Und wer von einem Priester verlangt, dass er unfehlbar ist, begeht großes Unrecht. Niemand ist perfekt.

Mein Kollege, der von seiner Gemeinde so verehrt wurde, ist heute übrigens nicht mehr Priester. Er hat geheiratet.

Mir wurde damals bewusst, dass mir vieles ganz einfach nie möglich sein würde. Ich ahnte auch, dass ein schwerer, vielleicht unüberwindlicher Weg vor mir lag. Dass Gott mir etwas abverlangen würde, damit hatte ich kein Problem. Aber ich wollte und will mich von keinem Bischof, keinem Papst und keiner Gemeinde dazu verpflichten lassen, perfekt zu sein.

Den beiden Lieben meiner Jugend hielt meine innere Berufung stand. Doch meine Selbstzweifel stürzten mich in eine tiefe Krise. Eine lange Zeit kämpfte ich mit mir. Und dann, im August 1962, bekam ich ein Buch von Hermann Schelkle, Professor für Exegese an der Universität Tübingen, in die Hände: „Jüngerschaft und Apostelamt“. Ich saß

auf der Veranda in der heißen Augustsonne, das Buch auf den Knien. Und da war plötzlich dieser Satz: *Wenn Gott einen Menschen beruft, ist Er nicht von seinen Fähigkeiten, Eigenschaften und Eignungen abhängig.*
Das hat mich getroffen wie ein Blitz. Mir fiel ein Stein vom Herzen. Und ich sagte: Lieber Gott, jetzt bist auch du dafür verantwortlich, was du mit mir machst. Nicht nur ich. Du weißt auch jetzt schon, was noch alles auf mich zukommen wird. Und dennoch gehst du das Risiko ein, mich als einen Boten deines Sohnes in die Welt zu schicken.
Ich nahm Gott in die Pflicht. Ich fühlte mich nicht mehr für alles in meinem Leben verantwortlich. Ich war befreit, erlöst und glücklich. Mit Freude und Kraft begann ich wieder zu leben. Und freute mich auf meine Priesterweihe.

Graz–Istanbul und wieder retour

Am 7. Juli 1963 war es so weit – der Tag meiner Priesterweihe. Der Grazer Dom wurde zu der Zeit gerade renoviert, daher fanden die Feierlichkeiten in der wunderbaren Basilika Maria Trost statt. Wir, die 14 Anwärter in unseren weißen Alben, standen vor dem Tor und warteten auf Bischof Josef Schoiswohl. Die große Kirche war brechend voll mit Menschen. Als wir hineingingen, sah ich vorne über dem Altar die wunderbare gotische Muttergottes, umgeben von einem Lichterkranz. Ich schritt auf sie zu – und da packte es mich. Ich begann heftig zu weinen und konnte mich nicht mehr beruhigen. Ich war am Ziel angelangt, und dieses Gefühl war überwältigend. Wenn ich heute davon erzähle, kommen immer noch sehr starke Emotionen in mir hoch.
Wir knieten auf dem Teppich, und ich konnte nicht aufhören zu weinen. Bestimmt war ich der Einzige. Ich wusste nicht, ob ich die Weihe emotional überstehen würde. Irgendwann fing ich mich dann doch. Wir knieten paarweise vor dem Bischof, und er legte uns die Hände auf. Meine Mutter war auch gekommen, meine Geschwister, Freunde und Bekannte.
Ich kann mir nicht vorstellen, dass ein Bräutigam am Tag seiner Hochzeit glücklicher sein kann als ich es an jenem Tag war. Bis heute ist dieser Tag der bedeutsamste in meinem Leben. Ich war glücklich und frei, um mich herum

war Klarheit. Als wir dann aus der Kirche kamen, stand auf dem Platz eine junge Frau in schwarzem Kleid, mit einer roten Rose in der Hand. Es war das Mädchen, welches fünf Jahre zuvor meinen Abschiedsbrief bekommen hatte. Ich freute mich, sie zu sehen. Es zeugte auch von einer gewissen Größe, dass sie gekommen war, um mir zu meiner Priesterweihe zu gratulieren. Es war eine liebevolle, reine Begegnung.

*

Mein Weg als Priester begann. Die erste Zeit war gekennzeichnet von reinem Glück, wie es wohl auch in einer Ehe sein wird. Jeden Morgen beim Aufwachen sprang mein Herz vor Freude. So wie sich der frisch Verheiratete auf den Abend und die Nacht freut, so freute ich mich jeden Tag darauf, die heilige Messe zu feiern – der Höhepunkt des Tages, den ich gar nicht abwarten konnte. Eine halbe Stunde unfassbaren Glücks. Ein Mensch, der nicht tief religiös ist, wird das nur schwer nachempfinden können. Dieser Zustand hielt ein paar Monate an. Dann wurde der Alltag allmählich ruhiger, ich gewöhnte mich an mein neues Leben. Ich wurde Erzieher in demselben Internat, in dem ich zuvor Zögling gewesen war. Das erste Jahr war sehr belastend, ich studierte zu diesem Zeitpunkt noch. Es folgte eine nicht besonders ereignisreiche Zeit. Die Zöglinge waren relativ brav – Buben, die Priester werden sollen, benehmen sich wohl etwas besser.

1966 begann die Zeit der ersten Seelsorge. Ich war als Kaplan in die Mariengasse, in die Pfarre Zur Schmerzhaften Mutter, versetzt worden. Mein Wirken als Erzieher hatte mich nie erfüllt – nun, mit 27, begann meine eigentliche Mission. Ich fing an, meinen wahren Beruf auszuüben.

Ich arbeitete sehr gern mit den Kindern und Jugendlichen und unterrichtete auch Religion an der Kepler-Hauptschule, damals eine reine Mädchenschule. Manche in den vierten Klassen waren bereits so entwickelt, dass mir das Du-Wort mitunter schwerfiel. An zwei Klassen erinnere ich mich sehr gut, sie waren extrem unterschiedlich. Vor der einen, der 4B, wurde ich bereits im Vorhinein gewarnt. Es müsse mir klar sein, dass ich schwierige Schülerinnen unterrichten werde, sagte man mir. Die Mädchen ließen nichts unversucht, um mir das Leben zur Hölle zu machen. Bis Weihnachten war es noch halbwegs gelaufen, ab dann war es ganz aus. Ich kam mit ihnen einfach nicht zurecht, es war eine einzige Katastrophe. Jedes Mal, wenn ich die Klasse betrat, saß mir die Angst im Nacken. Jeglicher Versuch, Autorität zu zeigen, wurde mit neuen Frotzeleien und Provokationen beantwortet. Die andere Klasse, eine zweite, war hingegen eine Wohltat. Die jungen Mädchen waren entzückend. In der Pause passten mich zwei von ihnen immer vor dem Lehrerzimmer ab, nahmen mir die Tasche aus der Hand und trugen sie voran ins Klassenzimmer. Dort begann ein anderes, auf der Flöte zu spielen, wenn ich hereinkam. Die zweite Klasse vergötterte mich also, die vierte bedachte mich mit abgrundtiefer Abneigung.

Ich wusste nicht, was ich tun sollte. Alles, was ich versuchte, war falsch. Ich ging etwa zu den Eltern nach Hause und suchte das Gespräch – das kam bei den Mädels natürlich gar nicht gut an.

Viele Jahre später traf ich eine mir unbekannte Frau auf der Straße. Ob ich mich noch an sie erinnere? Sie sei damals in die 4B gegangen. „Um Gottes willen!“, entfuhr es mir. „Jetzt sag mir doch bitte: Warum wart ihr so garstig zu mir?“ Sie schaute mich ungläubig an und fragte:

„Haben Sie es denn wirklich nie bemerkt? Wir waren damals alle in Sie verliebt!“ Jetzt wurde mir einiges klar. Mit meiner fast schon übertriebenen Zurückhaltung den heranwachsenden Mädchen gegenüber – aus lauter Angst vor unnötigen Missverständnissen – hatte ich die Damenriege langsam zur Weißglut gebracht. Mein distanziertes, strenges Verhalten provozierte sie nur noch mehr. Wenn mir damals bloß jemand gesagt hätte, was da lief! In der religionspädagogischen Ausbildung waren die Bewertungen meiner Praxistätigkeit immer gut. Mit dieser Klasse hatte ich geglaubt, verrückt zu werden. Im Rückblick glaube ich jedoch sagen zu können, dass ich als Kaplan doch eine recht gute Hand für die Jugend hatte.

*

Es kam der Tag, im August 1969, an dem ich sehr schweren Herzens Abschied nehmen musste von der Mariengasse. Ich war als Internatsleiter an die österreichische Schule, das St. Georgs-Kolleg, nach Istanbul versetzt worden, das sich im Besitz der Lazaristen befindet. Den letzten Abend vor meiner Abreise verbrachte ich mit den Jugendlichen. Als der Zug um zwei Uhr morgens vom Bahnhof abfuhr, waren es immer noch etwa 70, die mitgekommen waren, um sich von mir zu verabschieden. Vier von ihnen liefen mit einem weißen Leintuch neben dem fahrenden Zug her und winkten.

Ich saß ganz allein in meinem Abteil, und da weinte ich als Priester zum zweiten Mal. Es war ein Schmerz der Liebe, des Abschiednehmen-Müssens von Menschen, die mir ans Herz gewachsen waren und denen ich etwas bedeutete. Und die mir auch in meinen Abschiedsstunden vermittelt hatten, wie sehr sie mich mochten.

Heutzutage würde man wohl fliegen – ich fuhr damals mit dem Zug, und es war die erste Balkanerfahrung meines Lebens. Mit auf der Reise waren Hühner und Ziegen, und man hatte nicht den Eindruck, dass wir es besonders eilig hatten. Einmal blieben wir ohne ersichtlichen Grund inmitten eines großen Maisfeldes stehen. Ein Zug aus der Gegenrichtung hatte auch angehalten, und die beiden Lokführer lieferten sich einen Wettkampf im Steinstoßen. Außer in Lourdes, das ich einst mit meiner Mutter besucht hatte, war ich noch nie im Ausland gewesen. Und nun sollte ich in einer Stadt wirken, die so ganz und gar anders war als Graz. Ich kam mit dem festen Vorsatz nach Istanbul, mich nicht unterkriegen zu lassen. Mein Vorgänger war mit den türkischen Buben in der Schule nicht zurechtgekommen und hatte mit der Drohung, sonst aus der Gemeinschaft auszutreten, um Versetzung angesucht.
Ich kam um 17 Uhr an, bezog mein Quartier, schlief ein paar Stunden und setzte mich um sechs Uhr früh mit einem Türkischlehrbuch an den Tisch. Die türkische Sprache ist eine komplizierte Sprache – glücklicherweise nicht so kompliziert wie Latein. Das Schwierige ist nicht die Grammatik, sondern die Satzstellung. Sie ist genau umgekehrt wie im Deutschen. Womit wir einen Satz beginnen, schließen die Türken ihn. Um das richtige Gefühl dafür zu bekommen, braucht man viel Zeit. Letztlich habe ich die Sprache einigermaßen erlernt, nach zwei Jahren eifrigen Lernens konnte man mich zumindest nicht mehr so leicht reinlegen: Meine Internatsbuben hatten bemerkt, dass sie hinter meinem Rücken nicht mehr über alles reden konnten.
Es war die intensivste Zeit meines Lebens, was die vielen verschiedenen Eindrücke anging. Ein deutscher Kollege sagte damals zu mir: „Ein Jahr Istanbul ist wie zwei Jahre irgendwo in Deutschland oder Österreich.“ So viel Leben, wie ich

in diesen vier Jahren in der Türkei erfuhr, passiert in Österreich vielleicht in acht Jahren. Ein Pulsieren mit ungeheurer Intensität, eine Lebendigkeit sondergleichen. Von New York sagt man, es schläft nie. Istanbul schläft auch nie.
Unter meinem Fenster im fünften Stock der österreichischen Schule, etwas schräg gegenüber, befand sich eine Spenglerei, die einem Brüderpaar gehörte. Von zwölf Uhr mittags bis Mitternacht arbeitete der eine. Seine Bleche bearbeitete er aus Platzmangel auf der Straße. Es war ein ohrenbetäubender Krach. Um Mitternacht wechselte die Schicht, und der andere Bruder machte weiter. Das ging jede Nacht so, und ich machte meine ersten Erfahrungen mit Ohropax, weil ich einfach nicht schlafen konnte. Seit damals bin ich sehr geräuschempfindlich, gewisse Lärmpegel ertrage ich einfach nicht mehr.
Es gab heulende Hundehorden, die die ganze Nacht kläffend um die Häuser zogen. Einmal wurde ich von einem lauten Krachen aus dem Schlaf gerissen. Ich eilte zum Fenster und beobachtete einen Mann, dessen Füße aus dem eingeschlagenen Fenster eines Autos ragten. Er war gerade im Begriff, sich des Inventars zu bemächtigen. Ich stürzte auf die Straße, sah den Mann noch vor mir und rannte ihm nach. Ich hoffte, einen Polizisten zu finden. Doch als ich endlich einen fand, war der Täter bereits im Straßengewirr von Istanbul verschwunden.
Ich lebte mit Muslimen zusammen, und das lehrte mich, eine multikulturelle Gesellschaft zu achten und zu respektieren. In Istanbul lebten Türken, Griechen, Armenier, Araber, Europäer. Mir wurde bewusst, dass in dieser Vielfältigkeit der Kulturen, der Sprachen und der Religionen ein großer Wert liegt. Ich habe auch gesehen, wie schwierig das Miteinander sein kann. Zu dieser Zeit erlebte gerade die Zypernkrise ihren Höhepunkt. Ein paar Türken hatten

eines Nachts vor dem Ökumenischen Patriarchat der Griechen ein großes Holzkreuz mit Benzin übergossen und angezündet. An den Wänden der österreichischen Schule waren ausländerfeindliche Schmierereien zu lesen. Und obwohl es damals noch keinen George W. Bush gab, war der Antiamerikanismus mitunter unbeschreiblich. Im Hafen von Istanbul lagen immer wieder große Militärschiffe, die Scharen von Schaulustigen anzogen. Als eines Tages ein amerikanisches Kriegsschiff anlegte, konnten die Matrosen nicht von Bord gehen, weil die Menge bereits auf sie wartete – mit Tomaten und Eiern bewaffnet.

Neben anderen Ämtern, die ich innehatte, war ich an der österreichischen Schule, die eine türkische Privatschule ist, Internatsleiter. Es war eine Knabenschule mit 700 Buben, daneben gab es eine Mädchenschule mit 600 Mädchen. Ich meisterte meine Aufgabe ganz gut, doch ich hatte auch meine Probleme. Ein Teil kam aus Anatolien und lebte hier im Internat. Die Atmosphäre war immer wieder sehr angespannt. Zum Beispiel gab es Hungerstreiks. Wenn den Schülern das Essen nicht passte, verweigerten sie die Nahrungsaufnahme. Am Schulschluss mussten die türkischen Hausdiener in der Nacht immer Wache stehen – nach der Zeugnisverteilung stand bei manchen die Verwüstung der Schule auf dem Programm, und zwar jedes Jahr. Im Internat hatten ein paar Buben einmal die kugelförmigen Lampen von der Decke genommen, reingepinkelt und sie anschließend wieder aufgehängt. In den Toiletten hatten sie alle Wasserhähne abgetreten, und das Wasser schoss durchs ganze Haus. So schlimm war es freilich nicht immer.

Die Tatsache, dass es aus jener Zeit Absolventen gibt, die mir heute noch innige Briefe schreiben und mit denen ich teilweise sehr gut befreundet bin, zeigt, dass meine

Arbeit wohl geschätzt wurde. Ich habe Dinge eingeführt, die ungewöhnlich waren. Einmal in der Woche gab es die sogenannte Heimstunde. Da ich künstlerisch immer recht begabt war, hatte ich die Wände eines ungenutzten Zimmers bunt bemalt. Dieser Raum wurde zu einem Ort, an dem ich mit den Jugendlichen zusammentraf, um mit ihnen über Gott und die Welt zu plaudern. Damals fiel mir auch auf, dass viele Muslime offenbar keine Ahnung von ihrer Religion hatten, zu der sie aber überzeugt standen. Ich war für 80 Buben zuständig, von denen kaum einer den Grund für bestimmte Feiertage kannte. Keiner von ihnen war je in Istanbul in einer Moschee gewesen. Und so redeten wir auch über den Islam. Ich, als katholischer Priester, erklärte ihnen den Sinn ihrer Feste.
Sowohl mit den Internatskindern als auch meinen christlichen Religionsschülern unternahm ich immer wieder Ausflüge. Vor allem die Schüler aus dem Internat waren mitunter rechte Rabauken und nicht einfach im Zaum zu halten. Doch bei unseren Ausflügen benahmen sich alle wie die Lämmchen. Sie fraßen mir förmlich aus der Hand.

Internatsleiter Pucher mit Schülern im Fasching

Das Schöne war, dass von den acht Prozent christlicher Schüler kein einziger katholisch war. Ich bekam ein neues Bild vom Christentum. Es gab Armenier, Griechisch-Orthodoxe, Protestanten, arabische Jakobiten. In Istanbul erlebte ich zum ersten Mal, dass Christen in erster Linie Christen sind, und erst dann Katholiken, Protestanten, Orthodoxe. Und das fand ich gut so.

*

Neben meiner Tätigkeit als Internatsleiter war ich auch Pfarrer der christlichen Gemeinde, die in erster Linie aus den österreichischen Lehrern der Schule bestand. Und ich war verantwortlich für die Pfarr-Caritas. In dieser Funktion kam ich zum ersten Mal in Kontakt mit österreichischen Drogensüchtigen. Es war die Zeit der Ostbewegung der Hippies, und Istanbul war ein Drogenumschlagplatz. Tausende junge Österreicher hielten sich in der Stadt auf, viele von ihnen saßen im Gefängnis. Immer wieder kamen einige von ihnen zu uns, um Hilfe zu erbitten. Es war ein hilf- und aussichtsloser Kampf.

Eines Tages bekam ich einen Anruf von einer völlig verzweifelten Wienerin, Frau Gruber. Sie hatte erfahren, dass ich in Istanbul war, und erzählte mir von ihrem Sohn. Dass sie bereits seit einem Jahr nichts von ihm gehört oder gesehen hatte und ihn in der türkischen Metropole glaubte. Sie machte sich große Sorgen und bat mich um Hilfe. Die Stadt hatte damals schon etwa sechs Millionen Einwohner. Ich sagte ihr, ich würde die Chance, ihn zu finden, zwar äußerst gering einschätzen. Trotzdem würde ich versuchen, ihr zu helfen.

Ich sage nie: „Das geht nicht." Ich sage immer, dass ich es zumindest versuchen werde. Doch wie sollte ich die Suche

nach dem Junior anstellen? Es gab keine Meldepflicht, er konnte überall in dieser verrückten Stadt sein. Ich dachte angestrengt nach. Da gab es ein Lokal, den sogenannten Pudding-Shop, in der Nähe der Blauen Moschee. Eigentlich war es ein Restaurant, doch die Leute gingen nicht zum Essen dorthin – zumal die Portionen so klein waren, dass sie ohnehin nur als Vorwand durchgingen. Dieses Lokal war die Drehscheibe des Istanbuler Drogenhandels. Ich machte mich auf den Weg. Vor dem Eingang standen ein paar junge Menschen, und ich versuchte zu verstehen, welche Sprache gesprochen wurde. Als ich ein paar Fetzen Österreichisch aufschnappte, sprach ich den Mann an: Er brauche keine Angst zu haben, ich sei weder von der Geheimpolizei noch sonst eine Bedrohung für ihn. Ich sei ein gewöhnlicher, österreichischer Priester in Istanbul und würde gerne mit ihm sprechen. Ob ich ihn zum Essen einladen dürfe? Der Mann, er war wohl in meinem Alter, nahm mein Angebot an. Und so saßen wir kurz darauf im Pudding-Shop vor unseren Tellern, auf denen fast nichts drauf war.
Ich versuchte, ihm mein Problem möglichst menschlich darzulegen. Ich sagte zu ihm: „Wissen Sie, Sie müssen mir nicht helfen. Aber ich habe das Gefühl, dass Sie auch Menschen verstehen, die anders leben als Sie. Vielleicht können wir ja so auf einen gemeinsamen Nenner kommen." Und ich erzählte ihm die Geschichte von Frau Gruber und ihrem Sohn. Dass ich Hemmungen hätte, ihn zu fragen, weil ich mir seine Antwort ausmalen könne. Aber dass ich trotzdem sehr gerne von ihm wissen würde, ob er diesen jungen Mann kenne. Und ich bat ihn, er möge bitte einen Kontakt zwischen uns herstellen, sollte er wirklich wissen, von wem ich spreche. Der Mann drückte eine Weile herum. Schließlich gab er zu, dass der junge Herr Gruber ein Kunde von ihm war. Ich hatte einen Dealer er-

wischt. Er willigte ein und bestellte mich für den nächsten Tag wieder in den Pudding-Shop.
Tags darauf war ich dort, Herr Gruber allerdings nicht. Tagelang ging ich immer um dieselbe Zeit zu dem Lokal, doch er tauchte nicht auf. Mein Informant verriet mir schließlich, wo er übernachtete. Es gab in Istanbul damals Massenquartiere, in denen einmal pro Monat die Bettwäsche gewechselt wurde. Pro Woche bezahlte man etwa zwei Euro. Ich ging in eines dieser Quartiere, in der Hoffnung, endlich Herrn Gruber zu finden. Dort sagte man mir, er wäre hier gewesen, sei in der Zwischenzeit aber wieder ausgezogen. Ich erzählte die ganze Geschichte also noch einmal von vorn. Zwei Wochen lang ging das so. Man hielt mich offenbar zum Narren.
Eines Tages stand er schließlich doch vor mir. Er hatte am ganzen Körper Geschwüre und trug mehrere Verbände, ein deutliches Zeichen seiner Sucht. Er hatte schon von meiner Suche nach ihm gehört. Ich berichtete ihm von seiner Mutter. Es stellte sich heraus, dass er überhaupt keine Gefühle für sie hatte. Ich bat ihn, um seiner selbst willen über eine Rückkehr nach Hause nachzudenken, worauf er meinte, dass das nicht ginge, er hätte kein Geld mehr. Ich erwiderte, dass ich ihm eine Fahrkarte besorgen würde.
Am nächsten Tag kaufte ich ein Ticket und brachte es ihm. Ich bat ihn inständig, mich und vor allem sich selbst nicht hängen zu lassen und am nächsten Tag den Zug Richtung Österreich zu nehmen. „Ja, ja“, meinte er nur. Ich rief seine Mutter an und informierte sie, dass ihr Sohn im Begriff war, sich auf die Reise zu machen.
Ein Woche später rief ich Frau Gruber wieder an, um sie nach dem Verbleib ihres Sohnes zu fragen. Er war nicht in Wien angekommen.

Ich war verwundert und enttäuscht – bis zu diesem Zeitpunkt hatte ich kaum je etwas mit Drogensüchtigen zu tun gehabt. Die Sache ließ mir natürlich keine Ruhe, und ich machte mich abermals auf die Suche nach dem Unglücklichen. Sein Widerstand forderte mich geradezu heraus. Und ich fand ihn wieder. Diesmal machten wir es anders: Ich brachte ihn zum Bahnhof und gab ihm die Fahrkarte erst, als er schon im Zug saß. Ich wünschte ihm eine gute Reise und winkte ihm nach. Wieder verständigte ich seine Mutter. Ein paar Tage später verkündete sie mir, er sei zwar tatsächlich bis nach Österreich gekommen, aber nicht bis nach Wien. An der slowenisch-österreichischen Grenze sei er abgefangen worden, weil er Rauschgift bei sich gehabt hatte. Und nun säße er im Gefängnis in Klagenfurt. „Danken Sie Gott, Frau Gruber!“, rief ich. Leider hab ich die beiden aus den Augen verloren. Ich wäre zu neugierig, wie die Geschichte schlussendlich ausgegangen ist.
Die zweite Gruppe, mit der ich in Istanbul näher in Kontakt kam, waren die verarmten Altösterreicher. Vor dem Ersten Weltkrieg waren viele österreichische Ingenieure mit ihren Familien in die Türkei gegangen, um dort die Eisenbahn von Edirne nach Istanbul zu bauen. Viele sind dort geblieben, und im Lauf der Geschichte sind diese Menschen irgendwann staatenlos geworden. Und als sie alt wurden, bekamen sie weder von Österreich noch von der Türkei eine Pension. Nun waren sie völlig verarmt, es waren verlorene Leute.
Der damalige Konsul, Herr Bogen, war ein guter, sehr kreativer Mann. Er ging etwa ins Gefängnis, um die Wärter zu bestechen, denn den einsitzenden drogenabhängigen Österreichern ging es außerordentlich schlecht. Er setzte sich sehr für die Leute ein und versuchte auch den einen

oder anderen früher aus der Haft zu bekommen. Dieser Mann erreichte auch, dass Österreich einen Sonderfonds einrichtete, mit dem den armen Altösterreichern geholfen werden sollte. Und er schrieb einen geradezu unverschämten Weihnachtsbrief an all die anderen, wohlhabenden Österreicher, die in Istanbul lebten, und das waren nicht wenige. Industrielle, Universitätsprofessoren, Geschäftsleute. Er startete einen Frontalangriff auf ihr moralisches Gewissen: In Istanbul würden Österreicher wohnen, denen es gar nicht gut gehe, und er erwarte sich daher von jedem besser Betuchten einen solidarischen Beitrag von 1000 Schilling. Bei den Adressaten herrschte helle Empörung über diese Forderung – gezahlt haben sie alle. Mir fiel die Stelle in der Bibel ein, in der es heißt: *Macht euch Freunde mit dem ungerechten Mammon.*

Und dann gab es noch die vielen tausend Kinder, die wie Ratten in den Straßen von Istanbul lebten. Immer wieder musste ich mit Entsetzen Szenen mitansehen, die nur schwer zu ertragen waren. Auch unter den Kindern herrschten beinharte Hierarchie und Ausbeutung. Da war etwa der Bub, der auf einer Schutthalde ein provisorisches Dach errichtet hatte, eine Plane, die an einem Mauerrest und zwei Stehern befestigt war. Unter diesem Dach lagen drei Matratzen, und diese Lagerstätten vermietete er an andere Kinder.

In Istanbul können die Winter bitterkalt sein. Es hat zwar selten Minusgrade, aber der kalte Wind weht recht grimmig vom Schwarzen Meer herein. Eines frostigen Abends kam ich an einer Hendlbraterei vorbei. Hinter der Auslage drehten sich die goldbraunen Hühner am Spieß, davor standen zwei Kinder, die sich abwechselnd den Rücken und den Bauch an der warmen Glasscheibe wärmten. Beide hatten kaum etwas an, lediglich zerrissene Jacken und Hosen,

keine Socken. Ich ging zu ihnen und fragte sie – blöde Frage –, ob sie gern ein Grillhendl hätten. Man muss sich das vorstellen: Es war ein Kommen und Gehen von Menschen, drinnen im Warmen aßen sie sich satt, und draußen standen diese beiden Kleinen und waren am Verhungern.
Die Kinder bekamen leuchtende Augen. Ich ging hinein und bestellte ein Huhn. Der Verkäufer hatte mitbekommen, für wen das Essen bestimmt war. Nicht nur, dass er mir lediglich Brotreste und kein frisches Brot dazugab – er verbot den Kindern auch, das Lokal zu betreten. Mein Türkisch war zu dem Zeitpunkt noch nicht besonders gut, und es machte mich wütend, dass ich dem Mann nicht gehörig die Meinung sagen konnte. Ich ging hinaus und gab den beiden ihr Mahl. Dann kehrte ich zurück hinein, um zu bezahlen. Als ich wieder rauskam, waren sie verschwunden. Ich wollte sie finden und machte mich auf die Suche. In einem versteckten Winkel in einer Seitengasse fand ich sie mit dem leeren Sackerl. Sie hatten das Hendl mitsamt den Knochen gegessen.
Ich fragte sie lauter Blödsinn – wo sie denn wohnen würden und ob sie in die Schule gingen. Natürlich gingen sie nicht in die Schule, und ihr Zuhause war die Straße. Ich versuchte, über die österreichische Caritas etwas für diese Kinder zu tun. Ich war zu jung, zu unerfahren und hatte zu wenige Kontakte. Es ist mir nicht wirklich gelungen. Aber immerhin war mir bewusst geworden, dass Armut und Hässlichkeit in dieser Welt viele Gesichter haben und nicht von Religionen oder Kulturen abhängig sind. Aber auch, dass Güte und Menschlichkeit Platz haben, wo man sie nicht leicht vermutet. Politikern und Diplomaten traut man nicht unbedingt großes Gespür für arme Leute zu. Konsul Bogen war das Musterbeispiel eines großen Menschen. Er hatte – mit den Möglichkeiten, die ihm im

Gegensatz zu mir zur Verfügung standen – viel mehr bewirkt, als ich es damals vermochte.

*

An gewissen Festtagen ging ich mit jenen Schülern, die wollten, in die Moschee. Dort betete ich gemeinsam mit ihnen und allen anderen, ohne die Worte zu verstehen. Ich las in Istanbul auch den ganzen Koran. In meinem kleinen, bescheidenen Zimmer hatte ich eine kleine Etagere, auf der lagen stets zwei Bücher geöffnet nebeneinander – die Bibel und der Koran. Sozusagen auf gleicher Ebene.
Groß begangen wurden die islamischen Feste – da wurde mitunter tagelang gefeiert. Doch zu Weihnachten wurde gearbeitet, und die Kinder gingen ganz normal zur Schule. Ich erlebte in der Türkei zum ersten Mal die Realität des wahren Weihnachtsfestes. Die, die wollten, kamen in der Nacht zu uns in die Kirche von St. Georg, und wir feierten gemeinsam Weihnachten. Ohne festliche Beleuchtung, ohne Bäume, ohne Brimborium. Damals stieß ich erstmals an Betlehem an, an das echte Weihnachten, an die urchristliche Tatsache, eine Minderheit unter einer andersgläubigen Mehrheit zu sein.
Niemals habe ich versucht, religiösen Einfluss auf meine muslimischen Schüler auszuüben. Aber ich versuchte, ihnen Menschlichkeit und Toleranz zu vermitteln, und forderte das auch ein. Ein Schüler, der längere Zeit in Deutschland gelebt hatte, brachte von dort ein christliches Gebetsbuch in die Schule mit. Er war kein gläubiger Moslem und hatte in Deutschland das Christentum kennengelernt. Als seine Mitschüler begannen, ihn deswegen zu pflanzen und zu ärgern, nahm er das Buch und warf es demonstrativ in den Papierkorb. Ich fand es dort, nahm es

wieder heraus und holte mir die Buben herbei. „Meine Lieben – so nicht! Schaut einmal in meinem Zimmer nach, wo der Koran liegt. Ich sage euch das nicht, weil ich Christ bin, sondern weil man so etwas überhaupt nicht machen darf. Eine andere Religion ist zu achten, egal, ob sie einem gefällt oder nicht." Ich glaube, ich konnte den Kindern vermitteln, dass ich kein engstirniger Geistlicher bin, sondern ein Mensch mit einer gewissen Glaubensüberzeugung. Und dass ich gleichzeitig Hochachtung habe vor anderen Religionen. Dass ich es aber ganz bestimmt nicht toleriere, wenn man Vertreter anderer Religionen oder deren Symbole missachtet, schändet oder anderen Unfug mit ihnen treibt.

Christen haben in der Türkei kein leichtes Los. Im Osten des Landes unterliegen sie immer wieder schweren Diskriminierungen. Ich hatte einen Mitbruder, der regelmäßig in die kleinen christlichen Dörfer fuhr, um sie zu unterstützen. Eines Tages bekam er von der Geheimpolizei einen Brief, er habe innerhalb von drei Tagen das Land zu verlassen. Das musste er tatsächlich. Und er bekam ein Einreiseverbot für die Türkei. Uns waren die Hände gebunden, viel konnten wir für die Bedauernswerten im Osten nicht tun.
Wir hatten drei Schüler aus dieser Region bei uns im Haus privat untergebracht, sie waren sogenannte Syria-

ni, Angehörige einer altorientalischen Kirche. Einer der Schuldiener war bei der Geheimpolizei, daraus machte der Mann auch gar kein Hehl. Er kam zu mir und sagte, ich solle dafür sorgen, dass diese drei Kinder das Haus verlassen. Denn sonst wäre ich der Nächste, der verschwinden würde. Und wir mussten das auch tun, es gab keinen Weg daran vorbei. Wir konnten die drei dann in eine Privatschule, die von Salesianern geleitet wurde, überstellen.

Es gab jede Menge nicht nachvollziehbarer Formen von Restriktionen und behördlichen Schikanen, wenn es um christliche Dinge ging. Freunde aus Österreich hatten mir einmal vor Weihnachten ein kleines Päckchen angekündigt, doch wochenlang kam keine Post aus der Heimat. Irgendwann nach Weihnachten bekam ich eine Mitteilung vom Zoll, ich solle ein kleines Paket abholen und eine Gebühr von mehreren hundert Schilling entrichten. Ich ging zur Post und wollte vor der Bezahlung in das Päckchen reinschauen. Doch das wurde mir verweigert. Also zahlte

Abschied von Istanbul – am Bahnhof Sirkeci mit Direktor Ernest Raidl und Schülern des Kollegs

ich und öffnete mein Geschenk: Es war ein dürres Gerippe aus Fichtenzweigen und ein Haufen trockener Nadeln, dazu vier kleine Kerzen. „Weihnachtsgarnitur“ stand auf der Zollbestätigung. Ich war wütend und erzählte die Geschichte einem Redakteur der Zeitung „Hürriyet“. Ich wollte mir das einfach nicht gefallen lassen – als Christ nicht und als Mensch nicht. Er war ganz angetan, etliche Fotos wurden von mir geschossen. Erschienen ist die Geschichte allerdings nie. Mit der Zeit lernte ich, die Dinge zu nehmen, wie sie eben waren.
In Istanbul begann ich fleischlos zu essen. Das rituelle, öffentliche Schlachten von Tieren war so grausam mitanzusehen, dass mir der Appetit auf Fleisch verging. Besonders schlimm war es beim Opferfest Abrahams, dem Kurban Bayram, wenn jedes muslimische Familienoberhaupt sich anschickte, eigenhändig einen Hammel zu töten. Die wenigsten dieser Familienväter verstanden etwas vom Fleischerhandwerk, und so wurden die unglücklichen Tiere an jeder Straßenecke ohne Betäubung grausam zu Tode gebracht.
Einmal kam ich an einem Hund vorbei, dem der ganze Unterkiefer fehlte. Er musste mit einem Auto kollidiert sein und blutete fürchterlich. Die Leute dort sagten mir, ein Tier dürfe vor Sonnenuntergang nicht getötet werden. Ich gab keine Ruhe und konnte schließlich einen Tierarzt organisieren, der die arme Kreatur von ihrem Leiden erlöste.
Meine Jahre in der Türkei waren nicht einfach. Es war aber auch eine mühsame Zeit für die europäischen Christen. Es waren die Jahre, in denen bei uns der Wohlstand wuchs, die Menschen die Nachkriegsarmut endlich hinter sich lassen konnten.
Die Lehrer im St. Georgs-Kolleg kauften sich der Reihe nach schwere Volvos, mit dem Argument, für die vielen

Fahrten zwischen der Türkei und Österreich das sicherste Auto zu brauchen. Ich hatte einen Kollegen und Freund, der konsequent und demonstrativ seinen alten VW weiterfuhr. Das Schloss war kaputt, und so hatte er einfach durch die Fahrertür ein Loch gebohrt und das Wageninnere mit einem Vorhängeschloss gesichert. Wir sind heute noch gut befreundet – sozusagen eingedenk der damaligen Volvo-Manie.

Wir führten mitunter hitzige Debatten darüber, ob es zu verantworten war, als Ausländer in solch guten Verhältnissen zu leben, während hier so viel Not herrschte. Damals wurde auch viel über den Bericht des Club of Rome diskutiert. Es gab Lehrerkollegen, die die These vertraten, es sei bei diesen düsteren Aussichten unverantwortlich, Kinder in die Welt zu setzen. Das Interesse an der religiösen Praxis in St. Georg war auf ein Minimum geschrumpft. Man schätzte meine Arbeit als Internatsleiter, man nahm mich auch als Leiter der Caritas ernst, doch als Seelsorger war ich so gut wie bedeutungslos – wo ich doch gerade die Seelsorge als meine eigentliche Aufgabe betrachtete.

Langsam, aber sicher geriet ich in einen ernsthaften Zustand der Verzweiflung. Mit einem Mal fragte ich mich, ob ich wirklich den richtigen Beruf gewählt hatte. Damals hätte ich beinahe mit dem Rauchen begonnen. Nie hatte mich das gereizt. Doch das mühsame, stressige Leben im Kolleg, die lauten Nächte, die ständige Konfrontation mit der schrecklichen Armut, die vielen Ungerechtigkeiten – all das wurde immer schwieriger zu ertragen. Ich war ratlos und wusste nicht mehr, was ich wem gegenüber wie vertreten sollte.

Meine Zeit in der Türkei ging zu Ende. Bei der Abschiedsfeier schenkte man mir eine Schallplatte mit Sufi-Musik. Auf dem Cover dieser Platte stand eine Widmung, und diese Widmung rettete damals meinen Beruf: *Von einigen, denen Sie fehlen werden.* Und ich dachte mir: Warum habt ihr mir das nicht früher gesagt?

*

Wenn Gott nicht die Fäden in meinem Leben gezogen hätte – ich wüsste nicht, wo ich heute wäre. Es begann mit dem Durchfallen im Bischöflichen Gymnasium, das mich nicht zum herkömmlichen Pfarrer, sondern zum Armenseelsorger machte. Mit den beiden Mädchenbekanntschaften, aus denen nicht mehr geworden ist. Mit dem Satz aus dem Buch, der mich damals aus meiner Not rettete. Mit meiner rechtzeitigen Abberufung aus der Türkei. Ich dachte mir, wenn es dort Menschen gab, denen ich abgehen würde, dann sollte es mir auch in Österreich gelingen, die Menschen zu erreichen.
Ich kehrte nach Graz zurück und wurde Pfarrer von St. Vinzenz. Und schon bald stellte sich ein frohes, sicheres Gefühl ein – es machte Sinn, was ich hier tat.

„… bringet den Armen das Evangelium“

Eines Abends erhielt ich einen Anruf von Christine Brunnsteiner, der ORF-Moderatorin. Sie klang sehr aufgeregt: Ein Mann aus unserer Pfarre sei am Telefon, er beabsichtige, sich das Leben zu nehmen. Ich bat sie inständig, mit ihm in Kontakt zu bleiben, bis ich bei ihm sein würde.

Ich strich umgehend die Abendmesse, die in fünf Minuten beginnen sollte, und machte mich auf den Weg. Er wohnte in der Nähe des Hofbauerplatzes, einer armen Gegend, in der viele Sozialfälle lebten. Er ließ mich hinein. Seine Frau sei vor kurzem gestorben, erzählte er, und mit dem Alleinsein komme er einfach nicht zurecht. In den Häusern gab es damals noch keine Fernwärme, die Wohnungen wurden meist mit Öl oder Kohle beheizt. Der Mann hatte ein Feuer gemacht, allerdings ging es ihm nicht um Wärme – er wollte das Ofenrohr aus der Wand ziehen und seinem Leben mittels Kohlenmonoxid ein Ende setzen.

Wir redeten stundenlang miteinander. Auf einmal sprach er mich auf mein schwarzes Puch-Moped MS 50, Baujahr 1964, an. Seine Augen leuchteten auf, als ich ihm sagte, dass ich es noch hätte. „Wissen Sie was? Ich komme morgen früh bei Ihnen vorbei und zeig' es Ihnen!“ Ich hoffte, ihn neugierig zu machen und so vorerst am Leben zu erhalten. Er überlegte eine Weile, dann sagte er: „Gut. Aber nur, wenn das in Radio Steiermark angesagt wird.“ So ein

Verrückter, dachte ich mir. Trotzdem rief ich umgehend im Landesstudio an. Frau Brunnsteiner hatte noch Dienst. Ich trug ihr meine Bitte vor. „Sie müssen morgen früh im Radio durchsagen, dass Herr Moser auf den Balkon gehen soll, weil der Pfarrer Pucher mit seinem Moped unten steht!“ Frau Brunnsteiner, die am nächsten Morgen wieder Dienst hatte, versprach, dies zu tun.
Tags darauf fuhr ich zur ausgemachten Zeit bei Herrn Moser vor. Ich wartete einige Zeit vor dem Haus, doch niemand erschien auf dem Balkon. Ich stellte mein Moped ab und ging zur Wohnung. Niemand antwortete auf mein Klopfen. Ich begann mir Sorgen zu machen. Die Tür war offen, ich ging hinein. Herr Moser lag schnarchend im Bett. Er hatte sowohl die Ansage im Radio wie auch meine Ankunft seelenruhig verschlafen.
Wenn ich einem Menschen helfen will, bin ich bereit, jedes Mittel zu nützen. Da ist mir nichts zu schwer, nichts zu umständlich und nichts zu blöd – wenn es nur ein wenig helfen kann. Auch wenn jemand gar nicht um Hilfe bittet, bin ich bereit, mich für ihn einzusetzen. Das kann zu schwierigen Situationen führen.
Eines Nachts fuhr ich mit meinem Moped die Georgigasse entlang. In einiger Entfernung sah ich an einer bestimmten Stelle regelmäßig die Bremslichter der vor mir fahrenden Autos aufleuchten. Irgendetwas musste dort los sein. Als ich mich näherte, sah ich zwei Männer, die sich heftig prügelten. Ich sprang vom Moped und ging ohne zu zögern zwischen die Kämpfenden. Der eine war ein alkoholisierter Bundesheer-Abrüster, der den anderen jungen Mann offenbar provoziert hatte. Der Betrunkene war bereits blutüberströmt und in dem Faustkampf der deutlich Unterlegene. Er spuckte seinem Gegenüber wüste Schimpfwörter entgegen, der dadurch nur noch mehr in

Rage geriet. Unablässig flogen die Fäuste knapp an meinem Kopf vorbei. Ich schrie auf den Stärkeren ein: „Sind Sie wahnsinnig? Sehen Sie nicht, dass der nicht mehr weiß, was er sagt? Verschwinden Sie!“ Als ich damit keinen Erfolg hatte, hängte ich mich in den Arm des Schlägers und versuchte ihn zur Seite zu drängen. Nach einigem Hin und Her ließ er endlich von seinem Opfer ab und machte sich davon. Ich half dem jungen Mann auf, stützte ihn und brachte ihn zur Pädagogischen Akademie, deren Waschraum ich kannte. Ich wusch und versorgte ihn und riet ihm, sofort nach Hause zu gehen und seinen Rausch auszuschlafen, bevor noch Schlimmeres passiere.

An einem schönen Frühlingstag fuhr ich mit dem Auto die Alte Poststraße entlang, die damals noch nicht so verbaut war wie heute. Auf der einen Seite war ein Acker, zwischen Straße und Feld zog sich ein schmaler Graben hin, der zwar meistens trocken war, aber zu dieser Zeit gerade Wasser führte. Ich bemerkte im Vorbeifahren, dass sich da etwas im Graben bewegte. Sofort setzte ich zurück und sah einen Mann dort liegen, mit dem Gesicht im Wasser. Schwerfällig mühte er sich ab, um dem Nass zu entkommen, doch er war zu betrunken. Ich lief hin, packte ihn unter den Armen und versuchte mit allen Kräften, ihn aus seiner misslichen Lage zu befreien. Wer einmal probiert hat, einen Betrunkenen hochzuheben, der weiß, wie schwierig das ist. Seine Kleidung war nass und voller Lehm – ich konnte ihn nicht allein rausziehen. Mit einer Hand hielt ich seinen Kopf über Wasser, mit der anderen versuchte ich vorbeifahrende Autos anzuhalten. Es dauerte lange, bis endlich jemand stehen blieb und mir half, den Mann in mein Auto zu verfrachten. Er war nicht in der Lage, mir zu sagen, wie er hieß und wo er wohnte. Also durchsuchte ich seine Taschen und fand schließlich seine Adresse. Als wir dort ankamen und ich an der Tür klingelte, öffnete uns ein kleines Mädchen. Ich fragte sie, ob sie den Mann kenne. „Ja, das ist mein Papa." Es tat mir sehr leid, dass das Kind seinen Vater in solch einem Zustand sehen musste. Ich brachte ihn hinein, zog ihm die nassen Kleider aus und legte ihn ins Bett. Ich verlor den Mann aus dem Blickfeld. Lange Zeit später stand er nach dem Gottesdienst plötzlich vor mir. Ich hatte ihn nicht gleich erkannt. „Ich war es, den Sie damals aus dem Wasser gezogen haben. Seitdem gehe ich jeden Sonntag in die Kirche."

In Graz gab es einige Siedlungen, die von Armen bewohnt wurden. Die armseligste war die sogenannte Zigeunersiedlung ganz im Süden von Graz, an der Mur unter einer Autobahnbrücke. Die Siedlung gibt es noch heute, wenn sie auch deutlich kleiner ist. Dort stehen Hütten, alte Wohnwagen, kleine Verschläge, Müll liegt überall herum – es herrscht Chaos. Man mochte die etwa 50 Leute zwar nicht, aber sie wurden wenigstens nie vertrieben.

Schon sehr bald wurde ich auf die dortigen Zustände hingewiesen. Immer wieder kamen Leute zu mir, die um Hilfe baten, obwohl unsere Pfarre am anderen Ende der Stadt liegt. Es gab in der Siedlung keinen Stromanschluss – wahrscheinlich weil man nicht damit rechnete, dass die Menschen dort je in der Lage sein würden, eine Stromrechnung zu bezahlen. Für wirklich dringend benötigte Energie war ein Baustromverteiler mit Zähler aufgestellt worden. Wer Strom brauchte, musste im Voraus bezahlen, und dieser Strom war sehr teuer. In der Wiese standen ein paar Waschmaschinen – völlig sinnlos, ohne Strom- und Wasserzufuhr. Wir hatten eine Toilettenanlage für die Leute installiert, die in kürzester Zeit kaputt war. Die Tür war eines Tages herausgerissen, wahrscheinlich hatte sie

jemand verheizt. Die Leute lebten im Dreck, und immer wieder kam es zu Gewalt zwischen den Bewohnern. Auch einen Mord hat es einmal gegeben.
Jahrelang lieferten wir 25 Tonnen Kohle an die ärmsten Grazer, auch in die Zigeunersiedlung. Jeden Stadtrat, der im Laufe der Jahre für die kleine Häuseransammlung an der Autobahn zuständig war, beschwor ich, die Menschen dort leben zu lassen. An einem anderen Ort hätten diese Leute nicht bleiben können.
Ich bin generell der Ansicht, dass jede größere Stadt ihren „Edelslum" braucht, wo Menschen, die sich mit ihrem Leben und ihrer Umwelt nicht so leicht tun, auf ihre Weise halbwegs menschenwürdig leben können. Das Grazer VinziDorf ist im Grunde nichts anderes – auch wenn man dort nicht wirklich das Gefühl hat, in einem Slum zu sein, weil wir auf Ordnung und Sauberkeit achten und die Bewohner sehr gut betreuen. Aber dazu später.
Die Zigeunersiedlung, um die wir uns jahrelang kümmerten, war nicht die einzige Problemzone in Graz. Einmal erschien in der „Kleinen Zeitung" ein grauenerregender Bericht über das Männerasyl in der Rankengasse. Ich war nie zuvor dort gewesen, und dieser Artikel erschütterte mich zutiefst. Zehntausende müssen ihn damals gelesen haben und waren wohl auch entsetzt darüber – aber geändert hat das nichts. Etwa 70 Männer lebten in dem Haus, es gab große Schlafsäle und keinerlei Betreuung. Der Einzige, der immer anwesend war, war der Portier, und seine ausschließliche Aufgabe war es, den Leuten ihre Schnapsflaschen abzunehmen, wenn sie ins Quartier kamen. Auf einem Bücherregal hinter ihm sammelten sich, für jeden sichtbar, viele Flaschen mit allerlei Spirituosen.
Als ich der Zustände dort gewahr wurde, stellte ich eine Gruppe aus sieben freiwilligen Frauen zusammen, die je-

den Tag abwechselnd in die Rankengasse fuhren, um mit den Männern zu sprechen und sich nach ihren Bedürfnissen zu erkundigen. Meist waren es Lebensmittel und frische Wäsche, nach denen sich die Bewohner sehnten.
Das Schlimmste war das sogenannte Brunzerl-Zimmer im letzten Stock. Dort wohnte ein gewisser Herr Kudlich, der unter starker Inkontinenz litt. Sein Bett war an die eineinhalb Meter hoch und bestand aus einem Turm von Decken und Matratzen. Jedes Mal, wenn es Herr Kudlich wieder einmal übersehen hatte und eine Matratze durchnässt war, stockte er seine Liegestatt auf. Wir beeilten uns, den bis auf den Metalleinsatz durchgefaulten Turm abzubauen. In den Einsatz selber hatte der Rost ein großes Loch gefressen. Der Ammoniakgestank in diesem Zimmer war unerträglich. Wir versuchten, Herrn Kudlich Windelhosen zu verpassen, aber der gute Mann riss sie sich immer wieder vom Leib. Schließlich gelang es uns, ihn in einem Seniorenheim unterzubringen, wo er endlich bestens versorgt wurde.
Es wurde uns erlaubt, in der Rankengasse einen Schrank mit Hygiene- und Toiletteartikeln aufzustellen. Irgendwann bekamen wir auch einen kleinen Raum zur Verfügung gestellt, und schön langsam etablierten wir eine echte Betreuung für die Leute. Bis sich die Stadt Graz entschloss, endlich die Verantwortung für das Männerasyl zu übernehmen: Das Haus wurde saniert, und heute ist die Rankengasse eine Einrichtung, in der obdachlose Männer recht vernünftig untergebracht sind – auch wenn es nicht so tolerant zugeht wie etwa im VinziDorf. Wer im Männerasyl einem Betreuer dumm kommt, riskiert schon mal einen Rauswurf.

*

1990 gründete ich eine Jugendgruppe von 14 jungen Leuten und formte sie zur „Vinzenzgemeinschaft Eggenberg". Die Jugendlichen waren sehr aufgeschlossen, unkompliziert und wagten sich an alles Mögliche heran. In unserer Gemeinde gab es etwa einen Mann, der wegen eines Vergewaltigungsversuchs im Gefängnis saß. Zwei aus unserer Gruppe besuchten ihn regelmäßig. Er hatte im Gefängnis das Schneiderhandwerk erlernt und nähte den beiden zwei Anzüge. Die Tatsache, dass ein Mann, der ein Verbrechen begangen hat, auf einmal das Bedürfnis verspürt, jemandem unentgeltlich aus Dankbarkeit eine Freude zu bereiten, die noch dazu viel Arbeit bedeutet, ist beachtlich.

In dieser Jugendgruppe wurde auch die Idee geboren, die Grazer Obdachlosen am Abend mit Essen zu versorgen. Am 1. Dezember 1991 fuhr der VinziBus das erste Mal durch Graz, um an drei verschiedenen Stationen die Menschen zu verköstigen. Das tut er bis heute. Wenn der Bus an der Ausgabestelle ankommt, wird nicht sofort mit der Essensverteilung begonnen. Die Mitarbeiter reichen zuvor jedem Einzelnen die Hand. Die Leute werden also nicht wie hilfsbedürftige arme Almosenempfänger behandelt, sondern wie Menschen, denen man auch in einer anderen Situation gerne begegnen würde. Es stellte sich heraus, dass über die VinziBus-Fahrten hinaus Beziehungen zwischen Betreuern und Obdachlosen entstanden. Wenn man einander auf der Straße begegnet, bleibt man auf einen kleinen Schwatz stehen oder geht miteinander auf ein Bier. Diese Freundschaftlichkeit stand schon sehr früh im Zentrum der Vinzenzgemeinschaft und wurde und wird innig praktiziert.

Die VinziBus-Fahrten zeigten die große Not, in der sich die Menschen befanden. Und diese Not spornte die jun-

gen Leute an, darüber nachzudenken, was man noch tun könnte. Im eisig kalten Winter 1991/92 wurden wir dann auf besonders schlimme Zustände aufmerksam: Am Grazer Bahnhof lebten 101 illegale Flüchtlinge aus Bosnien, die in leeren Waggons, in alten Bauhütten und in der Wartehalle schliefen. Die Männer bekamen keinerlei Unterstützung, weil sie keine gültigen Papiere besaßen, und wurden regelmäßig vertrieben. Einer von ihnen hatte eine Bissverletzung von einem Polizeihund, die so groß war wie eine Faust und eiterte. Regelmäßig kamen diese verzweifelten, völlig ausgehungerten Menschen zum VinziBus, rissen die Türen auf, noch bevor das Fahrzeug zum Stillstand gekommen war, und nahmen, was sie tragen konnten. Eines Abends kam eine VinziBus-Fahrerin zu mir und flehte mich unter Tränen an, mir etwas einfallen zu lassen, so könne es nicht weitergehen.
Uns war längst klar, dass diese Situation uns vollkommen überforderte. Gleichzeitig trieb uns das Mitgefühl. Wir hatten nicht vor, zu verzweifeln und die Hände in den Schoß zu legen. Fieberhaft suchten wir nach einer Lösung, doch es schien keine zu geben. Da kam mir die Idee: Wir werden Zelte für die Flüchtlinge aufstellen.

Kirchenwirt
Inh. GUTJAHR KARL
MITTWOCH RUHETAG
SONN.-u. FEIERTAG AB 14.00 UHR GESCHLOSSEN
Kampfmannschaft
LONDON

„... und gehet hin
zum Kirchenwirt!“

Vielleicht hielten mich ja die meisten für verrückt. Jedenfalls konnte oder wollte uns niemand Zelte für unser Beherbergungsprojekt zur Verfügung stellen. Schlussendlich erklärten sich die Naturfreunde bereit, uns zu helfen, und überließen uns acht Großraumzelte. Pro Zelt war Platz für acht Personen, ein neuntes bekamen wir auch noch, für etwaige Zusammenkünfte.
Es war bereits nach Ostern, als der endgültige Entschluss fiel: Es ist höchst an der Zeit, jetzt stellen wir auf. Ich wusste bereits, dass es nicht einfach werden würde. Vom Pfarrgemeinderat ließ ich mir die Erlaubnis geben, die Zelte auf dem Sportplatz der Pfarre zu errichten, allerdings nur unter der Voraussetzung, dass sie nicht länger als drei Monate dort stehen bleiben würden. Dem stimmte ich zu, denn ich betrachtete die Zelte nur als Zwischenlösung und war davon überzeugt, alle Flüchtlinge im Laufe der Zeit anderswo unterbringen zu können.
Das Naheliegendste war, unsere Pfarrjugend zu fragen, ob sie mir beim Aufstellen der Zelte helfen würde. Und da passierte das völlig Unerwartete: Die Jugendlichen verweigerten mir diese Hilfe. Sie schienen infiziert zu sein von ihren Eltern, die, hauptsächlich aus der Arbeiterschaft stammend, Ausländern gegenüber meist sehr negativ eingestellt waren. Ich war schockiert. Die Jugendlichen aus der Nachbarspfarre Schutzengel waren

schließlich bereit, mit mir die kleine Zeltstadt zu errichten.
Ich bat einen Mitarbeiter, mit Flugblättern von Tür zu Tür zu gehen, überall dort, wo Wohnhäuser an den Sportplatz angrenzten, um darüber zu informieren, wie lange unser Projekt laufen und um welche Leute es sich bei den Zeltbewohnern überhaupt handeln würde. Während wir die Zelte aufstellten, konnten wir ihn bei seinem schwierigen Gang beobachten: Jedes Mal, wenn er aus einem Haus kam, hing sein Kopf ein Stück tiefer. Als er zurückkam, berichtete er uns, so viel Aggression sei ihm sein Lebtag noch nicht begegnet.
Zu dem Zeitpunkt war der damalige Innenminister, Franz Löschnak, zu einer Enquete über Flüchtlinge zu Besuch in Graz. Ich fuhr zu dieser Veranstaltung, denn mir war bewusst, dass wir für unsere Zelte Schutz brauchen würden. Es konnte eine Menge passieren. Als die Podiumsdiskussion eröffnet wurde, riss ich sofort die Hand hoch und sagte: „Herr Innenminister, Sie wissen vielleicht, dass es in unserem Land Menschen gibt, die über keine Aufenthaltsberechtigung verfügen. Sie können nicht abgeschoben werden, bekommen hier aber auch keine Hilfe. Das ist unmenschlich. Entweder ist man so konsequent, nimmt sie alle fest und bringt sie dorthin zurück, wo sie hergekommen sind. Oder man lässt sie hier menschenwürdig leben. Da Sie das wohl nicht so schnell in die Tat umsetzen werden können, möchte ich Ihnen etwas mitteilen: Wir werden in den nächsten Tagen Zelte, die bereits aufgestellt sind, besiedeln, und zwar mit Flüchtlingen vom Balkan. Ich bitte Sie, Ihre Hand über das Projekt zu halten." Der Minister zeigte zum anderen Ende des Saales und deutete auf den Polizeipräsidenten. „Da steht der Herr Präsident, sagen Sie es ihm gleich." Und ich rief zu

dem überraschten Mann hinüber: „Herr Präsident! Haben Sie gehört?“ Dann drehte ich mich um und ging. Zu Hause hatte ich das Gefühl, nun könne uns nichts mehr passieren. Ich war naiv.

Am nächsten Tag rief mich der zuständige Sektionschef im Innenministerium an. „Wissen Sie eigentlich, dass ich sofort Busse zu Ihren Zelten schicken könnte, um die Leute abzutransportieren?“ Ich antwortete: „Tun Sie das, wenn Sie sich trauen. Bis jetzt haben Sie sich ja auch nicht um die Menschen gekümmert. Jetzt, wo ich sie untergebracht habe, gehen sie Sie außerdem gar nichts mehr an.“

In der Nacht vor dem Einzug der Flüchtlinge schnitten Unbekannte die Zeltschnüre durch. Der Elektrokasten wurde aufgebrochen und die Zelte mit Steinen beworfen. Ich wusste: Jetzt müssen wir aufpassen. Und ich beschloss, selbst in eines der Zelte zu ziehen und dort zu übernachten, um im Notfall sofort agieren zu können. Ich quartierte mich im Zelt Nr. 8 ein. Um eine direkte Verbindung zu einer Einsatztruppe zu haben, bekam ich ein Mobiltelefon geborgt. Die Polizei zeigte sich von diesem Moment an überhaupt sehr kooperativ. Tagsüber und auch in der Nacht patrouillierten die Beamten regelmäßig in der Umgebung des Sportplatzes.

Ruhe bedeutete das allerdings noch lange nicht. Am Tag vor der Besiedelung bekam ich eine bischöfliche Visitation vom damaligen Bischof Weber. Zu solch einem Empfang ist es üblich, alle Honoratioren des Bezirkes einzuladen, Bezirksvorsteher, Bezirksräte, Ärzte, Lehrer, Schuldirektoren. Nach dem Empfang richtete ich an alle die Bitte, mich bei dem Projekt zu unterstützen, denn es würde nicht einfach werden. Niemand sagte etwas, nur der Bischof wagte einen kleinen Scherz, nämlich dass dem Pucher da wieder was Feines eingefallen wäre. Damit hatte sich der Empfang.

Tags darauf holten wir die Leute vom Bahnhof ab. In einem Zug wanderten wir durch die Waagner-Biro-Straße, Laudongasse, Lilienthalgasse und Vinzenzgasse zur Pfarre. In einem Vorgespräch erklärten wir unseren Gästen die Lage. Dass sie hier schlafen könnten und vorerst durch den VinziBus mit Essen versorgt würden. Ich ersuchte sie, höflich zu den Nachbarn zu sein und uns nicht zu enttäuschen.

*

Unsere Jugendgruppe stand nach wie vor nicht zu dem Vorhaben und verweigerte mir jegliche Unterstützung. Auch die Mitglieder der Katholischen Arbeiterbewegung, die ich einst in St. Vinzenz gegründet hatte, weigerten sich, mir zu helfen, als es darum ging, eine Waschanlage für die Flüchtlinge zu errichten. Diese Anlage sollte wie beim Militär funktionieren: ein langes Gittergestänge aus Holzlatten, in das Plastikschüsseln eingehängt werden, mit einem langen Rohr, mit dem Wasser zugeleitet wird und an dem mehrere Wasserhähne montiert sind. Keine komplizierte Sache, so etwas zu bauen.
Einer aus dieser Gruppe half mir dann doch. Ein anderes Mitglied, das in einem Haus neben dem Sportplatz wohnte, sah den Kollegen – mit dem er auch verwandt war –, öffnete das Fenster und rief herunter: „Verräter!"
Zwei Tage später traf ich diesen erzürnten Nachbarn auf der Straße, als er gerade dabei war, sein Auto zu waschen. Um seinen Hals baumelte ein goldenes Kreuz. Ich sagte zu ihm: „Pass einmal auf: Wenn du nicht bereit bist, das Kreuz auch auf dem Rücken zu tragen, sondern nur eins aus Gold um den Hals hängen hast, dann reiß es lieber gleich herunter, weil so bist du noch lange kein Christ."

Auch der Kirchenwirt gegenüber dem Pfarrhaus hatte keine Freude mit den Zeltbewohnern und verhängte sofort ein Lokalverbot. Ich empfand diese Menschen auf dem Sportplatz – es waren auch zahlreiche Muslime darunter – als meine leidenden Geschwister. Wenn der Kirchenwirt sich diesen meinen Geschwistern gegenüber nun derartig verhielt, wollte auch ich sein Haus nicht mehr betreten, was ich ihm aber nicht mitteilte. Und so rief er mich ein paar Tage später recht arglos an: „Du, wir backen für das Guinnessbuch der Rekorde das längste Salzstangerl der Welt. Da wird sicher viel übrig bleiben, das kannst du haben für deine Leute, die haben eh nichts zu essen." In meiner Naivität sagte ich zu. Er wollte, dass ich persönlich am Samstag mit dem VinziBus zu einem Sportplatz in der Nähe kommen sollte, auf dem die Veranstaltung stattfand. Das Fernsehen würde auch kommen. Ich schickte einen Mitarbeiter. Er holte am ausgemachten Tag die Wecken ab, die aus dem Salzstangerl-Teig gemacht worden waren.
Am darauffolgenden Sonntag, gegen zwölf Uhr, hörte ich vor meiner Kanzlei viele laute, erregte Stimmen. Nichts Gutes ahnend öffnete ich die Tür. Draußen standen zehn Männer aus unserem Zeltdorf, die sich in einer mir unverständlichen Sprache aufgeregt miteinander unterhielten. Ich versuchte sie zu beruhigen und bat einen, der schon etwas Deutsch konnte, zu übersetzen. Es stellte sich heraus: Der Kirchenwirt hatte die Männer mithilfe einer kroatischen Kellnerin in der Früh aus dem Zelt geholt und sie zum Sportplatz gebracht, um sie dort die Reste vom Salzstangerl-Fest aufräumen zu lassen. Sie waren dann den Vormittag über mit dem Wegräumen von Müll und dem Zusammenklappen der Tische beschäftigt gewesen. Zu essen oder trinken hatten sie ihrer Aussage nach nichts bekommen – lediglich 30 Schilling pro Kopf.

In mir stieg die Galle hoch. „So!“, sagte ich mit Bestimmtheit. „Wir gehen jetzt in den Raum, wo die Salzstangerl-Wecken liegen. Jeder nimmt, so viel er tragen kann. Keiner spricht ein Wort. Nun folgt mir!“ Wir räumten den Raum leer und machten uns geschlossen, die Arme voller Brot, auf zum Kirchenwirt.

Die Mittagszeit war vorüber, es waren keine Gäste im Lokal. Der Wirt und seine Mutter saßen an einem runden Tisch und plauderten miteinander. Ich forderte die Männer auf, nacheinander das Brot vor den beiden abzulegen. Jedem, der wieder zurücktrat, drückte ich einen 100-Schilling-Schein in die Hand, wonach er schweigend das Lokal verließ. Die Wirtin begann zu weinen. Ob wir denn nicht miteinander reden könnten? „Natürlich“, sagte ich, „aber nicht unter jeder Bedingung. Nicht, wenn ihr diese Menschen so behandelt.“

Das Ganze löste noch mehr Ärger aus. In der Gemeinde herrschte große Unruhe, und beim Kirchenwirt wurde nur noch geschimpft. Die Menschen waren empört über mich. Was ich mir überhaupt einbilde? Ich hörte nichts Gutes. Oder die Leute schwiegen einfach. Nun wollte ich es wissen. Am nächsten Sonntag in der Kirche sagte ich: „Ich fühle mich wie ein Stier in der Arena, und ihr seid die beobachtenden Zuschauer. Wenn mich der Torero tötet, sagt ihr: selber schuld. Wenn ich überlebe – und das hoffe ich –, klatscht ihr Beifall. Ich möchte von euch wissen: Steht ihr noch zu mir oder nicht mehr?“ Ein tosender Applaus brach los. Ich verneigte mich vor der Gemeinde und sagte: „Ich habe eine Bitte an euch. Ich möchte den nächsten Sonntagsgottesdienst nicht hier in der Kirche, sondern bei den Zelten auf dem Sportplatz feiern. Lasst uns abstimmen.“ Eine deutliche Mehrheit hob die Hände. Und so kam es, dass der nächste Sonntagsgottesdienst auf dem Zeltplatz stattfand.

Ich hatte zuvor auf dem Grazer Hauptplatz eigenhändig Einladungen dafür verteilt. 500 Menschen waren gekommen. Ich sagte in meiner Predigt alles, was mir am Herzen lag. Unter anderem erzählte ich: „Wie ihr alle wisst, hat vor kurzem in unserer Gemeinde ein Weltrekordversuch stattgefunden. Der ist bekanntlich gescheitert. Ein anderer jedoch nicht: Der schäbigste Pfuscherlohn aller Zeiten wurde ausbezahlt!" Alle wussten, wer damit angesprochen war.
Schon vor der Messe war es zu einem unangenehmen Zwischenfall gekommen. Ich stand schon im Messgewand vorne am Pult, als ein Mann mit gelber Jacke und einem Hund hinter dem Zaun am Sportplatz vorbeiging. Und er schrie herüber: „Hitler!" Und noch einmal: „Hitler!" Ich brüllte meine Antwort ins Mikrofon: „Kommen Sie doch rein, wenn Sie schon etwas zu sagen haben, hier ist das Mikrofon! Leeren Sie ihre dreckige Gosch'n nicht draußen auf der Straße aus!" Zu diesem Zeitpunkt war gerade ein Team des ORF anwesend, das einen Film über mich drehte. In der Sendung später war ich in dieser Situation zu sehen und vor allem zu hören, und meine kräftige Formulierung erregte bei so manchem Ärger.
Bei diesem Gottesdienst habe ich einiges gemacht, was die volle Kraft des Geschehens widerspiegelte. Zu Beginn etwa begrüßte ich nicht zuerst die Ehrengäste, die vielleicht gerne als Erste hätten genannt werden wollen. Nein, ich fing mit den Ärmsten an, mit unseren Zeltbewohnern. Die waren für mich die Wichtigsten. Einen von ihnen holte ich herauf zum Altar, unseren Koch. Es stellte sich heraus, dass der Mann Moslem war. Mit einem gewissen Übermut sagte ich: „Ein Moslem vorne am Altar! Liebe Amtskirche – bitte, schau weg." Was für einige Erheiterung unter den Leuten sorgte. Den Opfergang gestaltete ich um: Wir

verteilten kleine, rote Papierherzen, auf denen vier Möglichkeiten zum Ankreuzen formuliert waren, wie man das Projekt unterstützen konnte. Erstens: jemanden aus dem Zelt zum Essen einladen. Zweitens: jemandem ein Quartier verschaffen. Drittens: jemandem eine Arbeit geben. Und viertens: für jemanden beten. So war für jeden etwas dabei. Auf dem Herz konnte man auch Namen und Adresse hinterlassen. Das war das Opfergeld an diesem Tag.

Ich wollte bei diesem Gottesdienst damals eine öffentliche Person dabeihaben, die sich hinter uns stellen würde. Mir kam die Idee, den bereits gewählten, aber noch nicht angelobten Bundespräsidenten Thomas Klestil, einen bekennenden Katholiken, einzuladen. Mehrmals telefonierte ich mit seinem Büro, bekam aber weder ein Ja noch ein Nein zu hören. Das zog sich ein paar Tage hin. Den Besuch des Bundespräsidenten kündigte ich jedenfalls öffentlich an. Am Tag des Gottesdienstes telefonierte ich noch einmal mit dem Büro Klestil. Nein, es sei leider nicht möglich, denn das wäre ein Präzedenzfall. Jeder würde dann zu ihm kommen, und in der Folge müsste er dann überall hin. Das ginge nicht. Ich war sehr enttäuscht. Trotzdem stellte ich einen schönen Sessel in die erste Reihe – für den Bundespräsidenten, der nicht kommen würde.

Während des Gottesdienstes fiel mir dann ein Mann auf, den ich zwei Tage zuvor schon einmal am Zeltplatz gesehen hatte. Ein junger Mann mit langen Haaren, Schnauzbart, Lederjacke mit Nieten und über und über tätowiert. Ich fragte ihn: „Könnten Sie uns bitte verraten, warum Sie zum Gottesdienst gekommen sind?“ Er antwortete: „Weil der Pfarrer hier etwas für Außenseiter tut. Ich bin auch ein Außenseiter.“ Später erzählte er mir, dass er homosexuell sei. Ich sagte zu ihm: „Dieser Sessel war eigentlich für den Bundespräsidenten gedacht, der aber, wie Sie sehen können, nicht gekommen ist, worüber ich aber eigentlich ganz froh bin. Denn jetzt kann ich etwas sichtbar machen, wofür das Christentum eigentlich da ist. Sie gehören nicht zu den Obersten unserer Gesellschaft – bitte setzen Sie sich auf den Sessel des Bundespräsidenten!" Der Mann schlug die Hände vors Gesicht und wollte meiner Bitte zuerst nicht nachkommen. Ich drängte ihn so lange, bis er sich endlich niedersetzte.

In der Predigt sprach ich dann nicht nur von der Affäre rund um den Kirchenwirt und seine günstigen Arbeitskräfte. Ich holte auch einen weiteren Mann zu mir nach vor. Er war Rumäne und wohnte ebenfalls bei uns im Zeltdorf. Er hatte drei Strafverfügungen zu 600 Schilling wegen unerlaubten Schlafens in einem Eisenbahnwaggon kassiert. Ich gab dem Mann eine Tonschüssel, darin lagen glühende Kohlen. Dann nahm ich die drei Strafzettel, steckte sie in Brand und sagte: „Ich weiß, was ich hier tue. Ich bin auch bereit, die Konsequenzen dafür zu tragen."

*

Beim Kirchenwirt und in einem benachbarten Kaffeehaus war nach diesem Gottesdienst die Stimmung endgültig am Überkochen. Unsere Gegner aus der Nachbarschaft waren dort oft zu Gast und machten gemeinsam ihrem Ärger lautstark Luft. Unterschriftenlisten gingen herum, in denen man dem Bischof mitteilte, man würde aus der Kirche austreten, sollte Pfarrer Pucher nicht die Gemeinde verlassen. Und in der Zeitung „Der Grazer" erschien ein Artikel, in dem es hieß, vier Leute hätten ihre Drohung bereits wahrgemacht, weitere würden noch folgen.

Ich bekomme immer eine Nachricht, wenn jemand aus unserer Gemeinde aus der Kirche austritt. Ich ging zu

diesen vier Leuten nach Hause und fragte sie, warum sie das getan hätten. Ob es wegen der Zelte gewesen sei? Alle vier antworteten glaubwürdig mit Nein. Ich schrieb dem Redakteur der Geschichte einen Brief und forderte ihn auf, die Behauptung sofort schriftlich zu widerrufen. Sie sei nämlich nicht richtig, und wenn er anderer Ansicht sei, solle er dies mit Beweisen untermauern. Anderenfalls würde ich mich veranlasst sehen, ihn presserechtlich zu verklagen. In der nächsten Ausgabe des „Grazers" war dann zu lesen, Wolfgang Pucher würde genau recherchieren. Die vier Personen seien in der Tat nicht wegen der Zelte aus der Kirche ausgetreten, man wolle sich von dem Bericht distanzieren. Ich war damals schon bereit, zu kämpfen und nicht alles auf mir sitzen zu lassen.
Die Spenden wurden immer zahlreicher, die Hilfsbereitschaft der Menschen immer größer. Auch die Arbeit wurde mehr. In den Gängen des Pfarrhauses lagerten die Hilfsgüter in Nabelhöhe. Schuhe, Marmeladegläser, Klopapier, Butter, alles kreuz und quer durcheinander.
Das Projekt polarisierte, spaltete die Gemeinde in Befürworter und Gegner. Die ersten hasserfüllten Briefe erreichten mich. Ein Mann rief mich empört an und berichtete von seiner Tochter, die von einem Ausländer angepöbelt worden wäre. Wie er auf die Idee komme, zu glauben, dass es sich bei dem unhöflichen Menschen um einen meiner Flüchtlinge gehandelt habe, fragte ich ihn. „Das kann niemand anderer gewesen sein!", herrschte mich der Mann an. „Gut, wenn das so ist: Ihre Tochter wird den Mann doch sicher noch erkennen. Sie soll zu uns kommen. Ich werde jeden Einzelnen antreten lassen, und sie soll mir zeigen, wer es gewesen ist. Den werde ich dann zur Rechenschaft ziehen." Er lehnte ab und meinte, es würde ohnehin kein Zweifel bestehen, es sei einer von uns gewesen. Das ging

eine Weile so hin und her. Der blanke Hass dieses Mannes schlug mir im Laufe des Gesprächs entgegen.
Schon in der Heßgasse hatte es mitunter heftige Debatten und auch Streitereien gegeben. Doch dort war es der Zorn gewesen, der die Menschen erfüllt hatte. Nun war es abgrundtiefer Hass.
Ich konnte erreichen, dass die Männer im Geriatrischen Krankenhaus beim Griesplatz jeden Tag eine warme Mahlzeit bekamen. Jeden Mittag marschierte ich mit ihnen die zwei Kilometer, um mit ihnen gemeinsam zu essen. Auf unserem Weg gingen immer wieder Fenster und Türen auf und Leute pöbelten heraus. Ich ließ mir das nie bieten und rief jedes Mal etwas zurück. Es waren arme Menschen, um die es hier ging, deren Schicksal man nicht genau kannte, die jedoch bestimmt nicht zum Spaß einst am Bahnhof gelandet waren.
Am Pfingstmontag erreichte mich kurz vor dem Gottesdienst ein Anruf des damaligen Bürgermeisters Alfred Stingl. Er sagte: „Wolfgang, ich stehe hinter dir. Und damit du siehst, dass es mir ernst ist, werde ich nächste Woche auf deinem Zeltplatz eine Pressekonferenz geben. Ich werde die Bezirksvorsteher zwingen, auch zu kommen. Ich werde dort sagen, dass ich hinter deiner Aktion stehe." Ich hatte dieses Gespräch mitgeschnitten und anschließend in der Kirche beim Gottesdienst, statt eine Predigt zu halten, vom Tonband abgespielt. Das hatte natürlich seinen Effekt.
Mitten auf dem Zeltplatz hatte ich ein aus groben Holzbalken gezimmertes Kreuz aufgestellt. Ein russischer Exilant, der bei uns lebte, hatte es für mich angefertigt. Am Kreuzungspunkt der beiden Balken waren zwei aus Sperrholz ausgeschnittene Hände angebracht, die einander hielten, eine rot, eine weiß bemalt. Auf Augenhöhe hatte ich eine Tafel angebracht, mit Zettel und Kugelschreiber für dieje-

nigen, die unsere Arbeit mit ihrer Unterschrift unterstützen wollten. Der Zettel wurde immer voller.
Die Pfarrjugend blieb immer noch auf Distanz, zeigte keinerlei Reaktionen und war nach wie vor nicht willens, uns zu unterstützen. Diese Spannung hielt noch eine lange Weile an, weit über die Zeltgeschichte hinaus.
Am Fronleichnamstag kam es dann zu einem Gespräch zwischen einem Redakteur der „Kleinen Zeitung" und Diözesanbischof Johann Weber. Der Journalist fragte den Bischof, ob er denn schon beim Pucher gewesen sei. Nein, antwortete dieser. Es sei aber allerhöchste Zeit dafür.
Am Nachmittag desselben Tages – ich saß gerade mit einem Paar zusammen, die Frau wollte aus der Kirche austreten – verkündete meine Sekretärin den Besuch des Bischofs. Weil im Haus ein ständiger Tumult herrschte, hatte ich mich mit meinen Gästen in die Kapelle zurückgezogen. Ich sagte ihr, sie solle ihm ausrichten, er möge bitte gleich herkommen. Ich bräuchte ihn dringend, denn hier stehe ein Mensch an der Kippe. Der Bischof zog es vor, in der Küche geduldig auf mich zu warten. Ich führte das Gespräch mit den beiden zu Ende. Die Frau versprach mir, sich in den nächsten Tagen noch einmal bei mir zu melden, um mir eine letzte Chance zu geben, sie umzustimmen. Dann ging ich zum Bischof, begrüßte ihn und sagte, ich würde mich heute schon sehr ausgelaugt fühlen. Wenn er mit mir sprechen wolle, so möge er doch so nett sein, und mich hinauf in mein Zimmer begleiten. Dort streckte ich mich auf meinem Bett aus, der Bischof setzte sich neben mir auf einen Sessel. Und dann begann ich zu reden. Ich sprach aus, was ich mir dachte, und machte ihm unter anderem den Vorwurf, dass er bis zu diesem Augenblick nichts von sich hatte hören oder sehen lassen. Und das, obwohl ich es hier gerade wirklich nicht leicht hatte. Und

dass ich mir, angesichts der hitzigen Berichterstattung in den Medien, ihn als Stütze schon sehr gewünscht hätte. Ich erzählte ihm auch von der Unterstützung durch den Bürgermeister und dass ich seine Worte den Kirchgehern nicht vorenthalten hätte. Und dass ich ihnen gerne einige unterstützende Worte von ihm, dem Bischof, hätte vorspielen wollen, aber leider hätte er zu der Causa ja noch nichts gesagt. Ich erörterte ihm bitter, dass ich mich von der offiziellen Kirche im Stich gelassen fühlte.
Nachdem ich geendet hatte, trug der Bischof eine kleine, vorbereitete Rede vor, in der er nicht auf das einging, wovon ich zuvor gesprochen hatte. Es gab darin einige Punkte, auf die er mich aufmerksam machen wollte, unter anderem meine Sprache, die ich künftig doch etwas zügeln möge. Ich hörte ihm zu, während ich mich körperlich und geistig wieder einigermaßen fing. Dann sagte ich: „So. Und jetzt stehst du bitte auf und gehst mit mir hinüber zum Sportplatz, wo die Zelte stehen. Damit du weißt, wofür ich arbeite." Er konnte meine Bitte schlecht verweigern, und so gingen wir gemeinsam ins Zeltdorf hinüber, wo der Bischof dann auch seine Unterschrift auf den Zettel unter dem Kreuz setzte. Von diesem Moment an blieben Bischof Weber und ich in regelmäßigem Kontakt. Er kümmerte sich gut um unser Anliegen, rief mich immer wieder an und unterstützte uns auch finanziell aus seiner eigenen Tasche. Vor Kurzem hat er mich wieder angerufen. Es war nach einer ORF-Sendung zum Thema Armut und unser Engagement im VinziMarkt. Er sagte zu mir: „Ich möchte dich umarmen und dir auf die Schultern klopfen – mich bewegt das so, was sich da alles tut. Ich spreche bei meinen Vorträgen immer wieder auch über das VinziDorf. Dass dort Menschen wieder Würde finden, Menschen, die ganz unten waren."

*

Etwa zwei Wochen nach dem ersten Gottesdienst im Zeltdorf trat ich eines schönen und warmen Tages vors Pfarrhaus auf die leere Straße hinaus. Auf der gegenüberliegenden Seite ging gerade der Besitzer des kleinen Kaffeehauses, den ich immer verächtlich den „Tschecheranten" nannte. Auf einmal riss es mich innerlich. Ich dachte: Eigentlich muss ich als Priester den ersten Schritt machen – Richtung Versöhnung. Ich überquerte die Straße, stellte mich ihm in den Weg und sagte: „Kann ich mit dir reden?" Er meinte: „Warum nicht?" Darauf ich: „Würdest du mir die Hand geben?" Er zuckte mit den Schultern und reichte mir die Hand. Ich sagte zu ihm: „Hör zu: Dass die Dinge im Moment nicht besonders gut laufen, wissen wir beide. Weder für euch noch für mich. Wäre es nicht schön, wenn wir alles irgendwie in Ordnung bringen könnten? Vielleicht könnte eine Aussprache helfen." Er willigte ein, und wir vereinbarten, ich würde später zum Kirchenwirt kommen.
Zwischen acht und neun Uhr abends machte ich mich auf den Weg. Zur selben Zeit gingen meine Mitarbeiter zum Sportplatz, um in dem Zelt, wo wir den Gottesdienst feierten, für uns zu beten. Die Wochengottesdienste fanden nun immer im Zelt und nicht in der Kirche statt. Im Zelt befand sich auch immer das Allerheiligste, was Kritiker bemerken ließ, es sei unwürdig, Jesus im Tabernakel einfach auf die Wiese zu stellen. Die Gottesdienste in diesem Zelt waren die lebendigsten und spannendsten, die mir je in Erinnerung geblieben sind. Meine täglichen Predigten waren in erster Linie Berichte darüber, was anstand und was uns alle bewegte.
Während meine Mitarbeiter drüben im Zelt beteten, saß ich mit den beiden Wirten zusammen. Sie erklärten sich

einverstanden, das Lokalverbot für die Zeltbewohner aufzuheben. Ich sagte ihnen, dafür würde ich mich für meinen Ton – nicht jedoch für den Inhalt – öffentlich entschuldigen. Und zwar am nächsten Sonntag. Der Kirchenwirt solle knapp vor Ende der heiligen Messe rüberkommen in die Kirche und dort das Lokalverbot öffentlich aufheben. Ich würde mich dann meinerseits öffentlich bei ihm entschuldigen.

Und dann kam es zu diesem denkwürdigen Gottesdienst. Die Kirche war voller Menschen. Der Kirchenwirt, der hier ein eher seltener Gast war, wurde gegen Ende der Messe aus seinem Gasthaus geholt. Er erschien in schwarzer Hose und weißem Hemd, hinten am Gürtel hing die dicke, schwere Geldtasche. Er kam zu mir ans Pult und meinte, ich solle anfangen. Nein, meinte ich, er sei der Erste, er hätte damals ja auch den ersten Schritt gesetzt. Er geriet ein wenig ins Stottern und verkündete schließlich, das Lokalverbot für die Flüchtlinge sei hiermit aufgehoben. Und ich sagte zu ihm: „Karl, ich möchte mich für meinen Ton, in dem ich immer über dich geredet habe, entschuldigen. Die Inhalte meiner Aussagen nehme ich aber nicht zurück." Wir umarmten uns, und alles applaudierte heftig. Ich kehrte zum Altar zurück und sprach die letzten Worte vor dem Segen: „Der Herr sei mit euch – und mit deinem Geiste – es segne euch der allmächtige Gott ..." Und dann schloss ich mit den Worten: „Gehet hin zum Kirchenwirt!" Im Anschluss machten wir uns auf in den Gastgarten, wo wir einige Leute trafen, die dem Wirt sehr gram waren, weil er in ihren Augen umgefallen war. Ich erklärte ihnen, dass der Wirt und ich uns in der Kirche ausgesöhnt hätten.

Während dieser ganzen Zeit war ich dreimal durch die an den Sportplatz angrenzenden Wohnhäuser gegangen,

1

2

3

4

5

6

ICH WERDE
eine WOHNUNG beschaffen
ARBEIT vermitteln
zum ESSEN einladen
BETEN
PFARRE ST. VINZENZ
8020 Graz, Vinzenzgasse
ICH WERDE
eine WOHNUNG beschaffen
ARBEIT vermitteln
zum ESSEN einladen
BETEN
PFARRE ST. VINZENZ
8020 Graz, Vinzenzgasse

1 Bosnische Flüchtlinge – erstmals ein „Dach" über dem Kopf
2 In dieser Kirche ist Platz für alle
3 VinziZelt, 1992
4 Schuhlager im Keller des Pfarrhauses
5 Der Stuhl des Präsidenten
6 „Ich bin auch ein Außenseiter."
7 Der Ruf über den Zaun

um nachzufragen, ob es irgendwelche Beschwerden gebe. Nie war irgendetwas vorgefallen, außer, dass die Flüchtlinge manchmal vielleicht etwas lauter zu hören waren. Schlimm kann es nicht gewesen sein, denn es war ihnen beispielsweise untersagt, im Freien Radio zu hören.
Doch es gab auch schöne Begebenheiten. Die Lehrer der Hauptschule Algersdorf etwa hatten beschlossen, den Schulschluss-Gottesdienst auf unserem Zeltplatz abzuhalten. Das war ein sehr positives Zeichen. Dort fragte ich alle, Schüler und Lehrer: „Wer von euch hat heute Nacht ein Bett oder ein Sofa in der Wohnung stehen gehabt, auf dem niemand geschlafen hat?" Alle zeigten auf. Und ich fuhr fort: „Ihr hättet prinzipiell alle die Möglichkeit, einen der Flüchtlinge bei euch schlafen zu lassen. Warum tun wir das nicht? Ich gebe schon zu, dass das nicht so einfach ist. Aber was wir hier machen, ist auch nicht leicht." Schüler wie auch Lehrer gingen sehr nachdenklich nach Hause.

Nach dieser ganzen Zeltgeschichte gab es immer noch rege Zuwendungen an Engagement und Spenden, und es wurde immer mehr. Allerdings wuchs auch die Zahl derjenigen, die mich aus ganzem Herzen hassten. Einmal wurden meine Autoreifen aufgestochen, und bei meinem Moped war eines Tages der Benzinschlauch herausgerissen. Ich habe mich damals derart fordern lassen, dass ich nach einiger Zeit mit meinen physischen und psychischen Kräften nahezu am Ende war.

Auch die alltägliche Pfarrarbeit war zu erledigen. Eines Nachmittags, ich war gerade vor einer Trauung, läutete mein Mobiltelefon. Ein Mann war am anderen Ende, der unbedingt mit mir sprechen wollte. Ich wollte von ihm wissen, ob das wirklich noch heute sein müsse, ich sei

Zaungäste beim Gottesdienst

schon ziemlich müde. Er bestand darauf. Also sagte ich ihm zu, nach der Hochzeit zu ihm zu kommen. In der schönen, eleganten Wohnung angekommen, stellte ich fest, dass der Mann stark betrunken war. Er diskutierte mit mir über Gott und die Welt und kam zu keinem Punkt. Dann zeigte er mir ein barockes Bild, auf dem Christus mit der Dornenkrone nicht leidend, sondern lächelnd dargestellt war. Ich saß auf einem Stuhl, er stand hinter mir, mit den Armen auf meine Schultern gestützt. Und dann verlor er das Gleichgewicht. Wir stürzten beide zu Boden. Ich hatte genug und sagte: „Ich geh jetzt nach Hause. Ich kann nicht mehr, und ich will auch nicht mehr.“
Auch diese Nacht verbrachte ich im Zelt. Gegen zwei Uhr früh läutete mein Handy. Der Mann von vorhin war dran. „Pfarrer, komm in die Kirche, ich will beten!“ Und was sagte ich? „Also gut, ich komme.“ Ich war fix und fertig, trotzdem ging ich hinüber zur Kirche, in der Hoffnung, er würde doch nicht mehr auftauchen. Aber er kam. Wir knieten etwa eine Viertelstunde vorne in der ersten Bank und sprachen kein Wort. Im Anschluss wollte er hinten bei der Mutter Gottes noch ein „Gegrüßet seist du, Maria“ mit mir beten. Auch das taten wir. Dann ging er nach Hause und ich in mein Zelt zurück. Mit diesem Mann habe ich bis heute Kontakt. Er hat zu mir gesagt, er werde mir das nie vergessen.
Ich habe mich von Menschen immer an Grenzen führen lassen, an denen es eigentlich nicht mehr auszuhalten war. Doch wenn es nötig war, bin ich immer noch weitergegangen, und so war es auch in dieser ohnehin sehr angespannten Zeit. Immer wieder gab es Augenblicke, in denen ich hilflos und verzweifelt war. Das waren Momente, in denen ich sagte: „Gott, jetzt bist du dran.“ Und er erhörte mich immer wieder.

Wir hatten im Zeltdorf keine Toilettenanlage, lediglich drei Campingklos. Man kann sich vorstellen, dass die hygienische Situation unerträglich war. Am Nachmittag des Pfingstmontags war es so weit – die Toiletten gingen über. Es war nicht leicht, am Feiertag einen Entleerungsdienst zu finden, doch schließlich konnte ich einen Spezialisten erreichen. Ich erklärte dem Mann unsere missliche Lage und flehte ihn an, gleich herzukommen. Er erwiderte, dass heute sein Hochzeitstag sei, er sich gerade schön angezogen habe und mit seiner Frau jetzt essen gehen wolle. Ich hielt einen Moment inne, dann sagte ich zu ihm: „Gerade deshalb bitte ich Sie, zu kommen."
Der Mann überlegte eine Weile, dann seufzte er und sagte zu. Es gäbe aber noch ein Problem: Am Feiertag sei es ihm nicht erlaubt, mit dem Kesselwagen zu fahren. Ich sagte: „Vertrauen Sie mir. Vertrauen Sie dem Herrgott. Fahren Sie jetzt. Ich werde Sie begleiten, niemand wird einen Priester in einem Entsorgungswagen aufhalten." Und so kam es auch. Auf der menschenleeren Straße begegneten wir tatsächlich einem Polizisten auf Streife. Doch als wir uns ihm näherten, schaute er wie zufällig in die andere Richtung. Wir gelangten ohne Stopp ins Zeltdorf, wo das Malheur fachmännisch behoben werden konnte. Das ist nur ein kleines Beispiel, aber eines von vielen, wo ich Gottes Hand spürte.
Wir mussten uns eine Lösung für das Toilettenproblem einfallen lassen, so konnte es unmöglich weitergehen. Ich beschloss, einen Sanitärcontainer zu organisieren, in dem sich die Männer auch duschen konnten. Das klingt leichter, als es war. Ich telefonierte mit etlichen Leuten, doch niemand konnte uns helfen. Eines Tages kam meine Sekretärin in die Kanzlei und reichte mir einen Zettel mit einer Telefonnummer. Ich rief die Nummer an: Der Mann

am anderen Ende der Leitung sagte, ich solle zum Sportplatz gehen, ein Sanitärcontainer sei zu uns unterwegs. Bis heute weiß ich nicht, wer das organisiert hat.

Der Container allein half uns noch nicht. Wir brauchten einen Kanal- und einen Wasseranschluss. Das brauchte allerlei behördliche Genehmigungen und vor allem jemanden, der die Anschlüsse für uns herstellen würde. Ich wollte die Anlage sofort, wenn auch vorerst nur provisorisch, in Betrieb nehmen.

Es war ein Freitag, und wieder einmal standen wir vor dem Problem, dass ein Wochenende vor uns lag. Trotzdem rief ich meinen Hausinstallateur an und fragte ihn, ob er uns denn vom Hydranten auf der Straße eine vorläufige Leitung in den Container legen könne. Nach einigem Hin und Her versprach er mir schließlich, am nächsten Morgen ins Dorf zu kommen. Am nächsten Tag erschien er nicht. Ein Telefonat mit seiner Frau brachte Klarheit: Er sei auf die Alm gefahren, meinte sie arglos. Mir war klar: Der Mann hatte die ganze Aufregung rund um das Zeltprojekt natürlich mitbekommen – nun hatte er offenbar Angst davor, Kunden zu verlieren, wenn er mir helfen würde.

Ich rief einen anderen Installateur an und erzählte ihm von meinem dringenden Wunsch. Er versprach, zu helfen. Und dieser Mann tat, was er sagte. Noch am gleichen Tag kam er zu uns und stellte die provisorische Wasserleitung für den Container her. Von nun an war dieser Mann meine erste Wahl, wenn es um Installationsprobleme ging. Seinen Kollegen, der dieses Wochenende auf der Alm oder sonst wo verbracht hatte, nahm ich nie wieder in Anspruch. Wir hatten zwar Wasser, aber noch dringender war der Kanal. Ich rief einen Bekannten von der Firma AST an und schilderte ihm die Lage. Noch während ich mit ihm sprach, ging plötzlich die Kanzleitür auf und ein mir unbekann-

ter Mann kam herein. Ich unterbrach das Telefongespräch und fragte den Herrn, was er wolle. „Ich möchte Ihnen helfen", antwortete er. „Ich bin der Chef vom Kanalbauamt." Ich war hocherfreut. „Dann bitte ich Sie, dieses Gespräch für mich weiterzuführen." Meine Mitarbeiterin, die mitgehört hatte, rief laut: „Halleluja!"
In dieser Zeit begann ich, an Wunder zu glauben. Zuvor hatte ich zu diesem Thema keinen Zugang gehabt. An der Theologischen Fakultät war das Thema ohnehin schwierig gewesen. Viele sahen in den Wundern nur hilflose Versuche, das Göttliche darzustellen.
Eines Tages im Juli kam Wolfgang, einer meiner erwachsenen Ministranten, zu mir und sagte: „Weißt du: Eigentlich ist das eine Schweinerei, was du hier machst. Du umsorgst diese Menschen und wiegst sie damit in einer falschen Sicherheit. Ende August sind die drei Monate vorbei – und dann bringst du sie zum Bahnhof zurück?" Ich sagte zu ihm: „Ich schreibe jetzt etwas auf ein Stück Papier, das geben wir in ein Kuvert und kleben es zu. Ende August werde ich einen Schlussgottesdienst feiern. Du wirst zu mir kommen, wir werden das Kuvert öffnen und allen vorlesen, was drinnen steht."
Folgendes hatte ich zu Papier gebracht: *Alle Bewohner dieses Zeltes (Liste im Anhang) werden mit Gottes Hilfe am Ende der Zeltaktion wohnversorgt sein. Davon bin ich felsenfest überzeugt. Wolfgang Pucher.*

*

Der Alltag der Flüchtlinge war nicht besonders abwechslungsreich. Selten verließen sie das Zeltdorf. Um ihnen etwas Abwechslung zu verschaffen, beschloss ich eines Tages, sie zu einer Wallfahrt nach Seckau mitzunehmen,

welche die Stadtkirche organisiert hatte. Ich hatte ein Autobusunternehmen dafür gewinnen können, uns kostenlos dorthin zu transportieren. Ich war überzeugt davon, dass es eine schöne Reise werden würde. Am Tag der Abreise regnete es. Keiner der Zeltbewohner hatte einen Regenschutz. Ich musste etwas unternehmen. Beim Frühgottesdienst wandte ich mich an die Gläubigen: „Die meisten von euch sind heute bestimmt mit einem Regenschutz hierhergekommen. Ich fahre heute mit den Bewohnern des Zeltdorfes nach Seckau, keiner von ihnen ist für ein solches Wetter ausgerüstet. Ich möchte euch darauf hinweisen, dass in all diesen Menschen Jesus unterwegs ist, der heute hier steht und keinen Regenschirm hat. Im Namen dieses Jesus bitte ich euch, beim Ausgang eure Schirme abzugeben. Ihr habt es zu Hause schön warm und könnt euch abtrocknen." Ich hatte keine Ahnung, wie die Leute reagieren würden.
Soweit ich weiß, hat damals jeder seinen Regenschutz abgegeben. Während ich vor der Kirche stand und die kurzfristigen Spenden einsammelte, kam ein Bekannter auf mich zu, ein Theologe, den ich an und für sich schätzte. Er hielt einen Schirm, unter ihm seine Frau und sein Kind. Ich tippte seinen Schirm an und machte ein fragendes Gesicht. Der Mann blickte mich streng an und sagte: „So nicht!" Mein Blick blieb ratlos. „So nicht!", wiederholte er laut. Und dann ging er, mit Familie und Schirm. Einen Monat später entschuldigte sich der Mann bei mir. Er habe mittlerweile erkannt, dass ich in dieser Angelegenheit richtig gehandelt hätte.
Wir fuhren nach Seckau. Während der heiligen Messe, vor dem Vaterunser, holte ich eine Flüchtlingsfamilie – sie wohnte nicht im Zelt, sondern bei uns im Pfarrhaus – zu mir in den Altarraum herauf, ergriff das Mikrofon

und sagte: „Ich bitte euch: Helft uns! Diese Menschen und noch viele andere haben keinen Zufluchtsort. Helft uns, dass diese Menschen nach der Zeltaktion nicht auf den Bahnhof zurückmüssen!“ Tatsächlich kamen im Laufe der Zeit Angebote, die Menschen zeitweilig aufzunehmen.
Nicht alle Flüchtlinge waren auch wirklich solche. Auch polnische Schwarzarbeiter hatten sich in unsere Zelte geflüchtet. Das hatte sich herumgesprochen, und so kam es, dass manche zwar bereit waren, einen bosnischen Flüchtling aufzunehmen, einem Polen aber kein Quartier geben wollten. Ich machte mir deswegen große Sorgen und hätte die Leute im schlimmsten Fall auch im Pfarrhaus untergebracht. Eines Tages bekam ich einen Brief: Eine Frau schrieb mir, sie hätte Platz für sechs Menschen, am liebsten wären ihr Polen. Mir kamen beinahe die Tränen. Und meine Mitarbeiter begannen immer mehr zu staunen, weil sie sich die vielen wundersamen Begebenheiten, deren Aufzählung zu weit führen würde, nicht erklären konnten.
Immer wieder kamen Leute, die unseren Zeltbewohnern Arbeit anbieten wollten. Da ich von Schwarzarbeit keine Ahnung hatte, hörte ich mich um, wie viel Lohn denn so üblich war. Meine Recherchen ergaben einen durchschnittlichen Stundenlohn von 100 Schilling. Darauf beschlossen wir, niemanden für weniger als 70 Schilling arbeiten zu lassen. Ich wollte nicht an der Ausbeutung von Menschen mitwirken.
Eines Abends vor dem Gottesdienst kam einer meiner engsten Mitarbeiter zu mir und sagte mit triumphierender Miene: „Du, ich hab einen deiner Leute zum Arbeiten im Garten geholt. 50 Schilling hab’ ich ihm bezahlt.“ Ich erwiderte nur: „Das ist schäbig.“ Diese drei Worte nahm der Mann zum Anlass, um sich für immer von der Gemeinde

und von der Lektorenrunde, deren Leiter er war, zu verabschieden. Er hat meine Kirche nie wieder betreten.
Ab und zu machten ein paar der Zeltbewohner einen Ausflug zum Bahnhof, um sich Zeitungen und etwas zu trinken zu kaufen. Einmal kamen drei Männer zu mir und berichteten, jeder von ihnen hätte 100 Schilling Strafe zahlen müssen – wegen unerlaubten Aufenthalts auf dem Bahnhofsgelände. Sie hatten keine Fahrkarte bei sich gehabt. Es war vollkommen klar, dass dieses Gesetz an einem Österreicher, der mal eben in die Bahnhofstrafik gehen will, nie exekutiert worden wäre. Das Ganze hatte an einem Sonntagnachmittag stattgefunden. Meine Mitarbeiter waren sehr verärgert und beschlossen, dafür Sorge zu tragen, dass die Schikanen am Bahnhof aufhörten. Sie vereinbarten, in Abständen von 15 Minuten einzeln den Bahnhof zu betreten, einen Polizisten zu suchen und Selbstanzeige zu erstatten – wegen unerlaubten Aufenthalts im Bahnhofsgebäude. Und so geschah es auch. Zuerst wollte man sie nicht ernst nehmen, als aber schlussendlich mehrere Leute beim Postenkommandanten standen und sich beschwerten, dass ihre Anzeigen nicht aufgenommen werden würden, erklärte man sich bereit, künftig niemanden mehr abzustrafen.
Der engste Kreis meiner Mitarbeiter bestand aus sechs, sieben Jugendlichen und Studenten, die bedingungslos hinter mir standen. Doch auch die Katholische Frauenbewegung – die Ehepartnerinnen der Mitglieder der Männerbewegung, die gegen mich und meine Arbeit waren – war uns gegenüber positiv eingestellt und half uns etwa beim Sortieren der zahllosen Kleiderspenden. Dann gab es noch die vielen – häufig anonymen – Spender, die unsere Arbeit oft erst ermöglichten. Es gab aber auch Menschen, die bereit waren, tatkräftig mitzuhelfen, wie etwa

eine Schuldirektorin, die an einem Vormittag mit einem Berg von Schuhen bei uns ankam. Ich würde mich über die Gaben sehr freuen, sagte ich zu ihr, doch ich könne damit wenig anfangen, solange sie nicht nach Größe sortiert seien. Die gute Frau begab sich in den Keller und brachte Ordnung in das Schuhchaos, das mit der Zeit Einzug bei uns gehalten hatte.

Am 30. August 1992 fand der Abschlussgottesdienst im Zelt statt. Wieder hatte ich mittels Flugblättern viele Menschen eingeladen. Am Zaun des Sportplatzes hing ein großes Transparent mit der Aufschrift: *Das Zelt Gottes – Unter den Menschen.* Ich hatte kleine Holzkreuze mit der Aufschrift *Hvala Bogu – Dank sei Gott* anfertigen lassen, die für den Friedensgruß unter den Gläubigen verteilt wurden. Beim Vaterunser bat ich die Leute dann, diese Kreuze in die Höhe zu halten. Ein Symbol dafür, dass wir alle miteinander das Kreuz zu tragen bereit waren. 500 Kreuze schwebten über den Köpfen der Leute – ein Bild, das ich nie vergessen werde.

Da ich es bei diesem Gottesdienst als zu wenig konkret empfand, gemeinsam den vorformulierten Text des Glaubensbekenntnisses zu sprechen, forderte ich ein soziales Glaubensbekenntnis ein. Am Ende holte ich meinen Ministranten Wolfgang auf die Bühne, dem ich damals das Kuvert mit dem Zettel gegeben hatte, und fragte ihn, ob er wisse, warum er jetzt hier stehe. Er erzählte den Menschen von seinem damaligen Ärger darüber, dass die Zukunft der Flüchtlinge im Zelt so aussichtslos schien. Und dann holte er das Kuvert hervor. Ich ersuchte ihn, meine Zeilen vorzulesen, in denen ich meine Zuversicht bezüglich der Wohnversorgung bekundet hatte. „Und? Was sagst du jetzt?“, fragte ich ihn. Wolfgang lächelte und nickte.

Es war uns tatsächlich gelungen, insgesamt 101 Zeltbewohner bei unterschiedlichsten Privatpersonen unterzubringen. Bis nach Norddeutschland hatte man unsere Bitte um Obdach für die Menschen erhört. Zum Schlussgottesdienst hatte ich die Männer gebeten, noch einmal auf den Sportplatz zu kommen, um mit uns allen gemeinsam zu feiern. Ich fragte die Anwesenden: „Wer von euch hätte mir damals geglaubt, dass uns dieses Projekt gelingen würde?“ Vereinzelt zeigte jemand auf. Und dann sagte ich etwas, das eine neue Phase im sozialen Wirken der Vinzenzgemeinschaft einleiten sollte:
„In Graz gibt es 40 Leute, die unter der Brücke schlafen. Bis heute hat noch niemand einen Weg gefunden, diese Menschen zu versorgen und ihnen ein Quartier zu geben. Wer glaubt, dass wir es schaffen können, diesen Menschen ein Zuhause zu geben? Nach dem, was wir hier erlebt haben? Wenn wir uns anstrengen, mit der Hilfe Gottes?“ Alle Hände waren in der Höhe. Am 1. Dezember 1993 sollte diese Vision Wirklichkeit werden.

DAS ÖSTERREICHISCHE VOLK
EIN ÖSTERREICHER
DEN MAN VERBLÖDETE U. AUSNUZTE.
Ausländerproblem
Ausländerpolitik
Ausländer.
DIESEN ÖSTERREICHER DER ZU GRABE GETRAGEN WIRD KÖNNEN SIE EINSEGNEN PFARRER PUCHER.
FÜR IHN HATTE MAN NICHTS ÜBRIG AUSER STEUERN UND ABGABEN. SEIN LETZTES HEMD SPENDETE ER DEN WIRTSCHAFTSFLÜCHTLINGEN.

Fanpost

Ich bekam in dieser Zeit viele Karten und Briefe. Die Absender waren gegensätzlicher Ansicht, was mich und meine sozialen Aktivitäten anging. Die einen zeigten sich wohlwollend, unterstützend, waren dankbar gesinnt. Es waren Menschen darunter, die mir mitteilten, ich wäre der einzige Grund, warum sie bis jetzt nicht aus der Kirche ausgetreten seien. Die anderen, fast alle anonym, schrieben hasserfüllte, unglaublich bösartige Briefe, gespickt mit einschlägigen Zeitungsausschnitten. Sie unterstellten mir, nur etwas für Verbrecher und anderes Gesindel übrig zu haben. Sie warfen mir vor, nur für Ausländer da zu sein und die Inländer links liegen zu lassen.
Eines Tages erreichte mich ein etwas dickeres, gelbes Kuvert im Format DIN A4. Es enthielt ein in Geschenkpapier gehülltes Päckchen und einen Brief, der – ich kann es nicht anders ausdrücken – etwas eigenartig abgefasst war. Er las sich wie ein Liebesbrief mit etlichen Rechtschreibfehlern, doch schwang etwas Unheilvolles darin mit. Ich öffnete das Päckchen. Es enthielt ein zusammengedrücktes Plastiksackerl mit Kot, der weich und offensichtlich menschlichen Ursprungs war.
Ich kann mit solchen Dingen bis heute nicht wirklich umgehen. Es stellt sich die Frage: Was habe ich getan, das einen Menschen zu solch einer Handlung veranlasst? Was steckt in einem Menschen, damit er seine Ablehnung

Herr Pfarrer !

Wenn Sie diesen Brief lesen. dann werden Sie verstehen warum er anonym ist. Wir Bewohner von EGGENBERG (Vinzenz) sind der Ansicht, daß Sie ein festes Arschloch sind und hoffen auch, daß Sie von dieser Pfarre bald abgelöst werden. Es ist eine Frechheit was Sie sich überhaupt erlauben. Zuerst wird eine Zeltstadt errichtet,auf einer Einrichtung, für unsere Kinder die in den Ferien dort spielen könnten. Für Leute, welche gar keine Jugoslawen sind , sonder Polen und Rumänen, sprich das größte Gesindel. Jetzt zieht das wilde VOLK ab und dann wollen sie über den Winter noch alle Sandler von GRAZ in Eggenberg ansiedeln lassen. Wir glauben, Sie sind nicht ganz dicht in Ihrem Kopf.Sie haben einen großen Pfarrhof, warum tun Sie dieses Volk nicht dort hinein. Dort können Sie versorgt werden und haben gleich mehr Leute in der Kirche. Wir hier in EGGENBERG suchen uns eine andere Pfarre und Sie werden bald dort alleine stehen. Wir lassen uns Ihre Blödheiten nicht mehr länger gefallen und werden eine dementsprechende Unterschriftenaktion starten, damit Sie bald von unserer Pfarre wegkommen. Damit wird auch der Bischof nicht darüber hinwegkommen, obwohl wir ihn sehr schätzen. (Zeitungsartikel u.s.w.) Am besten Sie gehen zum Bischof KRENN , denn ihr beide ergänzt euch bestens.
Verschwinden Sie bald freiwillig denn ansonsten passiert noch was , Sie Arschloch.

Herzliche Grüße Ihre Nachbarn.

Eine Durchschrift ergeht auch an den Bischof.

„Lieber Herr Pucher.

Machen sie so weiter, mein  gehört dir.

Ach hätt ich doch vor dir stehen, aber es geht leider nicht.

Ich würde so gerne dich und deine Armen küssen. 

Ich habe keine Kosten und mühen gescheut um dir und deinen Armen dieses Geschenk zu machen.

Ich weiß so wie so nicht wo hin mit meinen vielen vielen Geld. Denen Herr Pucher wird sicher etwas einfalen. mein Schatz schließe die Augen wenn du mein Geschenk öfnest. Las dich überraschen, wenn du es in deinen Händen hast. Wast du vor Glück vergehen.

Deine Maria !!!

auf solch hässliche Weise zum Ausdruck bringen muss? Wer sind die Träger einer Gesinnung, die von Ablehnung, Hass und Verachtung geprägt und gegen ein Hilfsprojekt gerichtet ist?
Ich habe bis heute keine Antwort darauf. Es genügt mir auch nicht, zu sagen, dieser Mensch ist krank. Was ist schon krank? Und wer ist krank? Vielleicht bin ich es selber?
Von einigen wurde ich als Gutmensch bezeichnet. Was ist das bitte für ein Wort? Es unterstellt einem Menschen, der glaubt, Gutes zu tun, naiv zu sein und unfähig, richtig und falsch unterscheiden zu können.
Ich habe diese emotionalen Zeugnisse der Ablehnung und Verachtung zum Teil bis heute aufbewahrt. Und auch die vielen Briefe, deren Absender mir Kraft und alles Gute wünschten und die mir damals so viel gegeben haben.

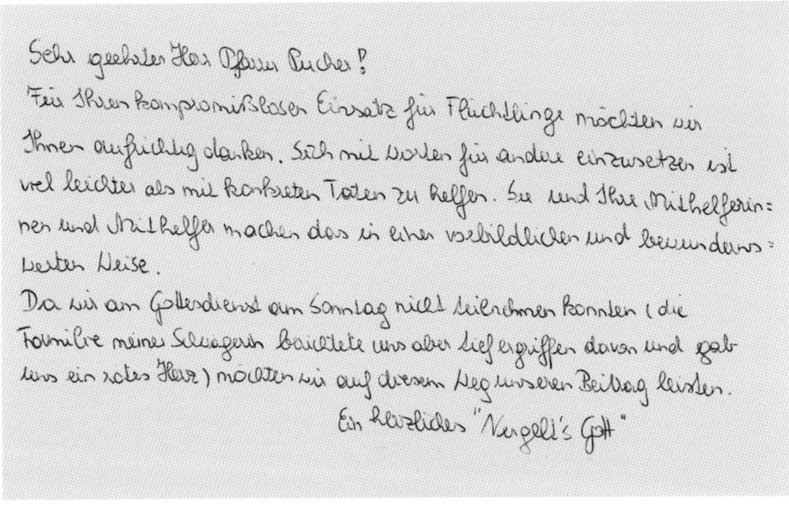
Sehr geehrter Herr Pfarrer Pucher!
Für Ihren kompromißlosen Einsatz für Flüchtlinge möchten wir
Ihnen aufrichtig danken. Sich mit Worten für andere einzusetzen ist
viel leichter als mit konkreten Taten zu helfen. Sie und Ihre Mithelferin=
nen und Mithelfer machen das in einer vorbildlichen und bewunderns=
werten Weise.
Da wir am Gottesdienst am Sonntag nicht teilnehmen konnten (die
Familie meines Schwagers berichtete uns aber tief ergriffen davon und gab
uns ein rotes Herz) möchten wir auf diesem Weg unseren Beitrag leisten.
Ein herzliches "Vergelt's Gott"

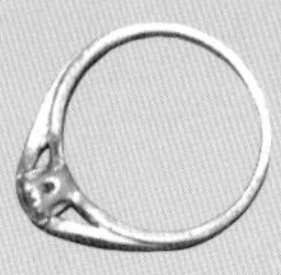

14.6.

Lieber Herr Pfarrer!

Der Gottesdienst heute hat mich sehr bewegt – mir gezeigt, wie sehr ich in eigenen Gedanken u. Sorgen befangen bin. – Sorgen finanzieller Art, Gesundheit, Scheidungsbewältigung etc ... Vor mir steht ein Berg (Mietzinserhöhung, neue Heizung, niedriges Einkommen [als Tagesmutter ein Stundenlohn von ca. 25.– !], dazu ein Alter von 46 J., keine Berufsaussichten) Und trotzdem ist mir heute ein Satz der Hlg. Schrift wieder deutlicher geworden: „Gebt, und es wird euch gegeben werden!" Die Lage Ihrer Männer ist sicher recht schlimm und sie alle brauchen Hoffnung, Stärke, Mut u. Vertrauen, daß der „Vater im Himmel weiß, wessen sie bedürfen". – Und Gottes Geist hat Sie für diese (und wohl auch viele andere) zum „Versorger" gemacht. Ich hoffe, Ihnen mit dem Ring, den Ihnen sicher jemand in bar ablösen kann, etwas zu helfen, es ist ziemlich das einzige „Wertvolle" von mir. Der Stein ist echt, ein Erbstück.

Nun noch zwei Gedanken: Wäre es für die Männer nicht wichtig, Arbeit (u. damit gewissen „Sinn") im Tag zu haben, auch wenn die Entlohnung nicht so toll ist? Ich kenne einige Frauen, die für 40.– arbeiten, ich selber habe ~ 25.– / Stunde (zu Hause)

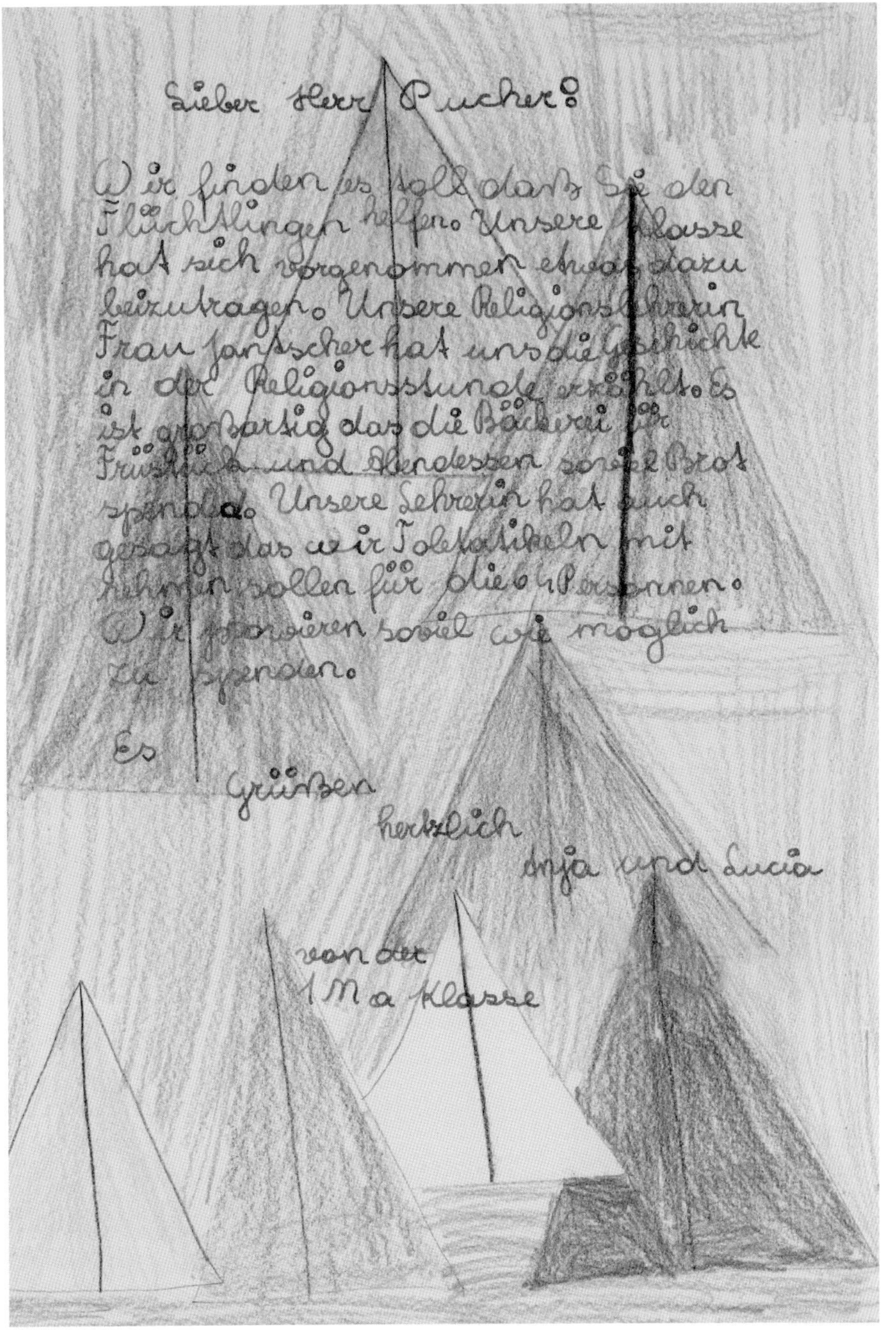

Lieber Herr Pucher:

Wir finden es toll daß Sie den
Flüchtlingen helfen. Unsere Klasse
hat sich vorgenommen etwas dazu
beizutragen. Unsere Religionslehrerin
Frau Jantscher hat uns die Geschichte
in der Religionsstunde erzählt. Es
ist großartig das die Bäckerei für
Frühstück und Abendessen soviel Brot
spendet. Unsere Lehrerin hat auch
gesagt das wir Toiletartikeln mit
nehmen sollen für die 64 Personnen.
Wir probieren soviel wie möglich
zu spenden.

Es
grüßen
herzlich
Anja und Lucia

von der
1Ma Klasse

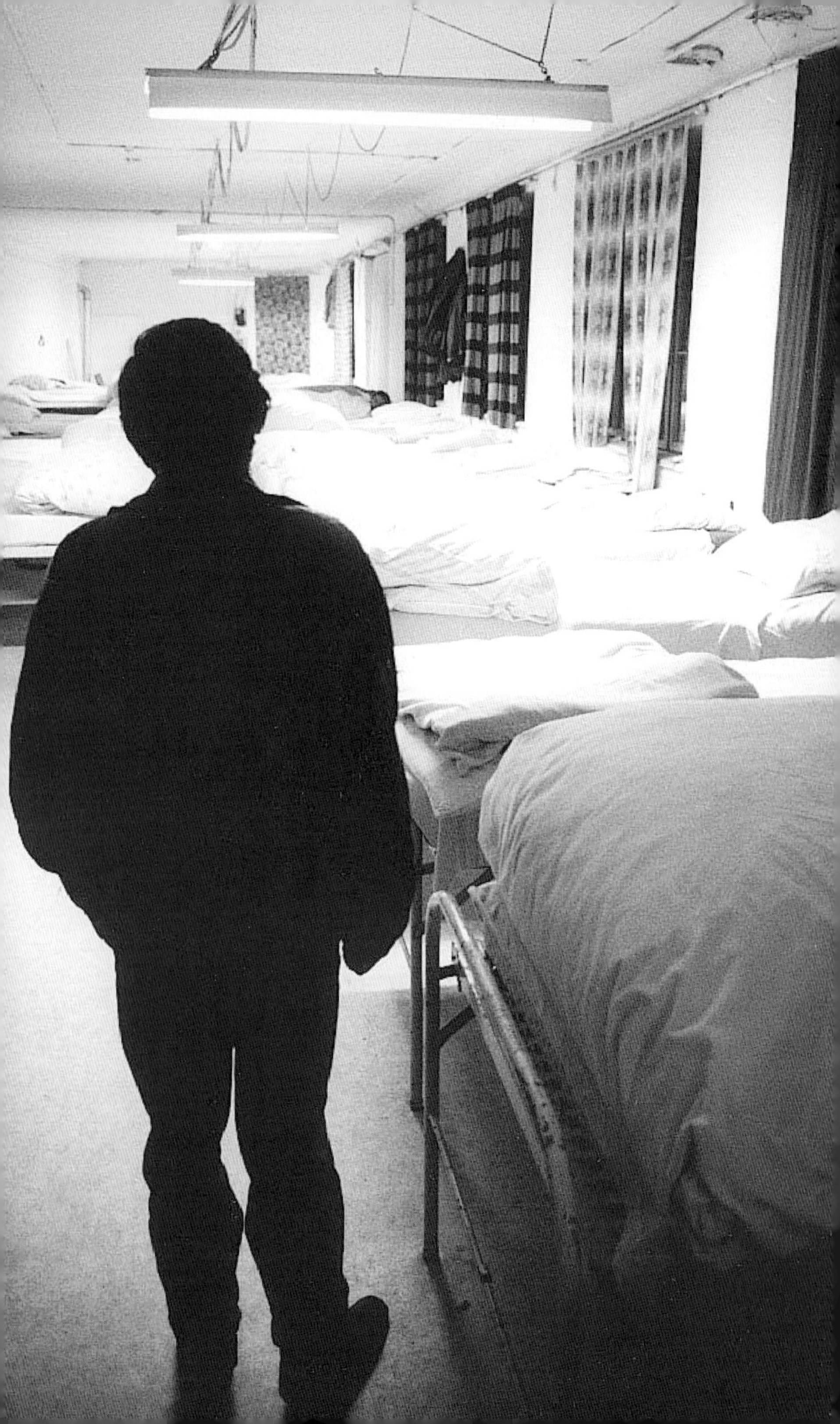

Nestwärme

Die Zeit mit den Zelten war eine Katharsis für uns alle. Eine Krisis, eine Scheidung der Geister. Religion wurde plötzlich zu etwas, das in aller Munde war, auf die eine oder andere Weise. Unser Projekt war Stadtgespräch, und wie auch immer man zu uns stand, es wurde debattiert. Ob im Wirtshaus, beim Friseur oder beim Fleischhauer – wir waren ein Thema. Niemand konnte am Geschehen in der Pfarre vorbeigehen, ohne Stellung zu beziehen. Es gab drei Gruppen: die Befürworter, die Gegner und die Nachdenklichen, die nicht recht wussten, was sie von alldem halten sollten.

Es war ein Prozess, der meines Erachtens in der Kirche viel zu selten stattfindet. Es ist wichtig und richtig, mitunter Situationen zu erleben, in denen man gezwungen ist, sich mit etwas auseinanderzusetzen und sich die Fragen zu stellen: Ist es gut, was hier passiert? Ist es schlecht? Will ich mich vielleicht engagieren und mithelfen?

Es gab auch Feindschaften, die sich zu Freundschaften wandelten. Mit den beiden Wirten von gegenüber pflege ich heute ein Verhältnis, welches über die üblichen Oberflächlichkeiten hinausgeht.

Unsere Gemeinde hatte weitum an Popularität gewonnen. In der ganzen Steiermark und vielleicht auch darüber hinaus war unsere rebellische Pfarre bekannt. Die einen erfüllte das mit Stolz, die anderen mit Scham. Aber in einem

waren sich wohl alle einig: St. Vinzenz hatte an Bedeutung gewonnen. Es war ein Ort, über den man sprach.
Am Ende der Zeltaktion fand bei uns in der Lerchengasse ein Benefiz-Wettrennen statt. Ich war gefragt worden, ob ich teilnehmen und gegen einen der „Tschecheranten" aus dem Kaffeehaus gegenüber antreten wolle – mittlerweile benutzten die Gäste des Lokals meinen Spottbegriff mit Selbstironie. Mein Einwand, ich besäße keinerlei Sportausrüstung, wurde mit der Leihgabe einer solchen entkräftet. Mit Plakaten wurde für die Veranstaltung geworben, der Reinerlös sollte unserem Projekt zugute kommen. Der erste Preis war eine Flasche Champagner.
Am Tag des Ereignisses waren die Straßen in der Umgebung abgesperrt, viele Neugierige fanden sich entlang der Rennstrecke ein. Etwa in der Mitte der Lerchengasse befand sich die Ziellinie, und gleich dahinter stand eine große Menschengruppe. Mein Gegner war ein Gast aus dem Kaffeehaus, der zwar bereits einige Operationen hinter sich hatte, aber dennoch ein kräftiger Bursche war. Der Startschuss fiel, und ich rannte, als ginge es um mein Leben. Wenn die Strecke 20 Meter länger gewesen wäre, hätte mich mein Kontrahent wohl überholt. So aber ging ich als Erster durchs Ziel und rannte dabei eine Frau aus einer Zuschauergruppe um, die ungerührt knapp hinter der Ziellinie stand und uns entgegenschaute, was zu wüstem Schimpfen der Frau und großem Gelächter bei den Umstehenden führte. Mein Sieg trug jedenfalls dazu bei, dass man mir mit einem gewissen Respekt begegnete. Und dass die Kirche Aufreger blieb. Seit dieser Zeit ist die Zahl derjenigen, die zur Kirche zurückgefunden haben, größer geworden.
Meine Mitarbeiter und ich erlebten damals eine tief religiöse Zeit. Wir hatten uns engagiert wie nie zuvor, dabei

unsere Grenzen erfahren und erlebt, dass es immer noch möglich war, darüber hinauszugehen. Eine neue Form des Glaubens hatte sich gebildet beziehungsweise verstärkt – aus dem Erleben heraus, wie Gott uns in dieser Zeit begegnete. Das durfte ich auch für mich persönlich erfahren, und dieser Glaube hält bis heute an. Ich baue auf Gott und fordere ihn auch auf, seinen Beitrag zu leisten, wenn ich alles tue, wozu mich mein Gewissen verpflichtet, ich aber am Ende bin. Bis heute blickt man auf uns und sagt sich: Hier geschieht etwas. Unsere 21 VinziWerke wären wohl nie entstanden, wenn es das Zeltdorf nicht gegeben hätte.

Als wir am 31. August 1992 die Zelte auf dem Sportplatz abbrachen, war uns bewusst, dass dies natürlich nicht das Ende der Flüchtlingstragödien bedeuten würde. Vorerst waren die ersten Menschen zwar untergebracht, aber es war schon damals klar, dass die fürchterlichen Zustände am Balkan weitere Flüchtlinge zu uns treiben würden. Wir machten uns auf gut Glück, sozusagen prophylaktisch und mit dem Glauben an die Vorsehung, auf die Suche nach einem Quartier. Dass Zelte im Winter unzumutbar waren, lag auf der Hand. Wir brauchten ein festes Haus, in dem die Leute das Notwendigste zur Verfügung haben würden.

Ich habe eine Methode, der Vorsehung auf den Wecker zu fallen: Ich stelle möglichst vielen Menschen die immer wieder gleiche, brennende Frage – so auch im Fall unserer neuen Herbergssuche. Und so kam es, dass ich im Zuge meiner vielen Anfragen einer Ärztin begegnete, einer engagierten Frau, die auch Obfrau einer Vinzenzgemeinschaft war. Sie erinnerte sich an ein altes Gebäude in der Kernstockgasse 14, eine alte Strickerei, die angeblich schon seit Jahren zu vermieten war. Ein paar meiner Mitarbeiter und ich machten uns unverzüglich auf den Weg, um uns das Haus von außen anzusehen. Es war in gutem Zustand, an der Wand war ein Schild mit der Telefonnummer einer Immobilienfirma angebracht.

Am Telefon meldete sich eine Frau. Sie und ihr Mann seien die Besitzer des Gebäudes, und ja, mein Name sei ihnen ein Begriff. Ich erklärte ihr unser Vorhaben, in einem leer stehenden, großen Gebäude über den Winter ein Quartier für Balkanflüchtlinge einzurichten, und dass wir auf das Haus in der Kernstockgasse aufmerksam geworden wären. Dass wir aber leider kein Geld hätten und deshalb fragen möchten, ob sie uns die ehemalige Strickerei eventuell für ein paar Monate zum Selbstkostenpreis überlassen würde. Sie sagte, sie würde die Sache mit ihrem Mann besprechen. Kurz darauf meldete sie sich wieder und meinte, wir sollten ins Büro kommen, wir würden das Haus bekommen.

Viel später sollte ich von einem Bekannten, der den Immobilienhändler kannte, erfahren, dass dieser noch nie jemandem irgendetwas geschenkt hatte. Siehe da, die Vorsehung! Oder eine Botschaft Gottes an den Geschäftsmann, dass er nicht an den Profit denken dürfe, denn hier waren Menschen in Not.

Die Halle war in einem ziemlich desolaten Zustand. Die alten Strickmaschinen standen noch herum, der Boden bestand aus breiten, geölten Brettern, die nach Diesel rochen. In der Mitte stand ein alter Ölofen, die einzige Möglichkeit, zu heizen.

Ein Mitarbeiter von mir, ein pensionierter Fleischhauer, erklärte sich bereit, mir zu helfen. Zusammen mit einigen anderen Helfern demontierte und zersägte Gustl Eisner die alten Maschinen, denn wir wussten nicht, wohin damit. In kürzester Zeit war die Halle ausgeräumt, frisch

Schüler und Schülerinnen des Gymnasiums Rein beim Bettenmachen, November 1992

gestrichen und notdürftig eingerichtet. Von der Caritas und dem Roten Kreuz hatten wir Betten und Matratzen für etwa 30 Personen bekommen. Es gab noch ein paar Nebenräume, die wir als Speisezimmer und Lager einrichteten. Wir machten uns unverzüglich auf die Suche nach Mitarbeitern, die bereit waren, die Menschen in der alten Fabrik unentgeltlich zu betreuen. Am 22. November 1992 zogen schließlich die ersten Männer ein – ins VinziNest.

*

Der erste Winter ging vorüber. Wir hatten längst begonnen, darüber nachzudenken, was mit dem VinziNest nun weiter geschehen solle. Die mit dem Immobilienmakler vereinbarte Zeit war fast vorüber, wir mussten uns etwas einfallen lassen. Die Menschen in der wärmeren Jah-

reszeit wieder auf die Straße zu schicken, schlossen wir aus. Auch wenn es draußen nicht kalt ist, so ist es wohl kein Vergnügen, kein Bett und keine Dusche zu haben. Im VinziNest boten zwei Sanitärcontainer, die ein Kran in Millimeterarbeit über das Dach des Gebäudes in den Hof gehoben hatte, die nötigste Infrastruktur.
Wir hatten Glück. Der Vertrag wurde verlängert, wir durften das Gebäude von nun an bis auf Widerruf benutzen. Wir hofften, dass dieser Widerruf nie erfolgen würde, doch nach ein paar Jahren kam eines Tages doch der Anruf: Wir müssten innerhalb der nächsten Monate ausziehen, denn die alte Strickerei sollte abgerissen und an ihrer Stelle eine Mehrparteien-Wohnanlage errichtet werden. Ob wir das Haus vielleicht kaufen könnten, fragte ich. Der Makler verneinte mit der Begründung, vom Mieterlös aus den Wohnungen seine Pension finanzieren zu wollen. Diese Entscheidung schien fix und unumstößlich. Bis zum Baubescheid, so versprach er, dürften wir aber noch bleiben. Wir waren traurig und verzweifelt und wussten, dass etwas geschehen musste.
Wir hatten einen Nachbarn, angeblich ein alter Nazi, der aufgrund seiner politischen Neigung seine Konzession als Anwalt verloren haben soll. Dieser Mann hintertrieb jedweden Versuch, das Wohnbauprojekt durchzubringen, und erhob seinen Einspruch gegen sämtliche Anträge auf Baubewilligung. Noch dazu war das Bauamt damals fest in Händen der FPÖ und dem ehemaligen Juristen damit wohl nahe stehend. Das führte dazu, dass der Immobilienhändler irgendwann sein Pensionsvorsorge-Projekt aufgab, resigniert das Handtuch warf und uns das Gebäude zum Kauf anbot.
Die Kaufsumme war für uns utopisch. Nach langen Verhandlungen gelang es mir schließlich, den Preis auf die

Hälfte hinunterzuhandeln. Wir griffen zu. Nun waren wir keine Bittsteller mehr, sondern Besitzer – zum ersten Mal in der Geschichte der Vinzenzgemeinschaft Eggenberg. Wir besaßen ein Haus für Obdachlose, aus dem uns niemand mehr vertreiben konnte, so dachten wir.

Die Vorstellung, das Gebäude auszubauen und schön herzurichten, war verlockend, und so machten wir uns mit einem Architekten an die Planung. Um Unstimmigkeiten mit dem streitlustigen Nachbarn zu vermeiden, luden wir ihn und seine Frau zu einem Gespräch ein, bei dem der Architekt, Gustl Eisner und ich anwesend waren. Wir saßen in unserem noch recht karg eingerichteten Büro, und ich bat die beiden, unsere Pläne anzusehen. Etwaige Einwände mögen sie bitte gleich kundtun, um die Baugenehmigung nicht unnötig zu verzögern. Der Mann blickte mich mit eisiger Miene an und unterbrach mich schließlich: „Sie brauchen mir all das gar nicht zu erklären. Ich verspreche Ihnen hiermit eines: Sie werden hier nie wieder einziehen.“ Dann standen die beiden auf und gingen.

Ich nahm die Drohungen des ehemaligen Anwalts nicht weiter ernst, und wir bereiteten alles für den Umbau vor. In einem Haus der Barmherzigen Schwestern in Eggenberg war gerade der Mietvertrag mit der Pädagogischen Akademie abgelaufen, und so konnten wir unsere Schützlinge einstweilen dort unterbringen. Die Halle in der Strickfabrik stand leer und wartete auf ihre Sanierung. Wir hatten das Bauvorhaben eingereicht und bereits eine Genehmigung erhalten, das Baumaterial stand bereit, und wir legten los. Nach zwei Wochen erfolgte der erste Baustopp. Es gelang uns, den Bescheid aufheben zu lassen. Nach 14 Tagen kam der nächste Stopp. Der Nachbar machte genau das, was viele in solch einer Situation veranlasst hätte, aufzugeben, denn solch eine juristische Zermürbungstaktik ist

auch finanziell sehr belastend. Ich war dennoch guten Mutes, ging zum Bürgermeister und zum zuständigen Stadtrat. Doch es nützte alles nichts. Niemandem gelang es, unsere Position gegen das offensichtliche Naheverhältnis des Bauamts zum Dauerkläger durchzusetzen. Ein ganzes Jahr lang sollte die alte Strickfabrik leer stehen.
Ich war mit meinen Ideen am Ende. Doch wieder einmal war es die Vorsehung, die offenbar die Hand im Spiel hatte. Ich wandte mich an einen Bekannten, den Chef der reichsten österreichischen Baugenossenschaft, der uns schon in der Vergangenheit einige Male geholfen hatte. Ich fragte ihn, ob er eine Möglichkeit sehe, uns zu einer dauerhaften Baubewilligung zu verhelfen. Der Mann nickte eifrig. Er werde einen Bekannten anrufen, den gefürchtetsten Bauanwalt von Graz. Das konnte mir nur recht sein, denn unser Nachbar beschäftigte den zweitgefürchtetsten Vertreter dieser Branche. Entsprechende Angst hatten wir vor den Auseinandersetzungen, die da noch kommen sollten. Mein Bekannter, der Boss der Baugenossenschaft, konnte den Staranwalt überzeugen, mir zu helfen. „Tu etwas für deine schwarze Seele und hilf dem Pfarrer Pucher“, hatte er ihm geraten.
Ich bekam einen Termin, traf meinen Retter in einer prachtvollen Villa, in einem großen Park, in die ich wie ein Zwergerl hineinschlich. Ich ging nach oben in den ersten Stock, rund um mich war alles voller Stil und Prunk. Schüchtern nahm ich auf einem Sessel Platz und harrte der Dinge, die da nun kommen sollten.
Ein groß gewachsener Herr mit schlohweißem Haar trat in den Vorraum und streckte mir die Hand entgegen. „Grüß Gott, Herr Pfarrer!“, sagte er mit dröhnender, freundlicher Stimme. „Was haben wir denn für ein Problem?“ Ich antwortete: „Eine harte Nuss, keine leichte Sache.“ Der Mann

lächelte. „Na, nun kommen Sie doch erst einmal herein und erzählen Sie." Ich berichtete ihm von unseren juristischen Problemen. Er begann zu lachen: „Herr Pfarrer, Sie machen das ganz falsch!" Ich erwiderte: „Das weiß ich doch, sonst wäre ich nicht hier bei Ihnen!" Er lehnte sich zurück und seufzte. „Schauen Sie: Stellen Sie sich eine leere Zwei-Liter-Flasche vor. Daneben befindet sich ein Produkt, das exakt in diese Flasche hineinpasst. Und nun wollen Sie es mit aller Gewalt auf einmal durch den engen Flaschenhals zwängen. Das kann nicht funktionieren. Sie müssen dieses Produkt in lauter kleine Stücke teilen und diese einzeln in die Flasche werfen." Ich blickte ihn ratlos an. „Und was heißt das jetzt?" Der Anwalt wirkte beinahe ungeduldig. „Herr Pfarrer, Ihre Anträge sind ein Schwachsinn. Das müssen wir anders machen. Fühlen Sie sich von mir aber lediglich beraten, denn mein Honorar könnten Sie ohnehin nicht bezahlen."
Und dann zählte er auf: Zuerst würden wir einen Kamin beantragen. Dann das Streichen einer Tür. Dann den Austausch eines Fensters. All das würden wir einzeln einreichen. Und irgendwann würde es dem ehemaligen Kollegen schon zu blöd werden, all diese Kleinigkeiten zu beeinspruchen. Immerhin würde dieser Rechtsstreit auch ihn etwas kosten.
Ich war nie bei einer der folgenden Bauverhandlungen anwesend – unsere Nachbarn hätten mich zerfetzt. Wir bauten weiter. Und es ging voran. Und schließlich kam es zur Endabnahme. Anwesend waren mein Rechtsberater, der Anwalt der Gegenseite und ein leitender Beamter vom Bauamt, der zufällig ein alter Schulkollege von mir war. Ich hatte einen Mitarbeiter als meinen Vertreter geschickt. Mir wurde später von Schreiduellen zwischen den beiden Anwälten berichtet, die den armen Mann vom Bauamt

wechselweise anbrüllten, er möge doch Stellung gegen die Positionen des Gegners beziehen. Mein Rechtsbeistand gewann die Schlacht. Am Ende der lautstarken Zusammenkunft wurde gemeinsam ein Protokoll aufgesetzt, welches den vorhandenen Bau ab sofort als genehmigt deklarierte. Diese Verhandlung muss so schrecklich gewesen sein, dass mein Schulkollege vom Bauamt die Nerven verlor, später einen Herzinfarkt erlitt und frühzeitig in Pension gehen musste. Unser Nachbar versuchte es später noch mit ein paar anderen Schikanen, aber irgendwann fand er sich wohl damit ab, wer seine Nachbarn waren.

*

Das VinziNest war fertig. Es gab jedoch eine Schwachstelle: Für die Beherbergung von Menschen hatten wir keine Nutzungsbewilligung, da die ehemalige Strickerei als Industriebetrieb ausgewiesen war. Ich ging zum Chef der Fremdenpolizei in Graz und teilte ihm mit, was wir vorhatten. Er meinte dazu, wir müssten die Leute melden, die bei uns einziehen würden. Ich wies die Forderung entschieden zurück. „Sie sind gesetzlich dazu verpflichtet!“, sagte er bestimmt. Ich blickte ihm tief in die Augen und gab zur Antwort: „Herr Doktor, was ist Ihnen lieber? Wollen Sie diese Menschen Tag und Nacht auf der Straße haben? Oder ist es nicht besser, sie wenigstens in der Nacht in einem sicheren Ambiente zu wissen? Ich melde diese Leute sicher nicht an – ich bin nicht das Fangnetz für die Polizei.“
Schließlich gingen wir einen Kompromiss ein. Wir müssten unsere Gäste in einer Kartei führen und der Fremdenpolizei Zutritt zum VinziNest gewähren, wenn sie auf der Suche nach jemand Bestimmtem wäre. So machten wir es auch, und es ging eine Weile gut.

Ich gehe so gut wie nie ins Kino, aber an einem Freitagabend hatte ich mich spontan dazu entschlossen. Als ich später nach Hause kam, hatte ich einen unbeantworteten Anruf und ein SMS auf meinem Handy. Es war von Gustl Eisner, ich möge sofort anrufen. Es stellte sich heraus, dass die Polizei im VinziNest eine Razzia durchgeführt hatte, mit vier Einsatzfahrzeugen. Sie waren von Bett zu Bett gegangen und hatten jeden einzelnen Pass kontrolliert. Viele der Länder, aus denen die Männer kamen, waren damals noch nicht EU-Mitglied, und die wenigsten hatten gültige Einreisepapiere. 16 Personen wurden festgenommen und kamen in Schubhaft.

Ich war fassungslos. Und ich wusste, wenn solch ein Einsatz noch ein-, zweimal veranstaltet werden würde – bald käme niemand mehr ins VinziNest. Die meisten unserer Gäste hielten sich illegal in Österreich auf.

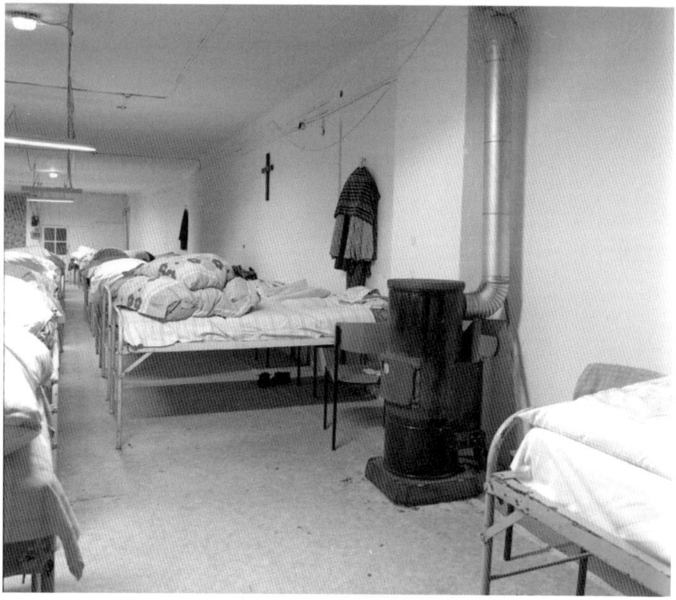

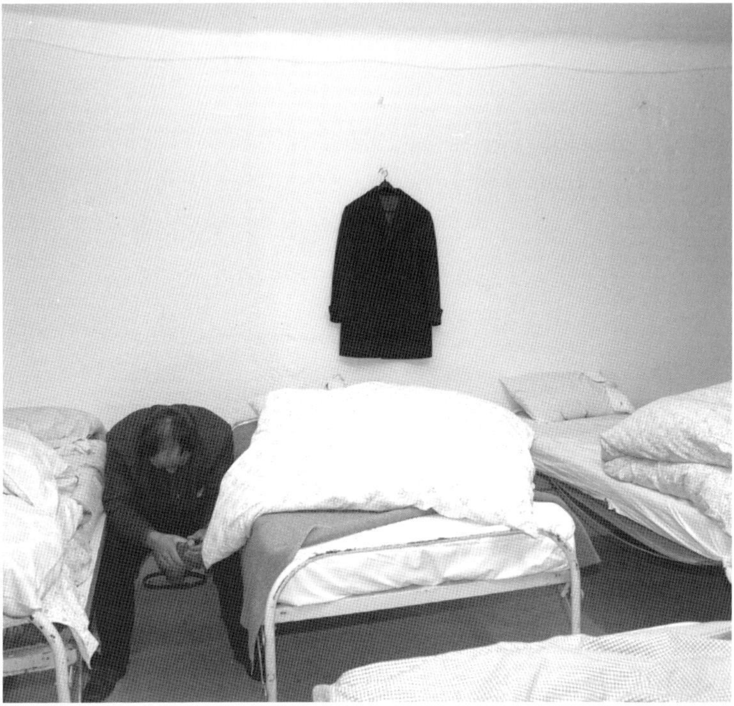

Tags darauf saß ich in meiner Kanzlei und grübelte ratlos vor mich hin. Nach etwa einer Stunde hatte ich mich entschlossen, zu kämpfen. Dieser Vorfall war ein ungeheurer Skandal, den ich nicht auf sich beruhen lassen konnte. Sämtliche Ämter und Kanzleien hatten am Samstag geschlossen – vielleicht war der Zeitpunkt der Razzia ja kein Zufall gewesen. Ich rief sämtliche mir bekannte Journalisten an und kündigte noch für denselben Tag eine Pressekonferenz im VinziNest an. Auch das Fernsehen kam an diesem Nachmittag, an dem ich meinen Protest in aller Deutlichkeit der Öffentlichkeit mitteilte: Es könne nicht sein, dass eine Hilfseinrichtung von der Polizei derart missbraucht würde. Wir seien eine humanitäre Organisation und wür-

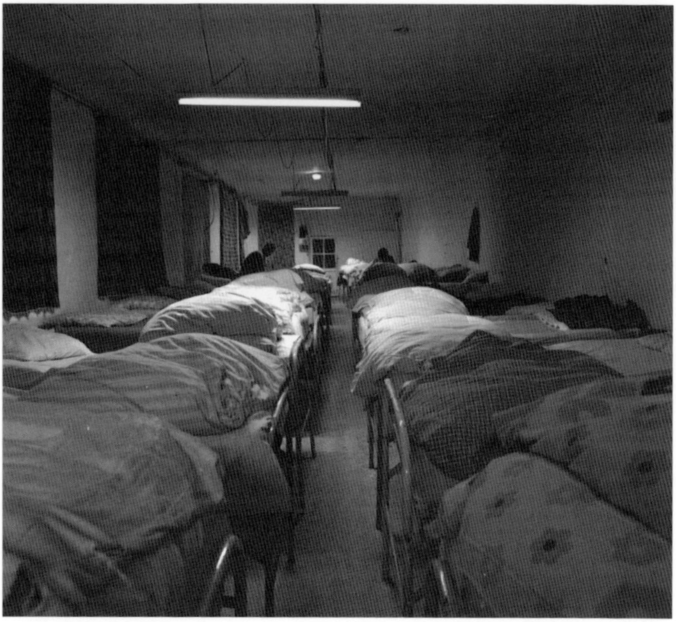

den den Menschen lediglich ein nächtliches Obdach geben, egal, welchen Status sie bei der Polizei hätten.
Am Sonntag waren die Zeitungen voll davon, und die verantwortlichen Beamten konnten die Geschichte zum Frühstückskaffee lesen. Ich telefonierte mit Kulturstadtrat Helmut Strobl, der in seiner Freizeit auch im VinziNest Dienst machte. Ob er mich morgen zum Polizeipräsidenten begleiten würde? Normalerweise geht ein Politiker auf solche Wünsche nicht leicht ein, doch Strobl sagte zu. Ich verständigte das Fernsehen, dass es am Montag zu einer wichtigen Unterredung kommen werde.
Der Polizeipräsident erwartete mich bereits. Der Chef der Fremdenpolizei war auch anwesend, Stadtrat Strobl, eine Vertreterin des Bürgermeisters, Gustl Eisner und ich. Das

Kamerateam harrte vor dem Besprechungszimmer aus. Im Laufe des Gesprächs stellte sich Folgendes heraus: Ein Rumäne war auf der Straße von einem Polizisten angehalten worden, um sich auszuweisen. Der Mann hatte sich der Perlustrierung durch Flucht entzogen. Und wo war er hingerannt? Geradewegs ins VinziNest, der Beamte hinter ihm her. Dort hatte der Mann versucht, sich der Festnahme mit dem Argument zu entziehen, alle anderen hier hätten auch keine gültigen Papiere, warum die Polizei nicht die mitnähme? Worauf der eifrige Beamte Verstärkung angefordert hatte, die in Form von vier Einsatzwagen auch schnell zur Stelle gewesen war.

Ich sagte zum Polizeipräsidenten: „Herr Präsident, es ist gar keine Frage, dass Sie im Recht sind, darüber brauchen wir gar nicht zu diskutieren. Aber wir haben schon einmal darüber gesprochen, und es hat sich nichts geändert: Sie können diese Leute Tag und Nacht auf der Straße lassen, sie suchen und kontrollieren – sie werden nie den Überblick haben. Bei uns befinden sich die Männer zumindest für zehn Stunden in einem geschützten Raum. Sie werden in dieser Zeit weder stehlen noch sonst etwas anstellen, und sie sind auch nicht gefährlich. Ist das nicht viel besser? Nur – sollte so etwas noch einmal passieren, sperre ich zu. Ich lasse mir das nicht bieten. Ich schlage Ihnen Folgendes vor: In unsere Kartei haben Sie nach wie vor Einsicht, aber wenn uns ein Polizist besuchen kommt, möge er sich bitte vorher beim Portier anmelden und außerdem in Zivil kommen.“ Die Vertreterin des Bürgermeisters stellte sich auf meine Seite, als sie sagte, der Bürgermeister lasse fragen, ob das soziale Klima in der Stadt denn kälter geworden sei.

Nach einem einstündigen Gespräch kam es schließlich zu einem Gentlemen's Agreement. Man versprach uns, nur noch in Zivil zu erscheinen und nur, wenn gegen einen unserer Männer ein konkreter Verdacht bestand. Ob der Portier in solch einem Fall wirklich einen unserer Gäste der Polizei übergeben hätte, war eine andere Frage. Falls nicht, hätte es sich um zivilen Ungehorsam gehandelt, der meines Erachtens in diesem Fall gerechtfertigt gewesen wäre. Das VinziNest war eine Art Kirchenasyl.

*

Schon einmal, viele Jahre zuvor, war ich bereit gewesen, einem Menschen allumfassenden Schutz zu gewähren – auch vor der Polizei. Es war im Winter, zur Zeit der Revolution in Rumänien, als viele Flüchtlinge nach Österreich und auch nach Graz kamen. Nirgendwo gab es einen Platz für die Leute, und so wurden sie in einem alten Hotel auf dem Plabutsch untergebracht. Das Haus war in einem erbärmlichen Zustand, Heizung und Heißwasser funktionierten nicht immer. Zahllose Menschen, Männer, Frauen und Kinder, fristeten ein trostloses Dasein auf dem Berg, weit weg vom Leben. Die Vinzenzgemeinschaft Eggenberg gab es damals schon. Wir hatten von den Zuständen erfahren und machten uns auf zu dem alten Hotel. Die Zustände waren furchtbar, es gab keine Betreuung, rein gar nichts.

So konnte es auf keinen Fall bleiben. Im Sozialamt schlug ich einen ziemlichen Wirbel. Und ich bat die Schulschwestern, ihren Saal für eine Weihnachtsfeier zur Verfügung zu stellen. Ich sammelte für dieses Fest Kuchen und Kekse, und für jedes Kind hatten wir ein kleines Geschenk vorbereitet. Die rumänischen Frauen wollten ein typisches Weihnachtsgericht aus ihrer Heimat zubereiten, und so brachte ich sie in die Küche der Schulschwestern. Beim

Essen stellte sich heraus, dass es sich gleichwohl um eine typisch österreichische Speise handelte: Nusspotitze. Es war eine der berührendsten Weihnachtsfeiern meines Lebens. Die Kinder hatten leuchtende Augen, als sie ihre Geschenke auspackten, Lieder wurden gesungen, und wir hatten einen schön geschmückten Christbaum.

Aus Brotteig fertigte ein polnischer Häftling diese Christusfigur, 1992

Mit der Zeit konnten die Familien schließlich eine nach der anderen in der Stadt Unterkunft finden. Einer der Rumänen, die ich damals kennenlernte, war ein entsprungener Schubhäftling, der sich eines Tages verstohlen an mich wandte. Er erzählte, die Schubhaft sei so schrecklich gewesen, dass er sich mit dem Draht seiner Zahnklammer die Pulsadern aufgeritzt hätte. Im Krankenhaus wäre vor seinem Zimmer ein Polizist gesessen, und so sei er mitsamt der Infusionsflasche aus dem Fenster gesprungen. Ob ich ihn vielleicht verstecken könne.

Ich nahm den Mann auf, und er bezog das Dachbodenzimmer des Pfarrhauses. Ein halbes Jahr lang war er mein Gast, ich verschaffte ihm sogar Arbeit. Dann erklärte er plötzlich, dass er freiwillig in seine Heimat zurückfahren wolle. Keinesfalls sei er aber bereit, in die Schubhaft zurückzukehren. Ich konnte mit der Polizei ausverhandeln, dass er selbst den Zug nach Bukarest nehmen durfte. Bis zur Grenze würden ihn zwei Beamte begleiten. Wir kauften noch jede Menge Sachen ein, die mein Gast in seine Heimat mitnehmen wollte. Am Tag der Abreise musste er dann doch noch für einige Stunden in die Schubhaft. Er fügte sich nur widerwillig, und auch mir blieb der Sinn dieser Maßnahme damals verborgen. Als ich ihn am Abend abholte, war er sehr erregt und schrie: „Das hier ist schlimmer als bei uns zu Hause! Eine unerhörte Frechheit!“ Später erzählte er mir, er habe sich nackt ausziehen müssen und sei in eine Gummizelle gesperrt worden. Beim Abschied auf dem Bahnsteig schüttelte der Mann, der gut Deutsch sprach, zornig den Kopf und sagte: „Sie können sich nicht vorstellen, wie man hier in Österreich als Ausländer, als Schubhäftling behandelt wird.“

Ich hatte damals kein schlechtes Gewissen dabei, diesen Mann bei mir zu beherbergen, und habe es bis heute nicht. Ich hatte das Gefühl, genau das Richtige getan zu haben. Wenn ich heute dafür bestraft werden würde – ich würde die Strafe annehmen.

*

Gustl Eisner hat im Laufe der Jahre eine hervorragende Truppe von ehrenamtlichen Mitarbeitern aus allen Bevölkerungsschichten für das VinziNest aufgebaut. Es sind Ärzte, Anwälte, Theologen, pensionierte Postbeamte, Journalisten und der Primar eines Krankenhauses darunter. Bis zum heutigen Tag haben nur Ehrenamtliche im VinziNest gearbeitet, wo nach umfangreichen Umbauten schließlich 80 Betten zur Verfügung standen. Vor knapp drei Jahren kauften wir ein angrenzendes Haus dazu und richteten eine Notschlafstelle für ausländische Frauen ein. Insgesamt beherbergen wir jetzt über 80 Männer und 24 Frauen. Im Notfall legen wir schon einmal ein paar

Gustl Eisner im VinziNest

Matratzen zusätzlich auf. Die Menschen, die derzeit dort wohnen, kommen regelmäßig. Ein Großteil sind Schwarzarbeiter, viele andere Bettler, die in Graz auf der Straße sitzen. Wir haben neun Nationen im Haus, und es funktioniert. Im Großen und Ganzen kommen die Leute gut miteinander aus.

Gustl Eisner ist den Menschen und mir treu geblieben. Auch wenn er auf den ersten Blick – angesichts seines früheren Berufes als Fleischhauer – nicht eben der Geeignetste für die Leitung des VinziNests zu sein scheint: Gustl hat ein Herz wie ein Bergwerk. Und die nötige Härte, sich im gegebenen Fall auch durchzusetzen.

„Ich bin kein Sandler!“

Seit Jahren schon dachte ich über Möglichkeiten nach, jenen Obdachlosen in Graz zu helfen, die nirgends aufgenommen wurden, weil sie nicht von der Flasche lassen konnten. Schon 1990 hatte ich einen ersten Versuch gestartet. Auslöser war der Sozialhirtenbrief der österreichischen Bischöfe. Jeder Pfarrer musste diesen Brief prominenten Persönlichkeiten in seiner Gemeinde überreichen und sich mit ihnen ein wenig darüber unterhalten.

Gemeinsam mit dem Vorsitzenden unseres Wirtschaftsrats saß ich damals mit dem Betriebs- und dem Generaldirektor der Firma Waagner-Biro zusammen, und wir sprachen auch über die sozialen Anliegen im Hirtenbrief. Schließlich fragte uns der Generaldirektor, ob er uns irgendwie behilflich sein könne bei unserer Arbeit. „Könnten Sie uns eventuell einen bewohnbaren Baucontainer zur Verfügung stellen?“ Zu meiner Freude antwortete er prompt: „Ja, können Sie haben.“

Diesen Container stellten wir noch im Dezember 1990 im Garten des Pfarrhauses auf. In den ersten Jännertagen 1991 zogen die ersten drei obdachlosen Männer ein. Sie mussten am Abend kommen und am Morgen wieder gehen. Die Nacht verbrachten sie in einem geheizten Raum, in dem Matratzen aufgelegt waren. Das war die Geburtsstunde des VinziDorfes.

Nach einiger Zeit hatten wir 13 Container unterschiedlicher Baufirmen zusammengesammelt. Am Köglerweg in Graz waren sie auf einem Stellplatz des Magistrats zwischengelagert.
Es war in der Weihnachtszeit des nächsten Jahres, als ich mir dachte: Es wird Zeit. Ich habe 13 Container und kenne zwei Männer und eine Frau, die unter der Murbrücke schlafen. Am Vormittag des Heiligen Abends besuchte ich die drei bei ihren armseligen Lagern. Ob sie denn in einen Container übersiedeln würden, wenn ich einen im Augarten für sie aufstellen würde? Die Männer nickten. Sie müssten das aber auch wirklich tun, schärfte ich ihnen ein, umsonst würde ich das Ding nicht herbringen lassen.
Der Branddirektor-Stellvertreter der Feuerwehr, Hans Sulzer, rief freundlicherweise eine Übung aus, bei der noch am selben Tag ein Container vom Köglerweg in den Augarten neben die Murbrücke übersiedelt wurde. Als ich am Nachmittag dort eintraf, waren nur zwei der drei anwesend. Der Dritte ließ sich nicht blicken, und so machte ich mich auf die Suche. Weit konnte er nicht sein, hatte er doch schon am Vormittag einen Rausch gehabt. Unter der Brücke lag ein Haufen alter Decken, ich begann darin zu wühlen. Es wurde immer wärmer, und unter der siebenten Decke fand ich ihn schließlich, sturzbetrunken und völlig unansprechbar. Der Mann wäre nicht erfroren, mit seiner Körperwärme hielt er sich unter dem Deckenberg am Leben. Und so zogen am Heiligen Abend nur zwei Leute in den Container, der dort aber nicht stehen bleiben durfte. Am nächsten Tag übersiedelten sie mitsamt ihrer neuen Bleibe in den Garten des Pfarrhauses Graz-Karlau. Der Dritte im Bunde war in der Zwischenzeit erwacht und hatte sich seinen Kollegen angeschlossen. Leider währte das Glück nur kurz, denn schon bald begannen einige

Eltern aus dem gegenüberliegenden Kindergarten, ihre Sorge wegen der drei neuen Nachbarn zu bekunden. Sie würden ihre Bierflaschen überall liegen lassen und auch sonst Schmutz hinterlassen. Die Männer mussten außerdem ihre Toilette im Kindergarten erledigen, da es im Container keine Möglichkeit dafür gab. Es funktionierte nicht, wir mussten uns auf die Suche nach einem neuen Stellplatz machen. Am besten nach einem Ort, an dem alle 13 Container Platz hatten.

An vielen Orten wurden wir abgewiesen. Am schlimmsten traf es uns in Straßgang, in der Nähe von Schloss St. Martin. Dort gab es Wohnsiedlungen und daneben eine große, freie Wiese. Die steirische Landesregierung hatte uns das Aufstellen von Wohncontainern dort bereits genehmigt, die Nachbarschaft leistete jedoch erbitterten Widerstand. Sofort wurde ein Transparent auf der Wiese aufgestellt: *NEIN ZU OBDACHLOSENGETTO* stand darauf geschrieben.

Am 15. Oktober 1993 kam es zu einer sogenannten Bezirksversammlung. Auf der Einladung war wörtlich zu lesen: *Wenn Sie auch gegen das Projekt sind, bitten wir Sie, Ihrem Unmut freien Lauf zu lassen!* Mindestens 200 Leute kamen, und es ging sehr wild zu. Ein Journalist, der bei einem Seiteneingang stand, wurde Ohrenzeuge eines kurzen Dialogs zweier Versammlungsgäste: Warum er denn gekommen sei, fragte der eine. Der andere antwortete: „Ich wollt' sehen, wie's den Pfarrer blutig außitragen." Mein Nachbar, auch ein Journalist, meinte im Anschluss zu mir, er habe schon viele Bürgerversammlungen erlebt, aber so viel geballter Hass sei ihm bisher noch nicht begegnet.

Ich hatte zwar keine Angst, aber ich war weiß wie die Wand, mein Blutdruck sackte ins Bodenlose. Kurz über-

ließ man mir das Wort, doch ich wurde von der Menge sofort niedergebrüllt. Es war hoffnungslos, und so erklärte ich an diesem Abend, wir würden das Projekt hier nicht durchführen.
Die Vorurteile gegen die Obdachlosen waren haarsträubend: Es seien Kriminelle, Kinderschänder, Frauenbegrapscher, Taschendiebe, die den schönen Bezirk versauen würden. Interessant war, dass der damalige FPÖ-Bezirksobmann erklärt hatte, er würde uns gerne unterstützen, sollten wir das Dorf an einem anderen Platz errichten. Viele schlossen sich dieser Haltung an, und ich sollte mich zu gegebenem Zeitpunkt noch daran erinnern.
Damals tauchte ein Flugzettel auf, in dem den siegreichen Anrainern gratuliert wurde. Die Zeilen auf diesem Papier waren so unglaublich, dass ich mir bis heute nicht sicher bin, ob sie nicht als Provokation gedacht waren.

*

Schon einmal hatte mich die Pfarre St. Leonhard mit meinem Anliegen abgewiesen. Ich wollte es noch einmal versuchen und bat, die Gemeinde solle sich die Angelegenheit abermals durch den Kopf gehen lassen. Schließlich kam es im Rahmen eines Sonderpfarrgemeinderats in Anwesenheit des Bürgermeisters und des Grazer Sozialamtsleiters zu einer Vereinbarung. Wir durften unsere Container einen Winter lang auf einem Erweiterungsgebiet des Friedhofs von St. Leonhard aufstellen und sie Obdachlosen zur Verfügung stellen.
Schnell war ein erster Aufstellungsplan erstellt. Dann gingen wir auf eine regelrechte Schnorrtour, denn auf dem Grundstück waren jede Menge Arbeiten zu verrichten. Es musste eingeebnet und geschottert werden, ein Ka-

nal musste her, Betonfundamente waren zu gießen, wir brauchten Wasser-, Strom- und Telefonleitungen. Die Firmen wollten uns gerne helfen, doch als ich ihnen sagte, es sei Mitte November und in zwei Wochen solle das Ganze fertig sein, reagierten alle recht belustigt. Der Herr Pfarrer würde wohl nicht viel Ahnung vom Baugewerbe haben. 14 Tage später war alles erledigt.

Drei Tage vor der Eröffnung sollten die Container überstellt werden. An diesem Tag herrschte dichtes Schneetreiben. Drei Tieflader waren quer durch die Stadt unterwegs, die Polizei war so liebenswürdig, die Leonhardstraße inklusive der Straßenbahntrasse mehrmals zu sperren. Ein Kran hievte die Blechhütten schließlich über die Friedhofsmauer an ihren Platz.

Am nächsten Tag räumten wir die Möbel ein. Am übernächsten, am Abend des 1. Dezember 1993, zogen 13 Männer im VinziDorf ein.

Wir hatten im Vorfeld kleine, handgeschriebene Zettel unter den Obdachlosen verteilt, die regelmäßig zum VinziBus kamen. Darauf stand: *Aufnahme von obdachlosen Grazern im Containerdorf von Pfarrer Pucher. Mittwoch, 1. Dezember 1993, 17 Uhr, Pfarre St. Leonhard (gegenüber Landeskrankenhaus).*

Der Verwaltungscontainer war hell erleuchtet. Der Bürgermeister, die Vorsitzende des Pfarrgemeinderats mit dem Dechanten von St. Leonhard und ich begrüßten die Gäste. Ein paar Flaschen Wein standen bereit, ein heimlicher Spender hatte uns ein Buffet zukommen lassen.

Bei den neuen Bewohnern wie bei den jungen Mitarbeitern der Vinzenzgemeinschaft herrschte eine tiefe, innere Freude. Die Gesichter waren voller Glück über das Wunder, das geschehen war. Von nun an musste niemand mehr unter der Brücke schlafen oder gar erfrieren. Noch

am selben Abend kamen wir in einem der Container zu einer recht beengten Besprechung zusammen, bei der auch Suppe ausgeteilt wurde.
Damals waren wir uns noch nicht der Tragweite unseres Unternehmens bewusst. Wir freuten uns einfach über etwas, das im Vorfeld auf so viel Widerstand gestoßen war und von dem uns so viele abgeraten hatten. Nun war es gelungen – mit Gottes Hilfe, wofür ich ihm bis heute innigst dankbar bin.
Zu Weihnachten stand ein hell erleuchteter Christbaum mitten im Dorf, es gab Geschenke für die Bewohner, und für die meisten waren es die ersten Weihnachten im Warmen seit sehr langer Zeit. Endlich wieder ein Bett, endlich Menschen, denen ihr Schicksal nicht egal war. Für die Männer war es immer nur abwärts gegangen, nun sollte es besser werden. Sie begannen wieder zu leben, manche sogar in die Zukunft zu schauen und Erwartungen an sich selbst und ihre Mitmenschen zu stellen.
Zu Beginn maßen wir dem Thema Alkohol keine große Bedeutung zu. Doch recht bald sollten wir uns die Frage stellen, ob das Projekt in dieser Weise wirklich durchzuführen war. Die ersten Tage gab es keine Probleme, doch dann kam die Jahreswende, und da floss einiges an Alkohol. Die Bewohner waren in Feierlaune, und so wurde es laut und spät. Das wurde in den darauffolgenden Tagen und Wochen zur Gewohnheit, vor drei Uhr früh ging selten jemand schlafen. Immer wieder musste ich dazwischengehen und dem einen oder anderen eine Flasche entwinden, um sie vor seinen Augen auszuleeren. Ich brüllte die Leute an, sie sollten nicht so unachtsam mit ihrem neuen Heim umgehen.
Nur wenige Meter von uns entfernt wohnte in einem kleinen Haus unser einziger direkter Nachbar. Er kam immer

wieder, um die Radios leiser drehen zu lassen und auch sonst Ruhe einzumahnen. Der Mann war Offizier des Bundesheeres, und wir fürchteten seine Reaktionen.
Auch sonst gab es nicht nur Freude über unser Projekt. Ein Mitglied der Gemeinde St. Leonhard war aus Protest aus der Kirche ausgetreten. Er wohnte zwar weit weg vom VinziDorf, trotzdem war ihm die Existenz einer Obdachlosensiedlung in derselben Gemeinde ein Gräuel. Und die alten Frauen, die regelmäßig auf den Friedhof gingen, gaben vorher in der Pfarrkanzlei ihre Handtaschen ab. Sie fürchteten sich davor, dass plötzlich ein VinziDorf-Bewohner hinter einem Grabstein hervorspringen und sie berauben könnte.
Ich verstand diese Ängste, auch wenn ich sie nicht als real empfand. Aber der vorangegangene Wirbel um das Projekt hatte die Menschen verunsichert, und unsere Gegner hatten nichts unversucht gelassen, um die Obdachlosen ständig zu diskreditieren.
Im ganzen Bezirk Straßgang ließ ich damals den vervielfältigten Zeitungsartikel über die Eröffnung des VinziDorfes mit der Angabe unserer Kontonummer verteilen. Die Leute wollten uns doch unterstützen, wenn wir nur von ihrer Wiese verschwinden würden. Einmal mehr wurde mir die Schäbigkeit und Unehrlichkeit dieser Welt bewusst. Die großmäulig angekündigten Spenden der Leute rund um den FPÖ-Bezirksvertreter waren schlussendlich so mickrig, dass es eine Schande wäre, die Summe überhaupt zu erwähnen. Ich rief den Mann an und erzählte ihm, wie viel von seinem großzügigen Aufruf übrig geblieben war, und erinnerte ihn an sein Versprechen: Nun sei es an der Zeit, endlich das VinziDorf in St. Leonhard zu unterstützen. Tatsächlich finanzierte er schließlich die Dorfbeleuchtung. Ich gestehe: Das war mir eine späte Genugtuung.

VINZIDORF 4

2

3
GEMMA HAM

4

5
VINZIDORF 17
SKOL
SKOL

1 Sommerstimmung im VinziDorf
2 Die „Heiligengalerie" – Bilder der Verstorbenen in der Kapelle des VinziDorfes
3 „Daham"
4 „Heute nur ein kleiner Schnaps ..."
5 Die VinziDorf-Bewohner mit ihrem „Voda"
6 „Wie geht's Ihnen heut?"

Ich habe alle damaligen Presseartikel über das VinziDorf aufgehoben. Wenn man sich diese Sammlung heute anschaut, ist eines auffällig: Über das Projekt wurde durch die Bank positiv berichtet, nicht nur von den Zeitungen, auch von Radio und Fernsehen. Die Medien standen prinzipiell immer auf unserer Seite. Doch es gab auch die eine oder andere Parteizeitung, die nicht eben freundlich über uns schrieb. Der SPÖ-Bezirksvorsteher von Straßgang bedankte sich zum Beispiel in seiner Postille bei den Lesern für den gemeinsamen Kampf gegen das schreckliche Obdachlosenprojekt. Und auch die ÖVP Straßgang reagierte in ihrer Zeitung „Bezirkstrommler" mit einer unglaublich geschmacklosen Karikaturenserie auf unser Engagement für Obdachlose. Als die Zeitungen über diese Veröffentlichung berichteten, bekam ich kurze Zeit später Besuch vom damaligen Stadtparteiobmann der ÖVP, dem heutigen Bürgermeister Siegfried Nagl, der sich für die Entgleisung entschuldigte. Der „Bezirkstrommler" wurde in der Folge eingestellt.

*

In unserem Idealismus waren wir bemüht, den Obdachlosen alles zu bieten, was möglich war. Schon bei der Eröffnung des VinziDorfes hatten sich 27 Menschen bereit erklärt, ehrenamtlich mitzuhelfen. Wir hatten nichts und mussten alles erbetteln. Die Mitarbeiter waren mit Feuereifer bei der Sache. Sie organisierten Hilfsgüter und halfen bei der Betreuung unserer Gäste. Niemand hat je über ein Zuviel an Arbeit geklagt, alle waren begierig, möglichst oft dranzukommen.
In dieser Euphorie bemutterten wir die Männer von vorne bis hinten. Es war eine Art Überversorgung. Der Grundgedanke war an sich nicht falsch. Aber wir hatten eines nicht bedacht: Je weniger die Leute gefordert waren, desto geneigter waren sie, nur an der Flasche zu hängen. Was immer öfter zu kleineren und auch größeren Konflikten führte – Eskalationen, die man uns vorausgesagt hatte.
Im VinziDorf arbeiten größtenteils Frauen. Keiner von ihnen ist je auch nur das Geringste passiert. Nur an einem Abend bekamen es zwei Mitarbeiterinnen einmal gehörig mit der Angst, was letzten Endes dazu führte, dass sich die beiden im Verwaltungscontainer einschlossen. Ich war an diesem Tag in Salzburg, um einen Vortrag zu halten, und hatte vor, dort zu übernachten. Spät abends bekam ich einen Anruf: Im Gemeinschaftscontainer im VinziDorf herrsche ein Riesenwirbel, und die Betreuerinnen könnten der Sache nicht Herr werden. Ich fragte, was um Himmels willen denn los sei. Als meine Mitarbeiterin am Telefon schilderte, wie es im VinziDorf gerade zuging, sagte ich ihr, sie sollten die Polizei verständigen. Das hätte sie bereits versucht, antwortete sie. Doch die würden nicht kommen. Ich setzte mich ins Auto und fuhr noch in der Nacht nach Graz, direkt ins VinziDorf.

Als ich den Gemeinschaftscontainer betrat, bot sich mir ein chaotischer Anblick. Ein paar Männer lagen schnarchend auf dem Boden, in ihrer Mitte ein zertrümmerter Tisch. Ich nahm ein abgebrochenes Tischbein, holte weit aus, schlug es mit voller Wucht auf die am Boden liegende Tischplatte und brüllte: „Seid ihr verrückt? Warum macht ihr alles kaputt? Was glaubt ihr, was wir hier für euch tun? So eine Schweinerei! Das lasse ich mir nicht bieten! Wer hat das hier zu verantworten?“ Verschüchtert fielen drei Namen. „Diese Männer werden das VinziDorf augenblicklich verlassen!“ Ich war außer mir. „Sie dürfen heute Nacht nicht im Dorf schlafen!“ Die drei Beschuldigten wehrten sich und wiesen jede Verantwortung von sich. Es war mir egal. „Ihr habt bis vor Kurzem ohne mich gelebt, also wird diese eine Nacht ohne mich wohl kein Problem sein! Raus!“ Sie gingen. Ich wusste nicht, wo sie die Nacht verbringen würden, es hat mich in diesem Moment auch nicht interessiert. In diesem Moment war es die einzige Möglichkeit, für Ordnung zu sorgen.
Wir beriefen eine Mitarbeitersitzung ein, um nach einer nachhaltigen Lösung zu suchen. Da kam der Vorschlag, den Dorfbewohnern das Mittagessen im Dorf zu streichen, um sie dazu zu zwingen, einmal am Tag ihr bequemes Heim zu verlassen und sich in Bewegung zu setzen. Wenn sie Hunger hätten, könnten sie ohnehin eine Essensausgabestelle aufsuchen, um sich dort unentgeltlich eine warme Mahlzeit zu holen. Wir stimmten über den Vorschlag ab. Einstimmig beschlossen wir schließlich, das Mittagessen künftig ausfallen zu lassen. Es gab allerdings immer Brot und verschiedene Aufstriche, die den Bewohnern jederzeit zur Verfügung standen.
Das war die erste Wende. Die Männer begannen langsam, sich ein wenig besser zu organisieren. Sie fingen auch an,

im Dorf mitzuhelfen. Bald hatten wir einen Koch und einen fixen Putzdienst, der von vornherein vorgeschrieben war. Schritt um Schritt wurde es besser, die harte Hand wurde angenommen. Die Bewohner hätten auch gar keine Möglichkeit gehabt, sich dagegen aufzulehnen. Ich war fest entschlossen, hart durchzugreifen und für Ordnung im Dorf zu sorgen.
Ich hatte nie Zweifel daran gehabt, dass unser Projekt eines Tages reibungslos funktionieren würde. Aber es gab Leute, die das anders sahen und uns dringend rieten, ein Alkoholverbot im VinziDorf einzuführen. Doch das kam für mich nicht in Frage. Ich hätte im Fall des Falles von meinem Vetorecht Gebrauch gemacht, selbst wenn meine Mitarbeiter geschlossen für solch ein Verbot gewesen wären. Ich hätte sie im schlimmsten Fall alle entlassen und das Dorf allein weitergeführt. Wenn im VinziDorf Alkohol verboten worden wäre, hätten wir bald keine Bewohner mehr gehabt. Sie hätten dann wieder unter der Brücke und in Abbruchhäusern geschlafen.
Es ist nicht möglich, den Menschen mit Zwang ihre Sucht zu nehmen. Ein wichtiger Grundsatz im VinziDorf ist es, dass dort getrunken werden darf. Gleichzeitig lautet die Grundregel: keine Gewalt. Uns war zu Beginn prophezeit worden, dass es im Dorf früher oder später zu gewalttätigen Auseinandersetzungen kommen würde. Doch außer ein paar Ohrfeigen oder Rempeleien ist bis heute nie etwas vorgefallen. Es war ein Lernprozess, er war schwierig und dauerte seine Zeit.
Wenn ich gefragt wurde, welches Konzept wir eigentlich hätten, antwortete ich immer: „Gar keins. Wir können nichts auf den Tisch legen. Wir können nur erzählen, was wir tun.“ Von verschiedenen Seiten warf man uns immer wieder vor, wir würden die Menschen nur verwahren und

ihnen keine Zukunftsmöglichkeiten bieten. Auch von einzelnen Vertretern der Stadt Graz wurden wir so gesehen. Ich pflegte gerne zu sagen: „Wenn Sie ein besseres Konzept haben – bitte gerne! Nehmen Sie die Leute!" Natürlich war dazu niemand bereit. Diese Leute verlangten von uns etwas, wozu sie sich selbst außerstande sahen. Ich empfand das als recht zynisch.
Es dauerte etwa ein halbes Jahr, bis wir mit dem Thema Alkohol halbwegs umgehen konnten. Und noch etwas war in diesem Zusammenhang klar geworden. Die Männer kannten sich zu Beginn untereinander kaum, waren recht willkürlich zusammengewürfelt in den Containern, in denen sie anfangs zu dritt schliefen. Später haben wir auf die Rückzugsbedürfnisse der Bewohner mehr Rücksicht genommen.
Die Mitarbeiter machten zwischen den Leuten keinen Unterschied und behandelten alle gleich. Das führte schließlich zu etwas, das ich als „Common Sense" bezeichnen würde. Ein gemeinsames Bewusstsein, an dem alle teilhatten, Bewohner, Mitarbeiter und Unterstützer: Wir sind das VinziDorf.

*

Bald stellte sich heraus, dass es schwierig war, die Menschen von ihren alltäglichen Gewohnheiten abzubringen. Ein heikles Kapitel war die Hygiene. Wir hatten einen Sanitärcontainer mit zwei Duschen und drei WCs. Die einen waren froh über die Möglichkeit, sich regelmäßig pflegen zu können. Die anderen wollten oder konnten die Sauberkeit im Dorf nicht einhalten.
Viele Obdachlose sind inkontinent. Durch die Kälte ziehen sie sich oft Nieren- und Harnwegsentzündungen zu. Eini-

ge Dorfbewohner hatten ständig nasse Hosen, so schnell hätte man die Wäsche gar nicht wechseln können. Wir richteten einen Container ein, der für inkontinente Gäste vorgesehen war. Die Betroffenen mussten die Tür sogar im Winter offen lassen, weil sie selbst den Ammoniakgestank nicht ertragen konnten. Bekanntlich kann Inkontinenz auch psychische Ursachen haben. Interessanterweise war nach ein paar Monaten im VinziDorf die Blasenschwäche bei den meisten vorbei.

Ein besonderer Fall war Herr Grasser, er ist schon gestorben. Ich kannte ihn schon lange. Er war einer der Bewohner des ersten Containers im Garten von St. Vinzenz, immer sehr verwahrlost, ständig betrunken, und er konnte seinen Stuhl nicht halten. Herr Grasser war ein ehemaliger Gendarmeriebeamter, nach wie vor sehr energisch, und er ließ sich von niemandem etwas gefallen.

Eines Tages besuchte ich ihn. Damals lebte er noch in einem Abbruchhaus, einem ehemaligen Hotel. Es war auffällig, dass – so schmutzig es um ihn herum war – er seinen Schlafplatz penibel sauber hielt. Schmutz kann den Menschen schädigen und ihn kaputt machen, das hatte Herr Grasser verstanden. Schmutz ist für alle Armen dieser Welt fixer Bestandteil ihrer bedrückenden Lebenssituation. Schmutz macht krank und ist für zivilisierte Gesellschaften etwas, das belastet. Schmutz ist auch ein Symbol dafür, was ein armer Mensch für viele darstellt: Abfall. Darum war es uns so wichtig, dass die Bewohner des VinziDorfes anfingen, sich zu pflegen.

Herr Grasser wohnte später im VinziDorf. Die Mitarbeiter konnten ihn jedoch nicht dazu bringen, sich zu duschen. In schwierigen Situationen wurde ich meist gebeten, einzuschreiten, so war es auch diesmal. Ich betrat seinen Container, in dem es bestialisch stank. Herr Grasser lag im Bett

und nahm weiter keine Notiz von mir. Ich stellte mich vor ihn hin und sagte bestimmt: „Herr Grasser, wir gehen jetzt duschen!“ Er schüttelte den Kopf. Ich ließ nicht locker: „Ich werde diesen Container so lange nicht verlassen, bis Sie sich bereit erklären, mit mir duschen zu gehen! Und wenn es notwendig ist, werde ich Ihnen die Hose runterziehen und Sie mit dem nackten Hintern in den Schnee setzen!“ So ging es eine Weile weiter, schließlich gab der Mann seinen Widerstand auf. Ich brachte ihn zum Sanitärcontainer, wo ich ihn von Kopf bis Fuß wusch, weil er selber nicht stehen konnte. Er bekam neue Kleider und ein frisch bezogenes Bett. Leider währte die Freude nicht lange: Herr Grasser legte sich nieder und machte sich in die Hose.
Heute ist Hygiene im VinziDorf kein Thema mehr. Auch wenn es Bewohner gibt, die, anstatt aufs WC zu gehen, lieber die Containertür aufmachen und ihr kleines Geschäft ins Freie verrichten: Die heutige Situation ist mit der damaligen nicht zu vergleichen.
Wir haben die Männer von Beginn an auch mit Kleidung versorgt, was immer gerne angenommen wurde. Man möchte nicht meinen, dass ein Obdachloser Wert auf anständige Kleidung legt. Das große Problem aller war, dass sie ihre Wäsche nirgendwo waschen konnten. Viele haben das als schlimmer bezeichnet, als nichts zu essen zu haben. Am Anfang brauchten wir noch Unmengen von Wäsche, weil wir keine Möglichkeit hatten, zu waschen und völlig Verschmutztes nur wegwerfen konnten. Schließlich installierten wir eine und später noch mehrere Waschmaschinen.
Im VinziDorf stellte sich bald heraus, dass die Gäste das Wort „Sandler“ als schwer diskriminierend empfanden. „Ich bin kein Sandler!“ war eine Haltung, die alle einte. Mit ordentlicher Kleidung fielen die Männer auch nicht gleich auf.

Die Freude über das Projekt VinziDorf war immer noch allgegenwärtig. Der Tatendrang mancher war so groß, dass ständig neue Ideen geboren wurden, was man den Bewohnern noch Gutes tun könnte. Auch Arbeit versuchten ihnen einige zu verschaffen, was allerdings nahezu aussichtslos war. Die Körper dieser Menschen waren ausgezehrt, die jahrelange Alkoholsucht und das erbärmliche Leben auf der Straße hatten die Leute verbraucht, und niemand war in der Lage, acht Stunden am Tag zu arbeiten. Es gab einige, die bei Gartenarbeiten im Bezirk halfen, Laub rechten und Schnee schaufelten. Andere begannen, die Gräber auf dem Friedhof St. Leonhard zu pflegen, wieder andere bastelten Vogelhäuser, die anschließend verkauft wurden. Aber zu einem geregelten Leben mit festem Wohnsitz und einer fixen Arbeit war keiner von ihnen mehr in der Lage. Das hatten wir bald verstanden, und so versuchten wir auch nicht mehr, daran zu glauben und die Menschen zu irgendetwas zu bewegen, wozu sie nicht willens oder mächtens waren.

Ein Thema, das uns von Anfang an begleitete, war Geld. Ein Drittel der Bewohner bezog eine Pension oder Arbeitslosengeld, das zweite Drittel bekam Sozialhilfe, und das dritte hatte kein Geld. Diese Menschen mussten sich irgendwie durchschnorren. Wer Geld besaß, durfte es nicht restlos für Alkohol ausgeben. Jeder Dorfbewohner musste zehn Schilling pro Tag für den Aufenthalt im VinziDorf bezahlen. Wer Geld zum Versaufen hatte, konnte auch zu seiner Versorgung beitragen.

Am Anfang gab es Widerstand von einigen wenigen, heute bezahlt jeder eine kleine Summe für sein Quartier im Dorf. Alle Bewohner haben mittlerweile ein fixes Einkommen. Wenn jemand kommt, der mittellos ist, beantragen wir für ihn Sozialhilfe, was auch stets gelingt.

Auch Besucher kamen immer wieder. Zu Beginn waren wir uns noch nicht sicher, wie die Männer auf Gäste reagieren würden. Es stellte sich jedoch bald heraus, dass die Bewohner sehr gerne Besuch bekamen. Manche brachten auch Alkohol mit, den wir anfangs zurückbehielten. Wir entschlossen uns dann aber doch, Wein und Bier weiterzugeben, nicht jedoch harte Getränke.
Eines Abends wurde der Dechant Ohrenzeuge, wie zwei Bewohner sich unweit des VinziDorfes angeheitert miteinander unterhielten. Irgendwann legte der eine dem anderen die Hand auf die Schulter und sagte: „Gemma ham." Genau das war es. Der eigentliche Sinn des Projekts war klar geworden: Wir geben Menschen ein Zuhause, die keines haben. Das VinziDorf ist nichts anderes und will es auch nicht sein. Kein Ort, an dem unbedingt strenge Regeln herrschen müssen. Theoretisch ist alles möglich. Das einzige Verbot ist das Gewaltverbot.
Anfangs ließen wir Besuche von Frauen nicht zu, sie kamen aber ohnehin selten. Die meisten Bewohner haben kaputte Beziehungen hinter sich, manche haben auch Kinder, die wenigsten wollen noch etwas mit Frauen zu tun haben. Die Männer sind von den Frauen und auch von sich selbst enttäuscht. Die einzigen liebevollen, wohl auch mütterlichen Verbindungen gibt es zu den Mitarbeiterinnen. Jeder Bewohner mag eine der Frauen ganz besonders. Die Männer machen kleine Geschenke, Blumen oder Schokolade, und sitzen gerne mit ihren Auserwählten zusammen, um zu plaudern. Wir schreiben den Bewohnern nichts vor, auch nicht, wie sie mit ihrer Sexualität umgehen sollen. In zwei oder drei Containern hängen Bilder von nackten Frauen, aber bei der Mehrheit der Männer scheint das körperliche Interesse am weiblichen Geschlecht nicht mehr vorhanden zu sein.

Die Bewohner genießen es, bemuttert zu werden. Das ist der eigentliche Grund, warum das VinziDorf den Menschen Heimat ist. Da geht es nicht nur um ein Dach über dem Kopf, um warmes Essen und die Möglichkeit, sich zu waschen. Da geht es darum, gemocht zu werden. Diese beiderseitige Herzensbeziehung macht das VinziDorf zu etwas Einmaligem, Unübertroffenem. Ich kann mir keine andere Einrichtung vorstellen, in der so viel Wärme spürbar ist wie in dieser.

Zwei wichtige Dinge fehlten uns noch: eine Dorfkirche und ein Friedhof. Wir ließen einen der Container von einem Künstler zu einer Kapelle umgestalten. Der Raum ist sehr schön und edel geworden. In diesem Container hängen wie Heiligenbilder die Fotos der verstorbenen Bewohner, so bleiben sie in unserer Mitte.

Auf dem St. Leonhard-Friedhof haben wir einen kleinen Bereich unter einer großen Fichte für uns gemietet. Der Zugang zu diesem Bereich wurde von einem Grazer Künstler gestaltet, die Grabplatten goss eine Berliner Künstlerin gemeinsam mit den VinziDorf-Bewohnern. Jeder durfte Gegenstände, die ihm wichtig waren, hineindrücken in die weiche Form. Diese Platten wurden bereits im Künstlerhaus Graz ausgestellt. Die oberen Enden der Grabkreuze werden von einem umgekehrten Herz gebildet – das Herz Gottes, das von oben kommt und den Menschen zu sich holt, auch jenen, der sonst kaum Liebe im Leben erfahren hat.

Die Begräbnisse im VinziDorf zählen zu den bewegendsten Ereignissen. Eine Todesanzeige kommt in die Zeitung, und für jeden wird auch ein Totenbildchen gedruckt. Alle kommen zusammen, es wird nicht getratscht, jeder hält eine Blume in der Hand. Wenn alle dann schweigend vor dem Grab stehen, kommt es immer wieder zu berührenden Szenen. Einmal warf jemand einen kleinen Teddybären ins Grab nach – ein Kuscheltier als Grabbeigabe für einen erwachsenen Mann. Von Mann zu Mann. Auch Spielkarten werden manchmal nachgeworfen, damit es dem Verstorbenen nicht langweilig wird im Jenseits. Und es war auch schon zu hören, man sei dem Toten noch einen Doppler schuldig, den würde man später miteinander trinken. An das Weiterleben nach dem Tod glauben alle, und auch an das Wiedersehen.

Auch ich werde einmal auf diesem Friedhof begraben werden, das ist mein inniger Wunsch. Das VinziDorf ist in all den Jahren ein Ort für mich geworden, der nach meinem Elternhaus zum wichtigsten Bezugspunkt meines Glaubens, meines Lebens, meiner Erwartungen und auch meiner Zukunftsvorstellungen geworden ist. Wenn es mir nicht gut geht, fahre ich oft dorthin, ohne irgendwelche Erwartungen. Immer gibt es jemanden, der mich aufrichtet. Was mich dabei am meisten freut: Die Männer sagen „Voda" zu mir, Vater. Auch diejenigen, die älter sind als ich. Ein schöneres Wort kann man als Pfarrer gar nicht geschenkt bekommen.

Im VinziDorf wird nur der Mensch aufgenommen, der nirgendwo sonst unterkommt. Im VinziDorf leben zumeist Menschen ohne Zukunftsvisionen, und einige kommen auch, um dort zu sterben. 30 Männer haben wir seit der Gründung des Dorfes begraben, auch junge Leute. Der Mensch kann auch in jungen Jahren schon sehr alt sein. Wenn er mit seinem Leben innerlich abgeschlossen hat, nichts mehr will und eigentlich nur noch auf den Tod wartet, ist er gebrochen und der Ewigkeit und seiner Vollendung schon sehr nahe, egal ob alt oder jung.

ICH CHABEN
HUNGAR
DANKE SCHÖN

Saat der Hoffnung

Am 18. November 1996 fand in Graz eine große Razzia statt. Sie richtete sich gegen die damals im Straßenbild gegenwärtigen Bettlerinnen mit ihren Kindern, die größtenteils aus Bosnien stammten. In großer Formation marschierte die Polizei durch die Herrengasse und forderte die Frauen auf, ihre Pässe vorzuweisen. So manch ein Kind musste an jenem Tag mit erhobenen Händen an der Wand stehen. Über die Art und Weise dieses Einsatzes gibt es Presseberichte, die ich aufbewahrt habe. Diese martialische Amtshandlung führte dazu, dass die Frauen voller Schreck ihr Hab und Gut zusammenrafften und mit ihren Kindern noch in der folgenden Nacht aus Graz verschwanden.

Tags darauf waren die Medien voll von selbstbewussten Kommentaren, die sich in ihrem Lob für die Arbeit der Exekutive förmlich überschlugen. Endlich seien diese armen Kinder von diesem Elend, auf der Straße sitzen und betteln zu müssen, erlöst. Ich schrieb einen recht empörten Leserbrief, in dem ich meinem Ärger Luft machte. Die Grazerinnen und Grazer könnten jetzt stolz sein, dass diese Kinder nun nicht mehr in Graz, sondern in Sarajevo oder Mostar betteln würden, wo es noch kälter und schmutziger sei. *Ich wünsche jedem, wenn er unter dem Christbaum sitzt, dass er dem Herrgott dafür dankt, den Kindern gegenüber diese großzügige Haltung eingenom-*

men zu haben. Sie sind jetzt aus diesem schrecklichen Graz gerettet und können ihre Not dort bekämpfen, wo sie hergekommen sind.

Schon vor jenem verhängnisvollen Tag im November hatte ich versucht, mit den Bettlerinnen Kontakt aufzunehmen, denn ihre Lage war fürchterlich. Mit einer der betroffenen Frauen war bereits ein Termin für ein Gespräch in der Kanzlei vereinbart, bei dem wir gemeinsam über eine Lösung nachdenken wollten. Es ging auch darum, dass die Bevölkerung diese Menschen akzeptieren und ihre Not ernst nehmen sollte.

All das war mit diesem Tag im November überflüssig geworden.

Eine Zeit lang gab es in Graz überhaupt keine Bettler mehr. Erst nach und nach tauchten wieder ein paar Männer und vereinzelt auch Frauen auf. Es war ein nasskalter Winter, und die Leute saßen in den Grazer Straßen auf dem Boden, meist mit einem Hut vor sich und einem Pappschild, auf dem geschrieben stand: *Ich chaben Hungar, danke schön.* Manche hatten auch Fotos ihrer Kinder dazugelegt.

Wie alle anderen Bewohner von Graz nahm auch ich die am Boden kauernden Menschen wahr. Und ich fragte mich, wo sie wohl schlafen würden. Ich kann mich nicht daran erinnern, dass dies irgendjemanden sonst interessiert hätte. Bis auf eine Frau, die mit den Leuten von sich aus Kontakt aufgenommen hatte und fünf Straßenmusiker in ihrem Keller nächtigen ließ.

Ich versuchte, mit den Bettlern ins Gespräch zu kommen. Immer wieder fragte ich sie: „Wo schlafen?" Nie bekam ich eine Antwort. Ich wusste nicht, woher sie kamen und welche Sprache sie sprachen. Mir ließ ihre Situation keine Ruhe. Die Lage dieser armen Menschen raubte mir zeitweilig den Schlaf.

Eine junge Studentin konnte mir schließlich weiterhelfen. Sie war Slowakin und sprach mehrere Sprachen. Wir gingen zum sogenannten Meinl-Eck auf dem Grazer Hauptplatz, wo regelmäßig ein schmächtiger Mann mit dicken Brillen und schwarzem Wuschelhaar in sich zusammengesunken am Boden saß. Es stellte sich heraus, dass er Ungarisch sprach. Ich lud ihn zum Mittagessen ins Gösser-Bräu ein. Für die Zeit, die er dafür nichts auf der Straße erbetteln konnte, bot ich ihm Ersatzgeld an. Dankend nahm er an. Beim Essen stellte ich ihm mithilfe meiner Dolmetscherin eine Reihe von Fragen: Ob er allein hier sei? Nein, mit seinem Bruder, seiner Schwägerin und noch zwei Verwandten. Wie er hergekommen sei? Mit einem kleinen, 20 Jahre alten Lada. Und woher sie kommen würden? Aus dem kleinen Dorf Hostice in der Ostslowakei. Die Lebenssituation für Roma sei trist, erzählte der Mann, der Schani hieß, weiter. Die Arbeitslosigkeit liege bei fast 100 Prozent, die Chance auf einen Arbeitsplatz sei schlichtweg nicht vorhanden. Die Sozialhilfe mache etwa einen Euro pro Person und Tag aus, und davon könne man beim besten Willen nicht leben. Und so seien sie gezwungen, in andere Länder zu fahren und dort zu betteln.
Wo er und seine Leute denn schlafen würden, fragte ich ihn. In einer öffentlichen Toilettenanlage im Stadtpark, antwortete er. Ich war erschüttert. Ob er mir den Standort beschreiben und ich sie dort besuchen kommen könne? Schani nickte zustimmend.
Am Abend machte ich mich auf den Weg zu dem runden Gebäude gegenüber vom Künstlerhaus. Zu fünft nächtigten dort die Menschen auf Kartons unter mitgebrachten Decken. Es waren keine Kinder da, nur eine Frau. Die Heizung funktioniere bis 24 Uhr, und spätestens ab 20 Uhr würden die Toiletten von außen verriegelt. Einer von

ihnen ginge immer frühzeitig hinein, um die später Kommenden hineinzulassen, erzählten sie. Wie viele sie denn seien, fragte ich. Insgesamt wohl etwa 50, gaben sie zur Antwort. Sie alle würden entweder in öffentlichen Toiletten oder in ihren Autos übernachten. Zu fünft in einem Lada, Skoda oder Polski Fiat, auch bei Minusgraden. Geld für Essen hätten sie nicht, denn sie müssten alles für ihre Familien aufsparen. Der einzige Grund, warum sie hier seien, sei ihre große Not. Am nächsten Tag lud ich die fünf ins VinziNest ein. Es war voll belegt, aber wir konnten für die neuen Gäste noch Platz schaffen.

Wir wollten unbedingt mehr über diese Menschen erfahren, und so verteilten wir kurze Zeit später kleine Zettel mit ungarischen Zeilen unter den Bettlern. Es war eine Einladung zu einer Versammlung im Pfarrsaal der Franziskanerkirche. Unsere Pfarre schien mir zu entlegen, und ich hatte Angst, die Leute würden uns nicht finden, zumal sie gar nicht wussten, wen sie dort eigentlich treffen sollten. Wir hatten zu dieser Zusammenkunft auch Vertreter der Caritas, der Stadtgemeinde und der Vinzenzgemeinschaft eingeladen, die Dolmetscherin stand bereit, Gulasch, Bier und Cola waren für die Gäste vorbereitet. Wir wussten nicht, ob überhaupt jemand unserer Einladung folgen würde, doch schließlich waren etwa 25 Leute in den Pfarrsaal gekommen. Wir baten sie, uns ihre Situation zu schildern, und sie erzählten:

Es sei schlimm, sich nirgendwo waschen zu können und in der Enge der Autos oder der Toilettenanlagen schlafen zu müssen. Die Nächte seien eine Qual. Sie könnten sich hier kein Essen leisten, daher würden sie für die 14 Tage, die sie hier verbrächten, alles von zu Hause mitbringen, Dauerwurst, Speck und Brot. Angst hätten sie vor allem vor der Polizei, die sie immer wieder unsanft behandeln würde. Sie würden von den Plätzen vertrieben, und manche hätten auch schon Strafmandate erhalten und Einreiseverbote auferlegt bekommen.

Wir versprachen den Leuten an diesem Tag, ihnen zu helfen. Schritt für Schritt würden wir Quartiere für sie besorgen und uns auch um ihre Verpflegung kümmern. All das würde nicht von heute auf morgen gehen, aber wir würden unser Möglichstes tun.

Die fünf Roma, die bereits im VinziDorf untergebracht waren, konnten dort bleiben. In einem Depotraum legten wir Matratzen für sie auf. Ich bat sie, mir doch einmal zu zeigen, wie viel sie an einem Tag erbettelt hatten. Unter Tränen nestelte die Frau aus ihrem Anorak sieben einzelne Schillinge und hielt sie mir entgegen. Die Männer hatten ein wenig mehr. Nun wusste ich, wie wenig sie wirklich bekamen und dass sie sich in der Tat rein gar nichts leisten konnten, wenn sie ihren Familien in der Slowakei das Überleben ermöglichen wollten.

Ich fragte die Frau, wie sie sich denn fühlen würde, wenn sie so auf der Straße hocke. Beim ersten Mal hätte sie geweint und sich sehr geschämt, antwortete sie. Mittlerweile hätte sie sich daran gewöhnt. Diese Frau kam später immer seltener nach Graz zum Betteln, da sie sich ein chronisches Nierenleiden zugezogen hatte.
Wir brauchten noch dringend Schlafplätze für die anderen Roma. Elisabeth, einem Mitglied der Vinzenzgemeinschaft, fiel schließlich ein, dass wir in einem Haus in der Vinzenzgasse 47 einen Raum hatten, der während des Umbaus des Pfarrhauses als Kanzlei benutzt worden war. Das Sprechzimmer stand in der Nacht leer. Ob das nicht eine Möglichkeit wäre, noch ein paar Menschen aufzunehmen? Ich hatte anfangs zwar kleine Bedenken, entschloss mich aber rasch, diese Idee in die Tat umzusetzen, und so hatte die nächste kleine Gruppe für die Nächte ein Dach über dem Kopf. Doch immer noch gab es Dutzende Menschen, die keinen Platz hatten. Und so rief ich sämtliche Pfarren in Graz an und bat um Obdach. Ob es nicht einen ungenutzten Raum gebe, den man den Männern zur Verfügung stellen könnte?
Es sollte bis Ostern 1997 dauern, bis es uns schließlich gelungen war, alle in Graz bettelnden Roma notdürftig mit einem Bett zu versorgen. Etwa die Hälfte aller Grazer Pfarren hatte Roma bei sich aufgenommen, und etliche Gemeindemitglieder kümmerten sich zum Teil sehr engagiert um die Leute. Auch die evangelischen Gemeinden bemühten sich sehr, vor allem die Pfarre Liebenau. Den ganzen Winter über hatte ich mit Elisabeth Nacht für Nacht nach Bettlern gesucht, die immer noch in ihren Autos schliefen. Meist standen sie auf den Autobahnparkplätzen Graz-West und Graz-Ost, doch oft wurden sie von der Polizei von dort vertrieben. Dann mussten sie weiter raus aus der Stadt, um sich einen anderen Standplatz zu suchen.

Eine der Straßen, in denen die slowakischen Autos auch gerne geparkt wurden, war die Kosgasse. Und obwohl es in dieser Gasse weit und breit kein Wohnhaus und auch kein Parkverbot gab, führten zahlreiche gehässige Anrufe bei der Polizei dazu, dass die Bettler auch von dort verjagt wurden. Die Menschen wurden praktisch kreuz und quer durch die Stadt gejagt, nirgendwo konnten sie in Ruhe die Nacht verbringen. Der Anblick dieser armen Leute, wenn sie ihr mitgebrachtes Essen vor dem Auto auf Gasbrennern wärmten, war für manche offenbar so unerträglich, dass die nächste Polizeikontrolle nicht lange auf sich warten ließ.
Nie wurde auch nur ein Halte- oder Parkverbot missachtet, und die Männer gaben sich auch immer sehr bescheiden und unauffällig.

*

In jenem Winter wollte ich auch herausfinden, wo die Bettler herkamen und wie ihre Lebensumstände waren. Und so fuhren ein paar meiner Mitarbeiter und ich eines Tages in das kleine Dorf Hostice in der Ostslowakei, um Nachschau zu halten, was die Leute am nötigsten brauchen würden. 800 Einwohner zählt der Ort, etwa die Hälfte von ihnen sind Roma, die anderen gehören der ungarischen Minderheit an.
Es war bitterkalt, Schnee lag in den menschenleeren Gassen. Aus den kleinen Häusern ragten an verschiedenen Stellen Rohre, aus denen es rauchte. Wir kamen zum sogenannten Schloss, einem alten, abbruchreifen Gebäude, das vor langer Zeit einmal recht hübsch gewesen sein muss. Es gab weder Strom noch Wasser in dem Haus und keine Toiletten. Zwölf Familien lebten dort. In ihren Wohnräumen erschütterten uns die Bilder der Armut zutiefst. Die Not war

hier zum Greifen. Ausgemergelte Kinder mit eingefallenen Gesichtern und hagere Frauen blickten uns entgegen.
In einem kleinen Häuschen ein paar Schritte weiter begegneten wir einer schmächtigen jungen Frau. Der Raum war warm und auf dem Herd stand ein Kochtopf. Ich fragte sie, wo denn ihr Mann wäre. Im Dorf betteln, erwiderte sie. Ob ich wohl in ihren Topf schauen dürfte? Die Frau zuckte die Schultern. Ich blickte hinein. Es war nichts drin, nur dampfendes Wasser. „Was werden Sie jetzt essen?“, fragte ich sie. „Ich weiß nicht, ob mein Mann etwas mitbringen wird“, gab sie zur Antwort. „Und Ihr Baby?“ Die Frau, die ihr Kind in den Armen hielt, deutete auf ihre Brust, die kaum zu sehen war. Die junge Mutter wirkte ausgezehrt, und es war kaum vorstellbar, dass sie den Säugling mit Milch versorgen konnte.
Das Elend wurde mir an diesem Tag an jeder Tür, in jedem Haus bewusst. Ich besuchte auch den Pfarrer und die damalige Bürgermeisterin von Hostice, um möglichst viele Informationen zu bekommen.
Was diese Menschen zusammenhält, ist die Gemeinschaft in den verschiedenen Clans. In dem Dorf gibt es nur wenige Familiennamen, da die meisten Leute weitschichtig miteinander verwandt sind. Die Mitglieder helfen einander aus, und die Männer der Clans fahren in Fahrgemeinschaften ins Ausland zum Betteln. Sie waren schon in Deutschland, in Italien und in der Schweiz, bevor sie nach Graz gekommen sind, und das zufällig. Als sie damals bemerkten, dass in Graz niemand bettelte – das war kurz nach der Razzia im November 1996 –, sprach es sich schnell herum, dass die Stadt eine Möglichkeit sein könnte und zudem nicht so weit weg wäre wie Mailand oder Zürich.
Im Laufe meiner Besuche in Hostice wurde mir die ganze Katastrophe bewusst, die für das Volk der Roma Alltag be-

deutet. In der Slowakei leben etwa 500.000 Roma, das ist ein Achtel der Bevölkerung und somit der größte Anteil, verglichen mit den anderen osteuropäischen Ländern. Speziell in Tschechien und der Slowakei scheint der Hass auf diese Menschen besonders groß zu sein. Ich habe einmal eine Dokumentation im ORF gesehen, in der eine Gruppe tschechischer Jugendlicher von einem Reporter interviewt wird. Im Hintergrund sind herumbalgende Roma-Kinder zu sehen. Auf die Frage, was sie denn von diesen Kindern halten, wendet sich einer der jungen Burschen direkt zur Kamera, legt einen Finger an seinen Hals und deutet eine Schnittbewegung an.

In der Slowakei kam es immer wieder zu gewalttätigen Angriffen gegen Roma. Im August 2000 wurde eine 50-jährige Frau, Mutter von acht Kindern, zu Tode geprügelt. Und in den Diskotheken kam es immer wieder zu Prügeleien, wenn jugendliche Roma dort auftauchten. Einmal wurde ich selbst Zeuge einer solchen Auseinandersetzung: Ich war mit einem Mitarbeiter in einem Hotel in der Bezirkshauptstadt Rimavská Sobota einquartiert. Im Keller des Hotels gab es ein Tanzlokal, das mein junger Kollege am Abend aufsuchte. Als er dort mit einer jungen Romni tanzte, kam ein slowakischer Jugendlicher auf ihn zu und schlug ihm mitten ins Gesicht. Sein Ruf nach der Polizei wurde achselzuckend ignoriert. Die Anwesenden empfanden den Angriff gegen den jungen Mann offenbar als einen gerechten Denkzettel. Er hatte es immerhin gewagt, als „Weißer" – den Österreicher hat man ihm ja nicht angesehen – mit einem „schwarzen" Mädchen zu tanzen. Welche Schande.

In einer Dokumentation des European Roma Rights Center wurden die Zustände in der Slowakei einmal recht eindrücklich geschildert. Es wurde von einem jugendlichen Roma namens Mario Goral berichtet, der im Sommer 1995 in einer Diskothek von einer Gruppe slowakischer Skinheads in die Zange genommen und auf den Parkplatz hinausgeprügelt worden war. Dort übergossen sie ihn mit einer brennbaren, klebrigen Flüssigkeit und zündeten ihn an. Mario erlag wenig später seinen schweren Verletzungen. Die Täter wurden gefasst, doch der Prozess gegen sie verschleppte sich. Der zuständige Richter ging während dieser Zeit in Pension, unter seinem Nachfolger kam es nie zu einer einzigen Verhandlung. Die Täter leben heute noch in Freiheit.

Es gibt einen unheiligen Konsens in der Bevölkerung, dass die Roma Schmarotzer sind, dass sie niedergehalten werden müssen, dass man für sie nichts tun darf und dass sie außerdem viel zu viele Kinder bekommen. Eines Tages, so die Befürchtung vieler, werden die Roma die Oberhand in der Slowakei erlangen.

In der Slowakei gibt es an die 300 Slums, in denen nur Roma wohnen – das Ergebnis einer langjährigen Vertreibungspolitik, in deren Zug diese Menschen von der restlichen Bevölkerung getrennt und in abgelegene Plattenbauten gesteckt wurden. Čierne Mesto, die „Schwarze Stadt", ist ein solches Ghetto. Es liegt ein paar Kilometer außerhalb von Rimavská Sobota an einem Waldrand. Dort leben offiziell 970 Leute, die Bewohner selbst schätzen ihre Zahl auf 1700. Sie sind völlig sich selbst überlassen.

Die fünfstöckigen Häuser verfügen prinzipiell über einen Stromanschluss, doch weil viele Leute die Kosten dafür nicht bezahlen können, wurde ihnen der Strom schon lange abgezwickt. In ihrer Not haben die Bewohner unerlaubterweise bei einem der Strommasten die Leitung angezapft und zur Siedlung geführt. Die Kabel hängen wie Spaghetti zwischen den Häusern und verschwinden hinter Fenstern, die wie schwarze Augen in den schmutzigen Fassaden wirken. Es gibt keine Vorhänge und selten scheint Licht. Aus vielen Fenstern raucht es, dort, wo das Ofenrohr einfach ins Freie gesteckt wurde. Ich bin einmal in eines dieser Häuser hineingegangen. Im dritten Stock lag ein toter, halb verwester Hund im Stiegenhaus. Niemanden schien es zu kümmern.

Auf dem großen Platz zwischen den Gebäuden stehen den ganzen Tag Menschen. Sie haben keine Arbeit, sie haben auch nichts, womit sie sich beschäftigen könnten. Und so stehen sie. Dazwischen balgen Kinder herum und spielen in Regenpfützen, mit Steinen und Stöckchen. In dieser Siedlung gibt es eine Schule mit einem sehr bemühten Direktor. Er kümmert sich um die Jüngsten und versucht, ihnen eine Perspektive zu geben. Dieser Mann ist ein großer Idealist und der Einzige, der Leben an diesen Ort bringt.

Das Schlimmste an diesen Slums beschreibt Karl-Markus Gauß in seinem Buch „Die Hundeesser von Svinia“: Sie sind im Grunde unsichtbar. Man sieht zwar den Schmutz, das Elend aber nicht. Die Mehrheit der Slowaken will mit den Roma nichts zu tun haben. Sie wollen sie nicht sehen und nichts von ihnen hören. Es gibt zwar eine minimale Grundversorgung, indem man ihnen Häuser zur Verfügung stellt. Doch dann überlässt man diese Menschen einfach ihrem Schicksal.

Kommt man auf den großen Platz von Čierne Mesto, starren die Leute einen an. Verwundert, empört. Ihre Blicke fragen: Was habt ihr hier zu suchen? Was hofft ihr, hier zu sehen? Wollt ihr eure Neugier befriedigen? Doch Besucher sind ohnehin sehr selten hier.

Als ich von der Siedlung gehört hatte, machte ich mich eines Tages auf den Weg dorthin. Ich wollte wissen, ob

1

2

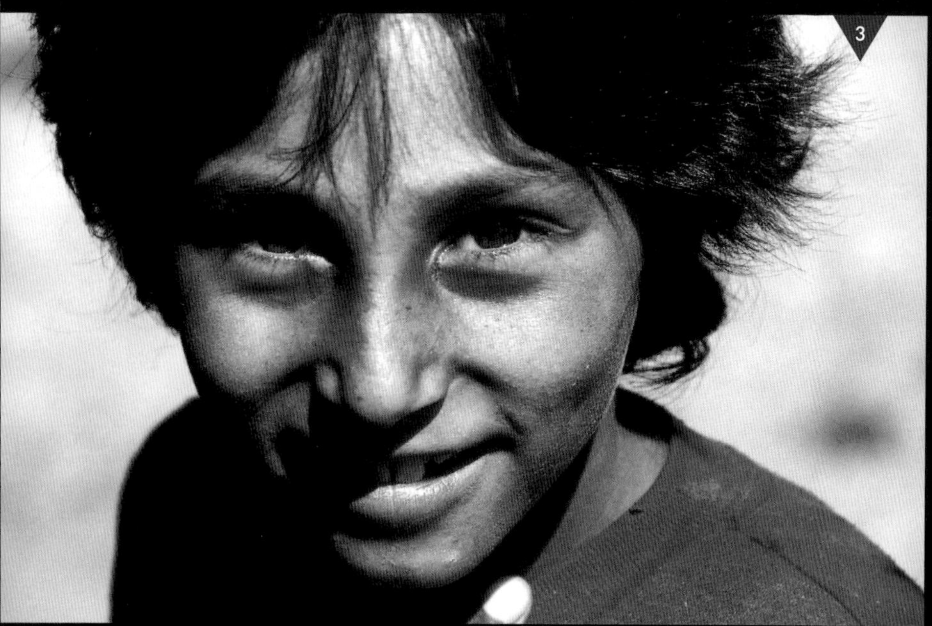
3

4

5

7

8

6

9

10

11

12

13

14

15

1–3 Die Kinder von Pavlovce
4 Wolfgang Pucher und der Bürgermeister von Hostice, Andre Berky
5–9 Čierne Mesto – die „Schwarze Stadt"
10–12 Leben in Pavlovce
13 Roma-Auto vor der Vinzenzgasse 47
14 Kinder vor dem Elendsschloss
15 VinziOtthon – neues Zuhause für Roma

Karl-Markus Gauß recht hat in seinem Buch, und musste erschüttert feststellen: Die „Schwarze Stadt" ist die Vorhölle auf Erden. Ich suchte dort auch eine Familie auf. In der Wohnung war alles aufgeräumt und ordentlich. Das Chaos spielte sich vor allem außerhalb der eigenen vier Wände ab, wo nie die Müllabfuhr zu kommen schien.
Der Mann erzählte mir, man habe ihm eine Arbeit angeboten, die 300 Kilometer entfernt vom Wohnort seiner Familie liege. Das ist ein typisches Beispiel dafür, wie wenig man Rücksicht nimmt auf die Mentalität dieser Volksgruppe, für die Familien und Clans immer schon große Bedeutung gehabt haben. Diese familiären Beziehungen sind überlebenswichtig für die Roma. Das dauerhafte Verlassen des Clans bedeutet den seelischen und emotionalen Tod. Es bedeutet den Ausschluss von allem, was bisher Leben bedeutet hat. Nicht mehr mit den Verwandten zusammen zu sein, ist schlimmer, als nichts zu essen zu haben. Doch darauf nimmt das Arbeitsamt keine Rücksicht.
Wenn bei uns immer mehr Familien zerbröckeln, das Zusammenleben aufhört und immer mehr Menschen nur

noch an sich selber denken, dann kann man an der Lebensweise dieses Volkes eines wunderbar ablesen: Der Zusammenhalt in der Familie bedeutet alles. Mag das Elend noch so groß sein, der Umgang miteinander ist warm und liebevoll. Man sieht das etwa daran, wie die Kinder einander begegnen, wie fürsorglich die Größeren auf die Kleineren schauen. Wer hinfällt, wird aufgehoben, wer weint, wird innig getröstet, und wer nichts zu essen hat, mit dem wird geteilt.

Diese beiden Gesellschaften sind grundverschieden: Die eine ist gepflegt und hat alle Möglichkeiten, zu einem gewissen Wohlstand zu kommen. Doch in ihrem Umgang miteinander werden die Menschen immer distanzierter und kühler. Die andere ist schmutzig, arm und verkommt im Elend. Das Leben gleicht dem mancher Tiere. Doch diese Leute sind denen, die Geld und keine Sorgen haben, bei Weitem überlegen – was Zuwendung, Hilfsbereitschaft und gegenseitige Stütze betrifft.

Čierne Mesto ist für mich ein Ort, unter dessen toter Oberfläche Leben ist. Wie in der Tundra, wo unter dem Eis Grün verborgen liegt, das hervorbricht, wenn es taut. Wenn in der Siedlung ein Kind geboren oder eine Hochzeit gefeiert wird, fällt das Äußere plötzlich nicht mehr auf. Die Leute setzen dann alles daran, dass würdig und voller Freude gefeiert wird, mit allen Ressourcen, die ihnen zur Verfügung stehen. Wenn ein Kind Erstkommunion hat, kratzen alle das letzte Geld zusammen, um gemeinsam ein schönes Kleid kaufen zu können. Und wenn ein Jugendlicher gefirmt wird, ist sein Äußeres genauso adrett, wie es hierzulande zu so einem Anlass üblich ist.

Čierne Mesto ist ein Symbol für die verächtliche Behandlung von Menschen, wie sie einst die Nazis gegenüber den Juden und anderen „Untermenschen“ pflegten. Es gibt zwar keine Mauern und Wächter, doch die Menschen können trotzdem aus diesem Lager nicht entkommen, weil sie nirgendwo sonst aufgenommen würden.

*

Es gibt für Roma-Kinder keine richtige Bildung. In manchen Orten werden sie automatisch in die Sonderschule gesteckt. In ganz Hostice etwa gibt es nur ein einziges Mädchen, das es geschafft hat, in ein Gymnasium zu kommen. Sie hat bei unserem ersten Besuch in ihrem Heimatdorf auch gedolmetscht. Auch im Gesundheitssystem wird für die Roma nicht annähernd so gesorgt wie für die restliche Bevölkerung. Die Kindersterblichkeit ist doppelt so hoch, die Lebenserwartung um zehn Jahre niedriger. Und auf den diversen Ämtern werden sie regelmäßig schikaniert – wenn sie überhaupt hineingelassen werden.
Eines Tages kam es in Rimavská Sobota zu einem Aufmarsch von Roma vor dem Sozialamt. Sie protestierten gegen die geringe Sozialhilfe und die Schikanen gegen sie. Die Versammlung wurde von der Polizei umgehend gewaltsam aufgelöst, und die Beamten gaben den aufgebrachten Menschen eine Drohung mit auf den Weg: Sollte sich dergleichen wiederholen, würde ihnen die Sozialhilfe ganz gestrichen. In einem ehemals kommunistischen Land haben die Menschen Angst vor der Exekutive. Die Roma wagten es nicht noch einmal, sich gegen die lächerlich geringe Finanzhilfe zur Wehr zu setzen.
Am 18. Februar 2004 kam es in Levoča zu einem Hungeraufstand. Roma drangen in einen Supermarkt ein und räumten alles Essbare aus den Regalen. Mit dieser Aktion wollten sie auch auf ihre triste Lage aufmerksam machen

– dass sie nämlich nicht genug zum Überleben hatten, nachdem die Sozialhilfe für jene, die bereits länger als ein Jahr keine Arbeit hatten, um die Hälfte gekürzt worden war.

Als der slowakische Sozialminister damals von Reportern gefragt wurde, ob er glaube, dass dieses Geld zum Überleben reiche, meinte er: „Nein, soll es auch nicht. Die Menschen müssen arbeiten gehen." Dieser Kommentar wurde vom slowakischen Staatspräsidenten immerhin als „unsensibel" bezeichnet. Es war das erste Mal, dass das Verhältnis zu den Roma in den Medien hinterfragt wurde, und im Land begannen die Menschen, nachzudenken.

Um diesen Hungeraufstand niederzuschlagen, rückten 2100 Polizisten und 1000 Soldaten an. Die Leute wurden auseinandergetrieben und verprügelt, 126 wurden festgenommen, und 55 kamen ins Gefängnis.

Wenn es so weit kommt, dass Menschen nicht mehr wissen, wie sie sonst zu Lebensmitteln kommen sollen, muss man sich fragen: Warum sollte man nicht tolerieren, dass diese Leute auf legalem Weg, nämlich auf dem Weg des Bettelns, versuchen, sich über Wasser zu halten?

*

In Graz gehörten die Männer, die vor Kirchen, Supermärkten und Geschäftslokalen saßen, bald zum Stadtbild und wurden von der Bevölkerung naturgemäß recht skeptisch beäugt. In den Zeitungen machte sich der Vorwurf breit, die Menschen seien in Wahrheit gar nicht arm. Sie würden organisiert in Autobussen nach Graz gekarrt, müssten das erbettelte Geld bei ihrem Chef abgeben, der gut gekleidet derweilen in einem Kaffeehaus auf seine Sklaven warten würde, um das Geld gleich anschließend zu versaufen.

Und überhaupt könnten da nur mafiöse Strukturen dahinterstecken.
Vom ersten Tag an habe ich diese Vorwürfe hinterfragt. Ich habe viele Vier-Augen-Gespräche mit den Roma geführt und immer die gleiche Frage gestellt: Ob sie auch nur einen einzigen Cent an irgendjemanden abliefern müssen? „Ja, an meine Frau“, bekam ich meist zur Antwort. Ich befragte in all den Jahren auch die Bürgermeister von Hostice. Der jetzige, Andre Berky, hat früher selbst in Graz gebettelt und weiß, worum es geht. Auch er konnte mir keine Informationen über mafiöse Strukturen geben. Ich fragte den Pfarrer, auch der wusste von nichts. Und ich fragte Bewohner von Hostice, die keine Roma sind – niemand hat je davon gehört, dass die Roma erbetteltes Geld abgeben müssen oder sonst irgendwie organisiert sind, außer zu kleinen Fahrgemeinschaften, in denen für das Benzin Geld zusammengelegt wird.
Zu dem ebenfalls gängigen Vorurteil, die Bettler würden entweder in Bussen oder schönen, dicken Autos nach Graz kommen, fällt mir eine Geschichte ein, die ich für typisch halte: Eines Tages verlegten wir den allgemeinen Standplatz für die Autos der Bettler in die Vinzenzgasse, neben den Sportplatz unserer Pfarre. Wir hofften, so weniger Schwierigkeiten mit der Polizei zu bekommen. Wie oft um die Mittagszeit begab ich mich zum Kirchenwirt, um etwas zu essen. Als die Wirtin mich sah, kam sie aufgeregt auf mich zu und begann, über die Bettler zu schimpfen. Die würden doch alle mit ihren großen Mercedes anreisen. Ich sagte zu ihr: „Ich bitte dich, geh nur zwei Schritte hinaus aus deinem Lokal und schau die Vinzenzgasse hinunter. Dort stehen sie alle aufgereiht, die dicken Mercedes!“ Sie schnauzte mich an: „Geh, hör doch auf, weiß doch eh ein jeder!“ Sie schaute nicht nach und konnte so auch nicht

sehen, dass auf der Straße lauter über 20 Jahre alte kleine Rostschüsseln abgestellt waren.
Schon damals, als wir die Zelte auf dem Sportplatz aufgestellt hatten, war mir etwas bewusst geworden: Menschen, die unseren Werken gegenüber feindlich eingestellt sind, ist mit Argumenten nicht beizukommen. Sie wollen die Wahrheit gar nicht wissen. Was zählt, ist die aktuelle Emotion, ob positiv oder negativ. Und dann suchen sie nach Argumenten und Standpunkten, um die vorgefasste Meinung zu begründen. Und so war es auch bei einem Großteil der Grazer Bevölkerung, zumindest, wenn man den vielen Leserbriefen Glauben schenkte, die Tag für Tag über das Unwesen der Bettelei herzogen und mit Formulierungen wie „Wir Grazer" den Eindruck erwecken wollten, die Bettler wären der ganzen Stadt verhasst.
Wir beauftragten schließlich ein unabhängiges Meinungsforschungsinstitut, um herauszufinden, wie es um die Befindlichkeit der Grazer in Sachen Bettler tatsächlich stand. Wir hatten keine Ahnung, wie das Ergebnis ausfallen würde. 1000 Leuten wurden in einer Umfrage einige wenige, aber wesentliche Fragen gestellt. Etwa: *Fühlen Sie sich durch Bettler in der Grazer Innenstadt derzeit gestört?* Zu unserer großen Überraschung antworteten nur neun Prozent mit *ja, sehr,* 19 Prozent mit *eher ja,* 25 Prozent mit *eher nein* und 47 Prozent mit *gar nicht*. Damit hatten wir widerlegt, was manche Kommentatoren für selbstverständlich hielten – nämlich, dass alle Grazer ein Problem mit den Bettlern hätten. Wir begannen damals mit intensiver Öffentlichkeitsarbeit. Wir recherchierten, hinterfragten und informierten. Wir hatten beschlossen, nichts Unwahres über diese Menschen im Raum stehen zu lassen.
Eines Tages schließlich machte Gerald Grosz vom BZÖ eine Anzeige gegen organisierte Bettelei. Mich freute die-

se Initiative, denn nun würde die ganze Angelegenheit gründlich und öffentlich untersucht werden, und ich war nach wie vor überzeugt davon, dass es keine organisierte Form des Bettelns in Graz gab. Fünf Monate lang observierten Polizeibeamte in Zivil die Bettler. Danach erklärte der zuständige Staatsanwalt öffentlich, es hätten keinerlei Hinweise auf kriminelle Organisation oder Menschenhandel gefunden werden können. Gerald Grosz erklärte daraufhin in einer Presseaussendung, die Polizei wolle die Hintermänner gar nicht finden, seine Partei wisse jedoch genau, dass es sie gäbe.

Immer wieder kam es zu Willkürakten durch die Grazer Polizei. In regelmäßigen Abständen wurden Bettler zur Fremdenpolizei in der Paulustorgasse gebracht. Innerhalb weniger Minuten hatte der Unglückliche dann ein Dokument in der Hand, welches darauf hinwies, dass ihm die Einreise nach Österreich für die nächsten Jahre untersagt sei – mit der Begründung, er sei Fremder im Sinne des § 1 des Fremdengesetzes, weil er keine österreichische Staatsbürgerschaft besitze. Und da er der Bettelei nachgehe, könne nicht davon ausgegangen werden, dass er selbst über Mittel für seinen Unterhalt verfüge. In der Begründung hieß es weiter: Die Tatsache, dass er völlig mittellos sei und sich einen touristischen Aufenthalt offensichtlich nicht leisten könne, habe dazu geführt, dass er betteln würde, was der Schwarzarbeit gleichkomme. Außerdem stelle er eine Gefahr für die öffentliche Sicherheit dar, denn sollte sich die Bettelei als zu wenig einträglich herausstellen, würde er möglicherweise kriminelle Handlungen tätigen. Aus diesen Gründen sei der Betreffende unverzüglich auszuweisen.

Der Direktor der Fremdenpolizei hatte mir in mehreren Gesprächen versichert, alles laufe vollkommen im gesetzlichen Rahmen, die Polizeijuristen würden ihm das bestätigen. Nachdem die Lage so klar sei, könne den Betroffenen der Ausreisebescheid schon nach wenigen Minuten ausgehändigt werden. Ich sagte ihm auf den Kopf zu, dass diese Vorgehensweise nicht gesetzeskonform und reine Willkür sei. Und dass ich bei nächster Gelegenheit Einspruch beim Höchstgericht einlegen würde.

Eines Tages kam es wieder zu einem solchen Landesverweis. Ich war nun entschlossen, meine Drohung wahr zu machen. Der betroffene Bettler unterschrieb eine Vollmacht, mit der ich für ihn zum Anwalt gehen konnte. Der Anwalt legte Einspruch gegen diesen Ausweisungsbescheid ein. Doch es sollte ein halbes Jahr dauern, bis die Zurückweisung kam. So lange hatten die Behörden diesmal gebraucht, um die Gründe zu formulieren, warum sie die Landesverweisung als rechtens empfanden.

Der Einspruch war also abgewiesen worden, was auch gut war für unser Vorhaben. Nun war der Weg frei zum Verwaltungsgerichtshof. Es war wohl einmalig in der karitativen Geschichte Österreichs, dass sich Menschen dazu entschlossen, sich für einen armen, noch dazu ausländischen Menschen so weit vorzuwagen und sein Recht zu verfechten, indem man für ihn vor das Höchstgericht zog. Ich halte diesen Akt heute noch für einen sehr wichtigen, weil es notwendig ist, dass man hinter diesen Menschen steht, als wären ihre Probleme die eigenen. Lauwarme, halbherzige Hilfe war nie unsere Sache.

Mit Spannung warteten wir auf den Entscheid der Höchstrichter. Am 13. Dezember 2002 war es schließlich so weit, im Namen der Republik hatte der Verwaltungsgerichtshof Folgendes entschieden: *Gemäß § 33 Absatz 2 Z 4 FRG können Fremde, die weder über einen Aufenthaltstitel verfügen noch Sichtvermerks- und Niederlassungsfrei-*

heit genießen, mit Bescheid ausgewiesen werden, wenn sie innerhalb eines Monats nach der Einreise den Besitz der Mittel zu ihrem Unterhalt nicht nachzuweisen vermögen und wenn ihre sofortige Ausreise im Interesse der öffentlichen Ordnung erforderlich ist. Die Verwirklichung von Tatbeständen, die bereits in den einzelnen Ziffern genannt sind, reicht für sich alleine zur Begründung der Erforderlichkeit der sofortigen Ausreise nicht aus.

Somit wurde der Grazer Polizei bestätigt, dass sie rechtswidrig gehandelt hatte. Von diesem Tag an änderte sich die Situation der Bettler grundlegend. Als ich den Bescheid in Händen hielt, rief ich den Polizeidirektor an und fragte ihn, ob er das Schriftstück ebenfalls schon bekommen habe. Er bejahte und meinte, er würde den Entscheid mit seinen Juristen besprechen und mich zurückrufen. Es dauerte nicht lange, und das Telefon klingelte. Der Polizeidirektor sagte zu mir: „Ab jetzt haben wir gegen die in Graz bettelnden Roma keine Handhabe mehr." Ich war erleichtert und unendlich froh für diese Menschen, denen nun ein großer Brocken ihrer Last abgenommen war.

Ganz hörten die Schikanen der Polizei aber noch nicht auf. Immer wieder kamen Bettler zu mir und zeigten mir ihre Pässe, bei denen in der Mitte mehrere Seiten durchgerissen waren. Die Leute versicherten mir glaubhaft, dass dies das Werk von Polizisten gewesen sei. Welchen Grund hätten die Leute auch gehabt, ihre Reisedokumente selbst unbrauchbar zu machen? Jetzt mussten sie sich Ersatz dafür besorgen. Sofort brachte ich die Sache zur Anzeige. Meines Wissens wurde diese Beschwerde in allen Polizeistationen ausgehängt, und von diesem Tag an wurde kein einziger Pass mehr zerrissen. Der Staatsanwalt drückte mir sein Bedauern aus. Er glaubte mir, dass die Beamten dafür verantwortlich gewesen wären, doch die Täter könnten nicht ausfindig gemacht werden. Darum würde es mir auch gar nicht gehen, versicherte ich ihm, lediglich darum, dass dieser Missbrauch aufhöre.

*

Die Bevölkerung war in Sachen Bettler mittlerweile deutlich zweigeteilt. Viele Menschen plädierten dafür, den Leuten zu Hause zu helfen, vor Ort. Die Bettelei in Graz wäre doch keine Lösung. Jedem, der mich mit dieser Argumentation konfrontierte, antwortete ich: „Sag mir klar und deutlich, was man für die Menschen deiner Ansicht nach tun kann. Wir können die Situation von 500.000 arbeitslosen Roma nicht ändern. Wenn ich 20 Leuten helfen kann, heißt das nicht, dass sich für alle anderen etwas verbessert und sie deshalb nicht mehr nach Graz zum Betteln kommen."
Oft fuhren wir in die Slowakei und führten Gespräche mit wichtigen Persönlichkeiten, Vertretern der Roma und auch mit dem Bischof, der für die Roma zuständig war. Von allen bekamen wir in etwa die gleiche Antwort: „Wir können das Problem nicht lösen, weil wir nicht einmal wissen, wie das möglich sein soll." Der slowakische Bischof fragte mich, wie viele Roma sich denn in Graz aufhielten. Als ich ihm sagte, es seien etwa 100, gab er mir zur Antwort: „Nehmen Sie 100.000 und zeigen Sie mir, wie das funktionieren soll." Wir kehrten deprimiert und traurig nach Hause zurück und dachten weiter darüber nach, was wir für die Leute hier tun konnten.
Im Jahr 1999 machte der damalige Bürgermeister Alfred Stingl einen mutigen Vorschlag: Die Roma sollten wenigstens in Graz die Möglichkeit bekommen, durch Beschäftigung ein wenig Geld zu verdienen, damit sie von der

Straße fernblieben. Sie sollten in den Grazer Pfarren die Möglichkeit bekommen, etwas zu lernen, und für ihre Tätigkeit auch entlohnt werden, etwa in dem Ausmaß, wie es sich durchs Betteln erwirtschaften ließ. Die Finanzierung würde die Stadt Graz probeweise für ein halbes Jahr übernehmen. Er setzte mich damals ein wenig unter Druck, als er meinte, das Vorhaben solle schon im Juli des gleichen Jahres umgesetzt werden. Ich sagte ihm, ich sei bereit, alles dafür vorzubereiten, aber wir bräuchten finanzielle Sicherheit, denn die Pfarren würden von sich aus bestimmt keinen nehmen, weil sie eigentlich niemanden brauchten. Ich machte mich also ans Werk, und es war nicht ganz einfach. Schließlich konnte ich erreichen, dass sich 20 Pfarren bereit erklärten, ein bis zwei Menschen für das Projekt aufzunehmen. Jede Pfarre wollte irgendwelche Tätigkeiten anbieten, sei es den Hof kehren, in der Küche helfen oder Gräber ausheben, sofern ein Friedhof vorhanden war. Als wir versuchten, herauszufinden, wer sich überhaupt für das Projekt interessieren würde, stellte sich schnell heraus, dass wesentlich mehr Menschen lieber arbeiten wollten, als für das gleiche Geld auf der Straße zu sitzen – womit ein hartnäckiges Vorurteil, Roma würden nicht arbeiten wollen, entkräftet war. So viele Plätze konnten wir jedoch nicht anbieten. Die Empörung mancher, keine Stelle in einer Pfarre zu bekommen, war so groß, dass zwei Männer einmal in einem Schreiduell mit einer Mitarbeiterin ihren ganzen Frust zum Ausdruck brachten. Das Nicht-Arbeiten-Dürfen war für diese Menschen ganz offensichtlich eine große Belastung.

Der Bürgermeister drängte weiter auf eine rasche Realisierung des Arbeitsprojekts. Am 1. Juli sollte es starten, obwohl bis zu diesem Zeitpunkt noch kein Beschluss des Gemeinderats über die Finanzierung erfolgt war. Doch Alfred Stingl versicherte mir, wir würden die nötigen Mittel bekommen. Am 1. Juli erschien in der „Kleinen Zeitung" ein Bericht über die Summe von 840.000 Schilling, die für unser Vorhaben bereitgestellt werden sollten. 20 Pfarren würden die Roma beschäftigen und ihnen eine Art Taschengeld von 3500 Schilling im Monat ausbezahlen. Im Gemeinderat wäre das Projekt durchgegangen, und die Vinzenzgemeinschaft wäre voller Tatendrang, mit der Arbeit beginnen zu können.

In der Sonntagsausgabe vom 4. Juli des damaligen Kleinformats „Täglich Alles" erschien schließlich ein Artikel, der folgende Überschrift trug: *Stadt Graz zahlt Bettlern 3500 Schilling Monatsgehalt!* Der Beitrag löste am darauffolgenden Montag eine Welle von Reaktionen in den Medien aus. Innerhalb von nur einer Woche beschloss die Stadt Graz, den bereits gefassten Entschluss wieder zurückzunehmen und unser Projekt doch nicht zu finanzieren. Angeblich hätte es eine Flut von Anrufen und Briefen zorniger Menschen gegeben, die sich darüber empörten, dass man diesen Leuten so viel Geld geben würde, wo es doch genug arme Österreicher gäbe. Im „Standard" hieß es am 7. Juli: *Kein Gehalt für Bettler. Sozialprojekt scheiterte an mangelnder gesellschaftlicher Akzeptanz.*

Der Bürgermeister war damals auf Urlaub. Es ist jedoch anzunehmen, dass Rücksprache mit ihm gehalten worden war. Vielleicht war es das einzige Mal in der Laufbahn von Alfred Stingl, dass er „umgefallen" ist, gemeinsam mit seinen Fraktionskollegen. Ich bekam jedenfalls lediglich einen Anruf aus dem Rathaus, dass die Finanzierung unseres Projekts nun doch nicht übernommen werden könne.

Zu diesem Zeitpunkt waren die Roma bereits eine Woche lang bei der Arbeit. Ich versuchte, einen einigermaßen kühlen Kopf zu bewahren, und überlegte, was nun zu tun war. Jeder, der mir begegnete, sagte: „Du hast es gut gemeint, aber es geht eben nicht. Wie willst du das bezahlen? Lass es gut sein.“ Doch wir hatten in 40 Menschen Hoffnungen geweckt, und nun sollten wir sie ihnen wieder nehmen? Wir hatten 20 Pfarrgemeinden mühsam motivieren können, uns zu helfen. Und jetzt sollten wir die Sache stoppen? Das war unverantwortlich.

Es kam wie so oft in solch ausweglosen Situationen: Ich hatte nicht einen Moment gezögert, und mein Entschluss stand felsenfest: Wir würden unter allen Umständen weitermachen. Alles Weitere legte ich in die Hände Gottes.

Ich sprach jeden Menschen an, der mir in irgendeiner Form hilfreich erschien, und bat um finanzielle Unterstützung. Etwa 100.000 Schilling pro Monat mussten irgendwie aufgebracht werden. Eines Tages, ich kam gerade aus dem Grazer Dom, begegnete ich einem bekannten, wohlhabenden Bürger dieser Stadt, und wir kamen ins Gespräch. Wie es mir denn gehe, wollte er wissen. „Mir persönlich geht es gut“, antwortete ich. „Aber meinen mir anvertrauten Mitmenschen aus der Slowakei geht es miserabel. Und ich habe nicht einen Schilling, um unser Arbeitsprojekt zu bezahlen. Aber ich glaube an die Vorsehung – das Geld wird kommen.“ Unsere Wege trennten sich. Aber nur kurz, denn nach wenigen Schritten tippte mir der Mann von hinten auf die Schulter. Er war mir nachgeeilt, und nun sagte er: „Herr Pfarrer, die Vorsehung hat zugeschlagen. Für den nächsten Monat übernehme ich die Kosten.“

An einem anderen Tag bekam ich den Hinweis, dass Bischof Kothgasser aus Innsbruck auf dem Bahnhof stehen würde. Ich begab mich eiligst dorthin, um die Gelegenheit wahrzunehmen, mit dem Bischof ein paar Worte zu wechseln. Auch ihm erzählte ich von unseren Sorgen.

Er bat mich, ihm mein Anliegen in schriftlicher Form zu übermitteln. Wenige Wochen später, ich befand mich gerade mit einer Gruppe auf der Fahrt zum Weltjugendtag nach Rom, erreichte mich Bischof Kothgasser auf meinem Handy: Er sei gerade in seinem Heimatort St. Stefan im Rosental. Ich solle ihm jemanden vorbeischicken, er hätte 100.000 Schilling für uns.

Bis zum heutigen Tag konnten wir das Projekt durch derartige Spenden am Leben erhalten, wenn auch in etwas verkleinerter Form. Im Augenblick arbeiten 22 Menschen in verschiedenen Pfarren, die sich mittlerweile auch selbst an den Kosten beteiligen.

*

In Hostice selbst gelang es uns mit der Zeit, die Bewohner immer besser und zielführender zu unterstützen. Im sogenannten Schloss wurde ein Wasseranschluss installiert, in den Häusern, in denen die Familien ohne Elektrizität auskommen mussten, die Stromversorgung organisiert. Für diejenigen, die ihre Schulden beim E-Werk nicht begleichen konnten, übernahmen wir die Rechnung. Ein Stück Straße, das sich in einem miserablen Zustand befand, bekam mit unserer finanziellen Hilfe eine neue Asphaltdecke. Mit Unterstützung der Caritas wurden die Volksschulkinder ein halbes Jahr lang mit einer Jause versorgt.

Der Bürgermeister, wie schon erwähnt ein ehemaliger Grazer Bettler, setzte sich von Anbeginn seiner Amtszeit sehr für seine Volksgruppe ein. Er ist übrigens der einzige Rom im ganzen Bezirk, der ein Bürgermeisteramt innehat. Gemeinsam mit ihm konnten wir eine neue Siedlung im Dorf verwirklichen, das VinziOtthon (VinziHeimat), für jene Familien, die immer noch im alten Schloss hausten. Wir richteten einen Kleidermarkt mit Second-Hand-Waren ein, in dem zwei Frauen arbeiten, die davon auch leben können. Wir erwarben ein Haus, in dem sich heute junge Schulabgängerinnen, die keine Arbeit haben, mit Handwerkskunst und anderen praktischen Tätigkeiten beschäftigen. Der Grazer Stadtrat Werner Miedl hat uns damals beim Kauf unterstützt. In diesem Rahmen lud die Organisation META, die den Mädchenkurs initiiert hatte, auch einen Frauenarzt nach Hostice ein, denn die Frauen hatten nie zuvor die Möglichkeit gehabt, sich untersuchen zu lassen.

Wir versuchten auch, die Medien auf die Situation in Hostice aufmerksam zu machen. Jahrelange intensive Öffentlichkeitsarbeit hat mittlerweile bewirkt, dass in Graz heute wohl niemand mehr bezweifelt, dass die Roma in diesem Dorf sehr arme Menschen sind. Mit der Zeit kamen auch verschiedene kleine Organisationen auf die Idee, uns zum Teil tatkräftig zu unterstützen und mit großem Engagement für die Dorfbewohner zu sammeln. Ein kleines, aber effizientes Netzwerk der Hilfe war entstanden.

Eines Nachts kam mir eine ungewöhnliche, aber reizvolle Idee, wie man noch mehr Hoffnung in das Dorf bringen konnte. Ein Nudel-Projekt sollte entstehen – Roma-Frauen, die zu Hause Bandnudeln für Grazer Pasta-Liebhaber herstellen würden. Gesagt, getan. Wie bei allen Vorhaben hatten wir auch in diesem Fall anfangs mit Schwierigkeiten zu kämpfen, da wir nicht wussten, wie man Bandnudeln zu Hause, noch dazu in größeren Mengen, herstellen konnte, wie man sie am besten vertreiben und wer die Nudeln kaufen sollte.

Heute leben in Hostice 16 Frauen davon, dass sie jeden Tag Bandnudeln produzieren, die in zahlreichen Grazer

Geschäften als VinziPasta zum Verkauf angeboten und von vielen Kunden auch vorbestellt werden. Im Moment kommen die Frauen mit der Arbeit gar nicht nach, weil die Nachfrage so groß ist, auch wenn diese Teigwaren natürlich ein wenig teurer sind als Supermarktware.
Aus heutiger Sicht stellt sich das Leben im Dorf gänzlich anders dar. Seit dem Jahr 1996 ist aus kleinen Pflänzchen der Hoffnung eine ganze Wiese entstanden. Die Menschen spüren, dass eine starke Gemeinschaft hinter ihnen steht und dass sie nicht allein sind. Dass in diesem Dorf alles unternommen wird, um das Leben vorwärts zu bringen, denn es kann nur besser werden. Dahinter stehen engagierte Leute mit viel Herz und viel Verstand.
Es gibt ein Symbol für all das, das mich jedes Mal sehr berührt, wenn ich daran vorbeifahre. Wie in einem österreichischen Kurort steht am Ortseingang seit einiger Zeit eine hölzerne Tafel, auf der in ungarischer und slowakischer Sprache geschrieben steht: *Willkommen in Hostice.* Darunter ein Trog mit blühenden Blumen. Seit ich dieses Schild zum ersten Mal gesehen habe, weiß ich: Hostice ist auferstanden von den Toten, herausgekommen aus dem dunklen Grab. Alle Trostlosigkeit und Verzweiflung scheinen einer Aufbruchsstimmung gewichen, und die Leute beginnen, ihr Leben selbst in die Hand zu nehmen. Plötzlich wurden Ansichtskarten gedruckt, ein Dorfwap-

pen wurde entworfen und eine eigene Fahne hergestellt. Hostice wird von allen Dörfern ringsum beneidet, weil es hier ganz offensichtlich aufwärts geht. Doch wir haben uns diesen Ort nicht willkürlich ausgesucht – es war Fügung, als ich damals den am Boden sitzenden Schani fragte, woher er denn komme.

Ich weiß, dass ich nicht gegen die ganze Armut dieser Welt ankämpfen kann. Wenn ich jeden Tag nach noch ärmeren Menschen suchen würde – ich würde wohl verrückt werden. Ich wäre ineffizient und könnte am Ende gar niemandem mehr helfen. Ich würde nach dem Ärmsten von allen suchen – und bis dieser gefunden würde, wäre er bereits tot.

Meine Einstellung habe ich aus der Bibel. Ein Schriftgelehrter sprach einst mit Jesus und fragte ihn, welches das wichtigste Gebot sei. Jesus antwortete: „Du sollst deinen Nächsten lieben wie dich selbst." Worauf der Schriftgelehrte nachfragte: „Wer ist mein Nächster?" Und Jesus erzählte ihm die wunderbare Geschichte vom barmherzigen Samariter:

Ein jüdischer Wanderer wird auf dem Weg von Jerusalem nach Jericho von Räubern zusammengeschlagen. Er liegt blutend im Straßengraben, alles wurde ihm genommen. Da kommt ein Priester, ein Levit, des Weges, er ist unterwegs Richtung Jerusalem, um dort im Tempel Dienst zu tun. Zu diesem Zweck muss der Mann rein sein, darf weder Schmutz noch Blut berührt haben. Aus Treue zu dieser formalen Vorschrift lässt er den Verletzten liegen, obwohl dieser wie er selbst Jude ist. Der zweite, der auf der Straße Richtung Jerusalem eilt, ist ein Mesner. Auch er ist auf dem Weg zum Tempel, und auch er unterliegt den gleichen strengen Regeln wie der Priester, wenn auch in etwas milderer Form. Er will dem armen Mann nicht helfen. Der dritte, der vorbeikommt, ist ein Palästinenser, eigentlich ein Feind der Juden. Damals nannte man sie Samariter. Und dieser Palästinenser ist von Mitleid ergriffen. Er steigt von seinem Esel, versorgt die Wunden des Mannes, setzt ihn auf sein Reittier und bringt ihn in eine Herberge. Dort gibt er dem Wirt Geld für ein paar Tage und bittet ihn, sich um den Verletzten zu kümmern. In ein paar Tagen würde er zurückkommen und den Rest bezahlen. Und jetzt fragte Jesus des Schriftgelehrten: „Wer, glaubst du, war für den Mann, der unter die Räuber gefallen war, der Nächste?"

Es geht immer um denjenigen, der einem begegnet. Es war der Schani aus Hostice, mit dem ich damals ins Gespräch gekommen bin, nicht der Olah aus Kosiče. Ich kenne den Olah aus Kosiče gar nicht. Es hätte auch sein können, dass wir nicht Roma, sondern Kosovo-Albanern in Not begegnet wären oder somalischen Flüchtlingen – das hätte keinen Unterschied gemacht. Für mich ist der Schani der im Graben liegende Pilger, den Räuber zusammengeschlagen haben und der sich nicht helfen kann.

Ich habe mich auch um die Familie von Schani persönlich gekümmert. Als im Pfarrhaus eine neue Küche eingebaut wurde, packte ich die alte in einen ausgeborgten Kleinlaster und fuhr nach Hostice, um sie in Schanis Haus wieder aufzubauen. Seine Frau und seine beiden Kinder lud ich im Sommer zu uns auf Urlaub ein. Sie brauchten nicht zu betteln, sie waren unsere Gäste.

Ich habe mir als Pfarrer, Seelsorger und Vertreter der Vinzenzgemeinschaft das Ziel gesetzt, dass in dieser Stadt keiner ohne Quartier, ohne Essen und ohne ärztliche Betreuung sein darf. Das habe ich mir fest vorgenommen, und es konnte im Laufe der Zeit und mit Unterstützung anderer Hilfsgemeinschaften, die auch in diese Richtung

arbeiten, erreicht werden. Ich kann damit leben, dass ich nicht die ganze Welt retten kann, ich kann damit leben, mich ohne zu wählen um jene zu kümmern, die mir die Vorsehung vor die Tür schickt.
Wir haben noch viel vor in Hostice. Unlängst haben wir ein Grundstück gekauft, darauf soll eine Halle errichtet werden, wozu uns aber noch das nötige Geld fehlt. In dieser Halle soll künftig die VinziPasta erzeugt werden, was praktisch wäre, weil die Fertigung derzeit noch in zwei Wohnungen vonstatten geht. Auch der VinziShop soll dorthin übersiedeln. Und eine kleine Hilfsorganisation aus der Hinterbrühl, die uns in den letzten Jahren sehr unterstützt hat, soll dort ein kleines Büro bekommen. Es hat sich gezeigt, dass wir nicht nur selbst aktiv tätig, sondern oft auch Initialzündung für andere sind.
Die Probleme der Roma in Europa sind so gewaltig und umfassend, dass es unmöglich scheint, Lösungen dafür zu finden. Man kann nur im Kleinen helfen. Alfred Stingl hatte damals die ambitionierte Idee, Graz solle ein Modell entwickeln, das Vorbild auch für andere europäische Städte sein könnte. Wenn wohlhabende Metropolen nichts anderes tun würden als das, was wir hier in Graz machen, wäre schon sehr viel geschehen. Ich habe schon oft vorgeschlagen, dass die steirische Landeshauptstadt nicht nur Partnerschaften zu Trondheim, Maribor und St. Petersburg pflegen sollte, sondern auch zum kleinen slowakischen Dorf Hostice. Bisher hat mein Vorschlag bei den Verantwortlichen noch kein Gehör gefunden.

*

Lange Zeit wurde in Graz über das Thema Bettelverbot diskutiert. Die – auch öffentliche – Haltung von Bürgermeister Alfred Stingl und ÖVP-Stadtparteiobmann Helmut Strobl dazu war eindeutig: So lange sie in der Stadt Verantwortung tragen würden, sei ganz bestimmt kein allgemeines Bettelverbot angedacht, nicht einmal nachdenken würde man darüber. Ich habe mich während der Amtszeit der beiden wohl und sicher gefühlt, obwohl die Grazer FPÖ eine gnadenlose Hetzkampagne gegen die Bettler und uns führte und schließlich auch ideelle Unterstützung vonseiten des neu gegründeten BZÖ bekam. Als Alfred Stingl die politische Bühne verließ, glaubte ich eine Zeit lang, auch unter seinem Nachfolger würden die Dinge relativ reibungslos laufen.

Im Frühjahr 2006 bekam ich Besuch von Siegfried Nagl und seiner rechten Hand, Thomas Rajakovics. Der Bürgermeister wollte mit mir besprechen, wie wir das Problem mit der Bettelei in den Griff bekommen könnten. Ich sagte zu ihm, ich hätte keine großen Vorschläge dazu. Wir könnten uns nur daran halten, was wir bereits für diese Menschen tun würden. Und dass unsere Unternehmungen in Hostice nicht dafür garantieren könnten, dass weniger Bettler nach Graz kommen würden, dazu sei die Not in ihrer Heimat einfach viel zu groß. Für jeden, der wegbleiben würde, käme ein neuer an seiner Stelle. Die einzige Möglichkeit wäre, die Bevölkerung zu mehr Toleranz zu bewegen und diesen paar harmlosen Menschen, die ohnehin so wenig Raum in Anspruch nehmen würden, ihre Tätigkeit zu lassen. Wer ihnen helfen wolle, solle es bitte tun, denn von der Spendenfreudigkeit der Grazer würde es abhängen, wie viele Leute schlussendlich betteln würden. Und wer nicht helfen wolle, der solle es einfach bleiben lassen.

Siegfried Nagl und sein Pressesprecher gingen, ohne noch näher auf meine Worte einzugehen. Zwei Wochen später erfuhr ich aus der Zeitung, die Grazer ÖVP plane ein allgemeines Bettelverbot. Ich war darüber nicht informiert worden, was auch nicht die Pflicht des Bürgermeisters war. Aber nachdem er mit mir das persönliche Gespräch gesucht hatte, dachte ich eigentlich, er wollte die Sorge gemeinsam mit uns tragen.

Dieser Vorstoß empörte mich zutiefst, und es schien mir völlig klar, dass es hier lediglich um Stimmengewinne vor den bevorstehenden Gemeinderatswahlen ging. Um FPÖ und BZÖ nicht zu viel zu überlassen, wollte nun also auch die ÖVP zeigen, dass sie für „Law and Order" zu haben war.

Etwa zur gleichen Zeit versuchte die Stadt Fürstenfeld in einem ähnlichen Anlauf, ein Bettelverbot zu erwirken. Der dortige ÖVP-Bürgermeister machte sich sehr dafür stark. Als ich davon erfuhr, schrieb ich umgehend sämtlichen Fürstenfelder Gemeinderäten einen Brief, in dem ich sie darum bat, von dieser Idee Abstand zu nehmen. Es würde sich in ihrer Stadt lediglich um ein paar Einzelpersonen handeln, und ein Verbot der Bettelei würde für diese Menschen eine Katastrophe bedeuten. Fürstenfeld müsse doch in der Lage sein, diese drei, vier Leute auszuhalten, die lediglich vor den Geschäften sitzen und ihre Hand aufhalten würden. Im Falle eines tatsächlichen Verbots könne man sich meines Ganges zum Verfassungsgerichtshof gewiss sein.

Über die Gemeinderäte der SPÖ und der Grünen, die sich gegen das Verbot wandten, versuchte ich, Stimmung gegen die Pläne des Bürgermeisters zu machen. Doch im März 2006 stimmte die Mehrheit des Fürstenfelder Gemeinderats schließlich für ein allgemeines Bettelverbot in ihrer Stadt. Im Falle der Nichtbeachtung drohten horrende Geldbußen. Es stellte sich jedoch bald heraus, dass diese Geldstrafen nicht verfassungskonform waren, und so musste der Entwurf erneut diskutiert werden. Wir hatten

also Zeit gewonnen. Ich wandte mich nun gezielt an einzelne Mitglieder des Gemeinderates, vor allem der ÖVP. Sie sollten ihre zweite Chance unbedingt nutzen und auf keinen Fall erneut für dieses Verbot stimmen.
Mit der Mehrheit von einer Stimme wurde das Bettelverbot schließlich erneut durchgebracht. Sofort hatte ich einen Betroffenen gefunden, der bereit war, das Gesetz vor dem Verfassungsgerichtshof zu beeinspruchen. Wir hatten uns mit einem Juristen der Universität Graz beraten, und auch er war eindeutig zu der Auffassung gekommen, dass ein derartiges Gesetz nicht durchgehen könne. Und tatsächlich hob der Verfassungsgerichtshof in seiner Entscheidung vom 5. Dezember 2007 das Fürstenfelder Bettelverbot auf. Die Begründung: In der Steiermark gäbe es bereits ein Gesetz, nämlich das Landessicherheitsgesetz, in dem festgelegt sei, was nicht sein darf. Da im Land kein allgemeines Bettelverbot herrsche, könne eine untergeordnete Behörde ein solches nicht beschließen. Das wäre einzig dann möglich, wenn durch die Bettelei ein deutlicher Missstand innerhalb des örtlichen Gemeinschaftslebens gegeben wäre. Diesen Umstand zu beweisen, sei der Gemeinde nicht gelungen. Daher sei die angefochtene Verordnung als gesetzeswidrig aufzuheben.
Dieser Richterspruch hatte meines Erachtens für ganz Österreich Signalwirkung. Von diesem Tag an hat keine einzige Gemeinde mehr versucht, ein Bettelverbot durchzusetzen. Der Grazer Bürgermeister fühlte sich damals jedoch nicht angesprochen. Sofort nach Bekanntgabe des VGH-Entscheides ließ er verlauten, für Graz gelte dies nicht, denn in dieser Stadt könne man sehr wohl von einer Störung der öffentlichen Ordnung sprechen. In einem Fernsehinterview meinte er, wenn der Pfarrer Pucher wirklich helfen wolle, dann solle er die Menschen doch

nicht in Graz knien lassen, sondern mit seinem Orden dorthin ziehen, wo die Leute herkommen. Er würde ihn dabei unterstützen. Bis heute ist von etwaiger Hilfe lediglich die Rede, Konkreteres hat vonseiten des Bürgermeisters bis heute nicht stattgefunden.
Für die Grazer Grünen, die nach den Wahlen 2008 mit der ÖVP eine Koalition geschlossen haben, war es Bedingung, dass es zu keinem Bettelverbot kommen würde. Damit scheint die Sache zumindest vorläufig vom Tisch.

*

Vielleicht gibt es auf der Welt keine andere Minderheit, die derart diskriminiert, gedemütigt und mit minderwertigen Attributen versehen wird. Die so ohne Hoffnung und derart der Willkür ausgeliefert ist wie die zehn bis zwölf Millionen Roma in Osteuropa. Tatsache ist, dass es diese Menschen in der Zeit des Kommunismus weitaus besser hatten. Man hatte ihnen zwar ihre Identität geraubt, aber sie hatten eine Arbeit, ein Einkommen, Essen und ein Dach über dem Kopf. Jedes Kind war verpflichtet, in die Schule zu gehen, und auch die medizinische Versorgung war gegeben. Die meisten der Roma wünschen sich diese Zeiten zurück und würden sofort den Kommunisten ihre Stimme geben. Bis heute gibt es keine brauchbaren Modelle, wie man diesem ehemaligen Nomadenvolk in unserer modernen Gesellschaft einen Raum geben könnte, in dem ein menschenwürdiges Leben möglich ist. Und es ist nicht anzunehmen und auch nicht zu wünschen, dass in Osteuropa der Kommunismus wieder aufersteht.
Wir leben in einer überzogenen Wohlstandsgesellschaft, die nur so strotzt vor Müll. Jedes zehnte Lebensmittel, das

gekauft wird, landet unausgepackt im Abfalleimer. Allein in Wien verbrennt täglich so viel Brot, wie in Graz gegessen wird. Vollkommen brauchbare Kleidungsstücke werden in den Mist geworfen, und Berge von Elektroschrott türmen sich. Zu allen Festtagen werden in den aus allen Nähten platzenden Geschäften Unmengen von Geld ausgegeben, auch zu Weihnachten in Zeiten der Wirtschaftskrise, von der 2008 nichts zu bemerken war. In einer solch wühlenden, auf sich selbst bezogenen, egoistischen Gesellschaft kann es doch nicht sein, dass ein paar Menschen nicht am Rande mitleben dürfen – Menschen, die nichts anderes tun, als von unserem Wohlstandsmüll zu leben, und uns ab und zu um eine mildtätige Gabe bitten.

Mein Ordensgründer Vinzenz von Paul hat gesagt: *Die Gesunden bedürfen der Kranken, um selbst gesund zu bleiben.* Unsere Gesellschaft braucht also Menschen, die ihr sichtbar, vor der Haustür sitzend zeigen, dass dieses Leben für sie selbst nicht so gesund ist. Und dass Teilen mit den Armen gut täte. Sie, die bettelnd in unseren Straßen sitzen, sind eine Chance, damit wir in unserem Wohlstand nicht ersticken und verkommen.

In dieser Stadt, in der die Mitglieder der Vinzenzgemeinschaft und ich leben und tätig sind, haben wir beschlossen, alles zu tun, was möglich ist – den Armen zur Seite zu stehen, zu verhindern, dass ihnen Unrecht geschieht, Missverständnisse auszuräumen und die allergrößten Nöte von ihnen fernzuhalten. Dazu zählt auch die Unterstützung eines kleinen Dorfes namens Hostice, wo eine neue Hoffnung aufgebrochen ist. Bei dem bestehenden Engagement ist es möglich, dass sich dieses Dorf noch weiterentwickelt. Wenn wir die Bewohner weiterhin finanziell und ideell unterstützen, kann es eines Tages so weit sein, dass niemand aus diesem Dorf mehr nach Graz

kommen muss, um zu betteln. Diese Vision habe ich, und ich halte sie für realisierbar.
Das Schlimmste ist wohl, wenn man einem armen Menschen seine Armut nicht glaubt. Seit 1996 hat durch unser bescheidenes, aber hartnäckiges Mitwirken ein Umdenken in dieser Stadt stattgefunden. Heute wissen alle Grazer, dass es sich bei den Bettlern um wirklich arme Leute handelt. Wir haben erreicht, dass es mittlerweile auch viel Wohlwollen für diese Menschen gibt.
Die Angriffe und Unterstellungen, die es im Laufe der Zeit auch gegen uns gegeben hat, haben wir immer in Kauf genommen. Wir wissen, dass es nicht möglich ist, sich an die Seite von Armen zu stellen, ohne selbst in ihre Problematik mit hineingezogen zu werden. Bert Brecht hat gesagt: *Verdammt, wer sich der Verdammten annimmt.* Mit diesem Schicksal, dass auch uns manchmal Dinge nachgesagt werden, die uns schaden sollen, können und wollen wir auch leben.
Ich bin überzeugt davon, dass diese Saat der Hoffnung, die mithilfe vieler engagierter Menschen ausgebracht wurde, nicht nur wächst, sondern eines Tages auch ein Ergebnis bringen wird. Mit der Hilfe Gottes wird es gelingen, für einen kleinen Bereich dieser Welt eine nachhaltige Veränderung zu bewirken, hin zu einer besseren Zukunft.

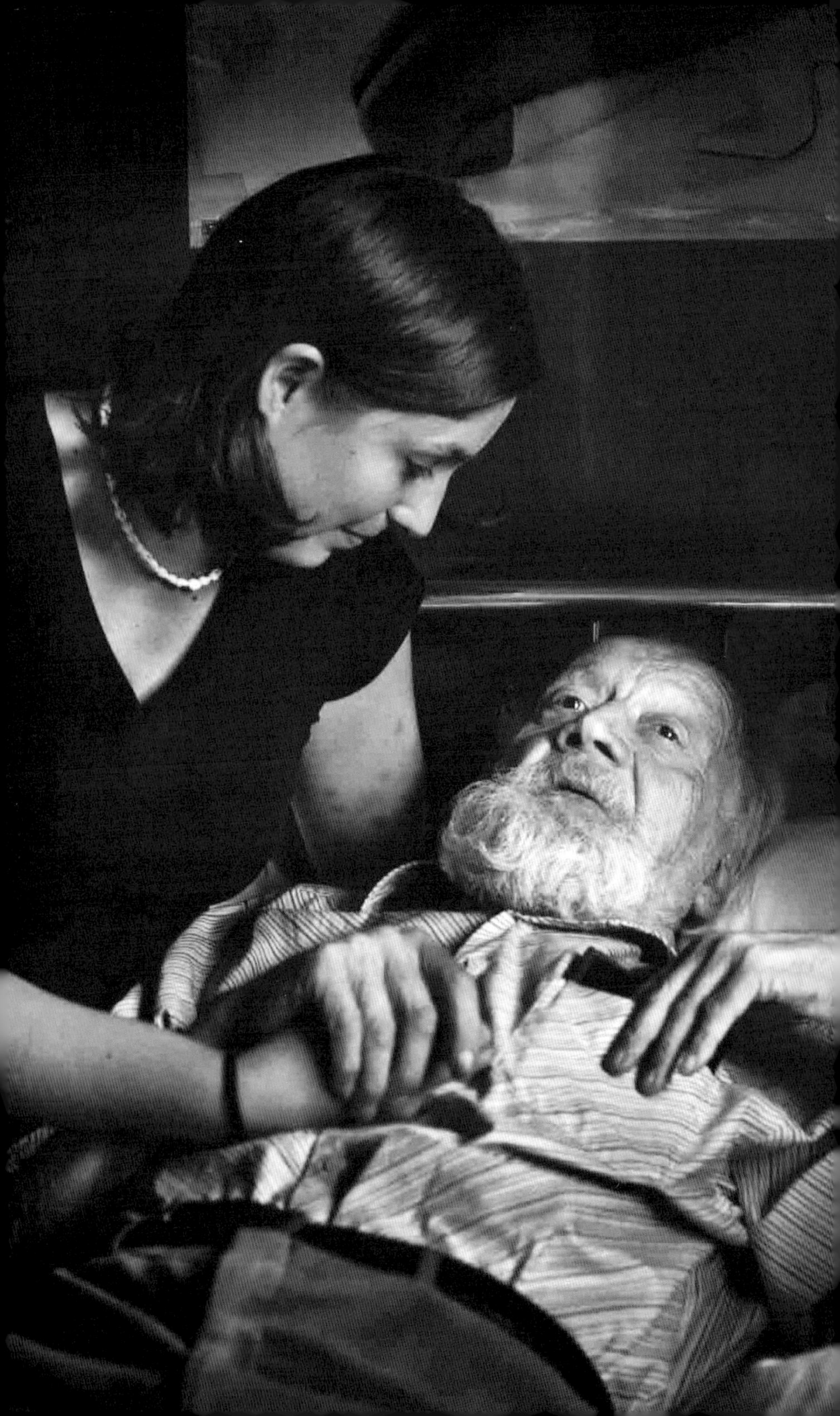

Die Marke Vinzi

Der Begriff Vinzi ist willkürlich und durch einen Zufall entstanden. Als die Vinzenzgemeinschaft 1991 mit der Essensverteilung begann, hatte niemand eine Ahnung, wie man den Bus denn nennen könnte, der die Mahlzeiten zu den Armen brachte. In Wien gab es damals bereits seit einem Jahr den Canisibus, der ebenfalls Obdachlose mit Essen versorgte. Und so lag es nahe, ebenfalls einen Namen zu finden, der den Begriff Bus mit etwas verband, das mit uns zu tun hatte. Ein Jugendlicher aus der Gruppe meinte eines Abends albernd: „VinziBus!“ Alle lachten und wehrten ab. So ein blöder Name. Wir diskutierten noch eine Weile herum, aber niemandem fiel etwas Besseres ein. Und so blieb es dabei. Vinzi sollte von nun an für unsere Werke stehen.
Die Vinzenzgemeinschaft ist eine ehrenamtliche Laienorganisation, die 1833 entstand, inmitten der Wirrnisse der industriellen Revolution in Europa. Konkreter Anlass waren die schlechten sozialen Verhältnisse, das beginnende Massenelend der Arbeiterschaft in Paris. Niemand wusste, wie man dieser Not begegnen sollte. Der Staat war hilflos, und erst recht die Kirche, die immer stärker in Verbindung mit der etablierten, wohlhabenden Gesellschaft gesehen wurde. Diese wiederum wurde von vielen mit Verschwendung und Ausbeuterei gleichgesetzt und als Grund dafür betrachtet, dass es den meisten Menschen so schlecht ging.

In Paris kam es zu einem großen Aufstand gegen den König und den Adel, Tausende marschierten damals in Richtung Königskirche neben dem Königspalast, dem heutigen Louvre. Den Palast konnte die wütende Menge nicht erstürmen, und so drangen die Leute in die Kirche ein, rissen die Kelche und heiligen Bücher heraus und warfen sie in die Seine.

Frédéric Ozanam war damals katholischer Jugendführer in Frankreich, hochintelligent und tief gläubig – und er litt unter der sozialen Situation. Um ihn scharte sich eine Gruppe von Studenten, die leidenschaftlich über Möglichkeiten, die Krise zu lindern, diskutierte. Welchen Beitrag hatte die Kirche zu leisten? Und was konnte jeder persönlich dazu beitragen?

Ozanam eilte zum Erzbischof und forderte ihn dringend auf, sich den zornigen Leuten zu stellen. Dieser fügte sich, wenn auch widerwillig. Am Ende wurde der Bischof von einem Aufgebrachten erschossen, und nach dem darauffolgenden Militäreinsatz lagen an die 4000 Menschen tot in den Straßen. Am 24. Februar 1847 erschien ein Artikel von Frédéric Ozanam in der Zeitung „Le Correspondent". Der berühmte Titel lautete: „Passons aux barbares" (Wechseln wir auf die Seite der Barbaren). Die Kirche und die Bürgerlichen tobten: Sie sollten sich auf die Seite derer stellen, die den Erzbischof erschossen, die Kirche gestürmt und das Allerheiligste in die Seine geworfen hatten? Ja, genau das verlangte er von ihnen. Denn jetzt würden diese Menschen Hilfe brauchen.

Frédéric Ozanams Schriften erinnern in Vielem an Karl Marx. Für seine Gegner war er ein christlicher Marxist. Trotz seiner Taten – noch zu seinen Lebzeiten entstanden 2000 wohltätige Vinzenzgemeinschaften – wurde er lange Zeit nicht selig gesprochen, erst 1997 im Rahmen

des Weltjugendtreffens in Paris. Seine Forderungen waren lange nicht als vorbildliches Christsein verstanden worden.
Die Vinzenzgemeinschaften hatten von Anfang an ein Prinzip: Man muss zu den Menschen hingehen. Wir sind keine karitative Gruppe, die Charity-Veranstaltungen organisiert und Geld in ferne Länder überweist. Wir spüren die Probleme unserer Umgebung auf, besuchen die Menschen und versuchen gemeinsam, eine Lösung zu finden. *Wer nicht bereit ist, am Bett eines Armen zu sitzen, mit ihm zu frieren, mit ihm zu weinen, der wird das Problem nie begreifen und erst recht nicht helfen können.* Das sagte einst Frédéric Ozanam, und dieser Geist herrscht auch in allen Vinzenzgemeinschaften, von denen es weltweit 50.000 gibt – in 147 Ländern und mit rund einer Million Ehrenamtlichen. Ich hatte das Glück, 52 Gruppen in der Steiermark, in Kärnten, Wien, Deutschland und der Slowakei gründen zu dürfen. Die VinziWerke, die zur Vinzenzgemeinschaft Eggenberg gehören, atmen denselben Geist. Wir suchen die Nähe der Menschen, die unsere Hilfe brauchen, und alle unsere Einrichtungen sind Orte, wo diese Nähe zustande kommt.
Bevor wir das VinziDorf gründeten, suchten wir Nacht für Nacht die Stadt nach Menschen ohne Obdach ab und krochen bis in die hintersten Winkel. Wir stiegen in die städtische Kanalisation hinab, suchten sie am Murufer, in den Kabinen des aufgelösten Militärschwimmbades in der Körösistraße, auf dem Schloßberg. Wir gingen ihnen nach, denn was die Vinzenzgemeinschaft auszeichnet, ist die nachgehende Nächstenliebe. Wir waren immer eine Nachgeh-Gemeinschaft, und die vielen verschiedenen VinziWerke legen Zeugnis ab davon. Der Begriff Vinzi ist uns in all der Zeit geblieben und mittlerweile zur Marke

geworden. Wir haben ihn auf dem Patentamt auch schützen lassen.
Vinzi steht heute für Kreativität. Wenn etwas notwendig ist und man nicht weiß, wie man ein Problem angehen soll, geht es darum, auch nach ungewöhnlichen Lösungen zu suchen. Das einzige Ziel ist es, der Not zu begegnen und Abhilfe zu schaffen. Besonders bewusst wurde mir dies bei der Gründung des VinziDorfes. Bis heute gibt es Diskussionen darüber, ob man Menschen wirklich so sein lassen soll, wie sie sind. Ob es nicht besser wäre, sich darum zu bemühen, diese Leute zu einer besseren Lebensweise zu führen, sie anzuspornen und vielleicht sogar ein wenig unter Druck zu setzen. Wir hatten damals schnell erkannt, dass die bisherigen Methoden, mit Obdachlosen umzugehen, zwar für einen Großteil sinnvoll und zielführend waren. Aber es blieb immer ein Teil über, für den niemand zuständig sein wollte, nach dem Motto: Die wollen sich eh nicht helfen lassen, also sollen sie dort bleiben, wo sie sind – im Elend. Für uns gab es nur eine Alternative: Wir wollten zumindest versuchen, sie so sein zu lassen, wie sie eben waren, und sie trotzdem aufnehmen und beherbergen. Dieser Versuch war natürlich nicht von Anfang an so durchdacht, dass ein Gelingen von Vornherein abzusehen gewesen wäre. Es war auch nicht klar, ob dieses Projekt gelingen oder ob es sich vielleicht schon bald selbst zerstören würde und die Menschen schlussendlich wieder ins Elend zurückkehren müssten. Kreativität hat also auch etwas mit Mut zu tun – mit dem Mut, etwas anzugreifen, was unpopulär und unsicher ist oder auf Widerstand stoßen könnte.
Irgendwann bemerkten wir, dass es Menschen gab, die sich kaum Lebensmittel leisten konnten. Es hatte bereits den Versuch gegeben, dauerhaft einen Sozialmarkt in

Graz einzurichten, doch dieser war gescheitert. Wir begannen darüber nachzudenken, ob wir nicht ein eigenes Projekt starten sollten, und schon sehr bald stand unser Entschluss fest: Ein Markt für arme Menschen war notwendig, und so wollten wir uns mit ganzen Kräften für unser neues Ziel einsetzen.
Unser Mut wurde erneut belohnt. Der VinziMarkt in der Rochelgasse in Graz und bald auch der zweite in der Herrgottwiesgasse kamen so gut an, dass in der Öffentlichkeit und auch in den Medien der Begriff Sozialmarkt schon bald durch VinziMarkt ersetzt wurde. Heute gibt es fünf VinziMärkte, jene zwei in Graz, einen in Voitsberg, einen in Leibnitz und einen in Wien.
In der Bundeshauptstadt wollten wir schon in der Vergangenheit immer Fuß fassen und Menschen versorgen, die dort auf der Strecke bleiben. Der Versuch, in Wien ein VinziDorf nach Grazer Modell zu errichten, ist jedoch bis heute nicht gelungen. Seit vier Jahren bemühen wir uns, ein Grundstück dafür zu finden. Ein paarmal hatten wir bereits etwas Konkretes gefunden, doch schlussendlich ist jeder unserer Anläufe gescheitert – an behördlichen Auflagen und Widerständen wie auch am Protest der Anrainer. Im Augenblick versuchen wir es erneut. Wir sind fest entschlossen, das Dorf zu errichten, und sind bereit, nötigenfalls nach Straßburg vor den Menschenrechtsgerichtshof zu ziehen, um unser vermutetes Recht einzuklagen.
Es geht nicht nur um Mut, es geht auch um Durchhaltevermögen. Wenn mit Vinzi etwas begonnen wird, dann kann man nicht einfach damit aufhören, nur weil es mühsam ist oder die Ressourcen geringer werden. Alle 21 Vinzi-Einrichtungen existieren seit ihrer Gründung, und nicht eine einzige war je in Gefahr, aufgegeben zu werden. Das ist in erster Linie den ehrenamtlichen Mitarbeitern zu

verdanken, die vor allem in jüngster Zeit ein bestimmtes Selbstbewusstsein entwickelt haben. Die Leiterin des VinziMarktes in Wien etwa hat mir einen Brief geschrieben, in dem sie meint, sie habe endlich gefunden, wonach sie so lange gesucht hätte.

Bei Vinzi mitzuarbeiten, macht die Menschen stolz, erfüllt sie mit Freude und lässt sie auch durchhalten. Das Burn-out-Syndrom kommt bei uns praktisch nicht vor. Jeder, der keine familiären oder gesundheitlichen Gründe hatte, um aufzuhören, ist heute noch Mitglied der Vinzenzgemeinschaft, der er einst beigetreten ist, und das oft nach vielen Jahren. Dieser komplexe Austausch von Wärme, Herzlichkeit und Hilfsbereitschaft stärkt die Einzelnen auch in Zeiten, in denen vielleicht nicht alles so gut läuft. So wird es möglich, leichter durch schwierige Phasen durchzutauchen. Die Vinzenzgemeinschaften pflegen auch untereinander herzliche Kontakte, und wenn es ein Fest zu feiern gibt, kommen alle gerne zusammen.

Wenn es keinen Ausweg mehr zu geben scheint, wenden wir uns dem Jenseits zu. Darum hängt in jeder unserer Einrichtungen ein Kreuz, und mit nur einer Ausnahme, dem VinziTel, finden regelmäßig Besinnungsstunden für unsere Gäste statt, in denen es die Möglichkeit gibt, sich auszutauschen und auch miteinander zu beten. Diese Jenseitsorientierung hat den Vorteil, dass man sich trotz aller mutigen Versuche, etwas zu verändern, nicht gezwungen sieht, Erfolg zu haben. Wir tun alles, was wir können. Wenn es nicht mehr weitergeht, bitten wir Gott, seinen Beitrag zu leisten. Und wir staunen immer wieder darüber, wie offensichtlich seine Unterstützung ist.

Vinzi hat in der Öffentlichkeit mittlerweile einen guten Namen. Wann immer der Begriff fällt, ist den Menschen bewusst, dass es sich hier um eine kleine, aber tatkräftige

Gemeinschaft handelt, die alles tut, um Leid zu verringern, Freude zu bringen, und, wenn es möglich ist, nachhaltige Verbesserungen in ausweglos scheinenden Situationen zu bewirken.
Mit den materiellen Gütern, die wir zur Verfügung haben, gehen wir sparsam um, und jede Hilfe geht direkt an die Menschen, für die sie bestimmt ist. Wer uns unterstützt, der weiß, dass hier Idealisten am Werk sind, die nicht für Geld arbeiten, sondern aus Freude am Helfen – um Gottes Lohn. Vinzi ist ein Geschenk für die Mitarbeiter, für die armen Menschen, und Vinzi ist – das sei in aller Bescheidenheit erwähnt – ein Geschenk für die Kirche.

*

Im Raum Wien gab es eine Gruppe von etwa 500 Menschen, die uns seit Jahren unterstützte. Es lag nahe, gemeinsam mit den Wienern etwas für Wiener zu machen. Wir entschlossen uns, eine erste Vinzenzgemeinschaft in der Bundeshauptstadt zu gründen, die ausschließlich die Gründung eines VinziDorfes zum Ziel hatte. Es kam zu einer Versammlung im Pfarrhaus St. Stephan, bei der ich den Interessierten das Modell VinziDorf näher erläuterte, was großen Anklang fand. Die Vinzenzgemeinschaft St. Stephan wurde gegründet, und Cecily Corti – die Witwe des Regisseurs Axel Corti – wurde als Obfrau in den Vorstand gewählt. Seit diesem Tag bemüht sie sich, unsere Idee in die Tat umzusetzen.
Eines Tages meldete sich die Pfarre Wien-Aspern, die durch ein Rundschreiben des Bischofsvikars Karl Rühringer auf unser Projekt aufmerksam geworden war. In diesem Brief, den ich verfasste und der im Namen des Bischofsvikars versandt worden war, hatte ich alle Wiener

Pfarren gebeten, darüber nachzudenken, ob sie nicht ein geeignetes Grundstück für uns zur Verfügung hätten. Die Pfarrgemeinde Aspern schlug einen Platz vor, den sie für gut brauchbar hielt, günstig gelegen, denn es gab nahezu keine Nachbarn. Was die öffentlichen Verkehrsmittel anging, war der Standort zwar nicht optimal, doch in seiner ganzen Lage wäre dieser Ort eine großartige Chance gewesen, um ein VinziDorf zu errichten.
Kaum wurde der Vorschlag im Pfarrgemeinderat diskutiert, rührten sich bereits die ersten Widerstände in der Öffentlichkeit. Der Siedlerverein Lobau startete unter der Leitung seines Obmanns eine Unterschriftenaktion gegen unser Vorhaben. Um die Gemüter zu beruhigen, schlug der Pfarrer von Aspern den Menschen vor, eine gemeinsame Reise nach Graz zu unternehmen, um sich selbst ein Bild vom VinziDorf zu machen. Und tatsächlich kam der Besuch zustande. Ich führte die Vertreter des Pfarrgemeinderates und des Siedlervereins persönlich durch unser Dorf, stellte ihnen unsere Gäste vor und zeigte ihnen alles. Doch vergebens: Es gab keine Chance, die Leute davon zu überzeugen, dass eine solche Einrichtung für Wien wertvoll und für ihre Gemeinde zumutbar wäre.
Über 1000 Unterschriften wurden in Aspern schließlich gesammelt. Sie bezeugten den geschlossenen Willen der Unterzeichner, aus der Kirche auszutreten, sollte das Projekt realisiert werden. Was das für eine Pfarre bedeutet, kann sich kaum jemand vorstellen. Sie hatte eine schwierige Gewissensfrage zu klären. Cecily Corti und ich wurden noch einmal in die Pfarre Aspern eingeladen, es gab heftige Debatten, aber keine Entscheidung. Der Pfarrgemeinderat beschloss schließlich, in Klausur zu gehen und dort zu einem Beschluss zu kommen. Schließlich kam es zu einem endgültigen Nein.

Ich war tief betroffen. Cecily Corti und ich setzten uns an diesem Tag in einen Gastgarten und bliesen Trübsal. Ich erinnerte mich bei dieser Gelegenheit an einen mit Immobilien betrauten Mann, der uns ein halbes Jahr zuvor ein Haus zum Kauf angeboten hatte. Damals hatte ich abgelehnt, denn ich wollte kein Haus, sondern ein Grundstück für ein Wiener VinziDorf. Nun schlug ich vor, das Angebot doch noch einmal zu prüfen. Schließlich nahmen wir drei Gebäude in Augenschein, die für gemeinnützige Projekte geeignet schienen und zum Verkauf standen. Das Gebäude in der Wilhelmstraße im 12. Wiener Gemeindebezirk schien geeignet, doch gab es einige Probleme: Es galt, ein Haus zu erwerben, das voll mit Mietern war. Lediglich ein Nebengebäude war frei, eine ehemalige Pizzabäckerei, die durch einen Brand schwer beschädigt worden war. Doch ich beschloss, dass dies unsere erste Wiener Einrichtung werden sollte – die VinziRast.

Damit kam es zu der schwersten finanziellen Entscheidung, die ich in meinem Leben je treffen musste. Der Hausbesitzer setzte uns eine Frist, bis zu der wir uns zu entscheiden hatten. Der Vorstand der Vinzenzgemeinschaft St. Stephan trat zusammen, um zu beraten. Der Vermittler des Gebäudes war zwar bereit, einen hohen Betrag zur Verfügung zu stellen, doch immer noch fehlten etwa 180.000 Euro für den Kauf, und niemand ließ sich finden, der bereit war, für diese Summe geradezustehen.

Alle Augen blickten damals auf mich, und ich fühlte mich wie auf dem heißen Stuhl. Sie fragten: „Kaufen wir, oder kaufen wir nicht?“, und sie wollten eine Antwort von mir. Ich kämpfte innerlich mit mir selber und war mir meiner finanziellen Verantwortung bewusst. Doch waren für dieses Projekt bereits so viel Engagement, so viel Einsatz und so viel guter Wille aufgewendet worden, dass ich es

schließlich, im Vertrauen auf Gottes Hilfe, wagte: „Wir kaufen!“
Noch waren wir weit davon entfernt, eine Einrichtung für Obdachlose zu betreiben. Die Vinzenzgemeinschaft Eggenberg stellte ein Startkapital von 38.000 Euro zur Verfügung, und wir brachten Betten und Möbel von Graz nach Wien. Ein Wiener Architekt, der sich zuvor bei mir als Mitarbeiter gemeldet hatte, übernahm kostenlos die Planung der baulichen Maßnahmen. 2004 war es schließlich so weit: Die VinziRast wurde eröffnet. Das Haus war bald voller Gäste, obwohl uns vom Fonds Soziales Wien ursprünglich mitgeteilt worden war, Wien bräuchte keine neue Einrichtung für Obdachlose. Cecily Corti brachte das Projekt ihrem privaten Umfeld näher, und schon bald hatten wir viele Unterstützer.
Diese Notschlafstelle für In- und Ausländer ist etwas Besonderes in Wien. Hier werden Menschen mit Tieren aufgenommen, und auch Pärchen dürfen in der VinziRast nächtigen. Es darf Alkohol getrunken werden, wenn auch nicht so frei wie im VinziDorf, da es im Haus einfach zu eng ist und es keine wirklichen Rückzugsmöglichkeiten für die Menschen gibt. Auch in der VinziRast gilt es, gewisse Regeln einzuhalten. Wer sich nicht an das Gewaltverbot hält, muss uns leider verlassen.
Im Jahr 2007 folgte der VinziRast die zweite Wiener Einrichtung, das VinziBett, das als Zwischenlösung auf dem Weg zu einem künftigen VinziDorf gedacht ist. In Wien gab es vor zwei Jahren angeblich noch zwischen 400 und 500 Leute, die auf der Straße schliefen, und so wollten wir ein neues VinziWerk ins Leben rufen. Wir gründeten die Vinzenzgemeinschaft St. Martin. Gemeinsam suchten wir ein Objekt und fanden schließlich ein Abbruchhaus in der Boltzmanngasse, das ursprünglich dem Bund Sozialisti-

scher Akademiker gehört hatte und wegen eines Neubaus an einen Immobilienhändler verkauft worden war. Der Makler wollte uns das Gebäude bis zu seinem Abriss zur Verfügung stellen. In dem Haus gab es einen Mieter, der sich weigerte, auszuziehen und außerdem mit unserem Einzug keine Freude hatte. Als wir das VinziBett schließlich eröffneten, kam dieser Mann jedoch zu dem Schluss, dass Menschen, die von uns betreut werden, keine Gefahr für ihn darstellen.

Wir nahmen auch mit der Bezirksvorstehung, der Polizei und der umliegenden Bevölkerung Kontakt auf, um sie über das Projekt zu informieren. Das Objekt war uns zunächst für einen Winter zur Verfügung gestellt worden, der Vertrag wurde mehrmals um jeweils drei Monate verlängert. Doch dann kam die Nachricht, dass das Haus nun endgültig abgerissen würde. Wir waren zutiefst erschrocken. In den Weihnachtsferien des Jahres 2007 sandten wir über die Medien einen Hilfeschrei an die Bevölkerung aus. Man könne doch nicht 50 Menschen, die es derzeit warm hätten, wieder auf die Straße hinausschicken.

Ich denke, auch damals hatte die Vorsehung ihre Hand im Spiel, als sich ein Anwalt bereit erklärte, uns ein bis dahin unverkäuflich erscheinendes Gebäude in der Ottakringerstraße zur Verfügung zu stellen. Im Frühling des Jahres 2008 konnten wir das Haus als Dauermieter beziehen, und seither ist das VinziBett fest etabliert. Auch in diesem Fall gingen wir ein großes Risiko ein, da die Miete sehr hoch ist und das Projekt kaum finanziert werden kann. Die Vinzenzgemeinschaft Eggenberg streckte einen Betrag vor, und durch die Ausweitung unseres Sponsorennetzes in Wien ist es uns mittlerweile gelungen, die Fixkosten für das VinziBett hereinzubekommen. Das Vin-

ziBett lebt, gleich wie die VinziRast, ausschließlich von ehrenamtlichen Mitarbeitern und Spenden.
Es ist mein festes Ziel, in den letzten Jahren meines aktiven Lebens die Obdachlosigkeit in der Stadt Wien und vielleicht in ganz Österreich zu beseitigen. Ich glaube, dass die Erfüllung dieser Vision realistisch ist, denn in ganz Österreich gibt es maximal 1000 „sleeping rough", also Obdachlose im strengsten Sinn, Menschen, die auf der Straße schlafen. Ich bin überzeugt, dass es nicht eine Frage des Geldes ist, sondern der Zugangsbedingungen in den verschiedenen Einrichtungen. Und es braucht auch die Bereitschaft, die Menschen sein zu lassen, wie sie sind – im Rahmen dessen, was man verantworten kann.

*

In Graz gibt es neben den Dauerplätzen für Obdachlose in verschiedenen Einrichtungen auch Notschlafstellen. Eine wurde nach unserem Engagement im VinziZelt und angeregt durch unsere Öffentlichkeitsarbeit gegründet, die Arche 38. Ein Notquartier für obdachlose In- und Ausländer, eingerichtet von der Stadt Graz. Auch dort fanden die Menschen – wie im VinziNest – lediglich über Nacht ein Quartier. Es gab eine strikte Hausordnung: kein Alkohol, keine Reservierung, Einlass erst ab 18 Uhr, keine Pärchen, nur Männer (für die Frauen gab es das Haus Elisabeth). Die Mitnahme von Tieren war natürlich verboten. Und – das war die für mich unverständlichste aller Regeln – man durfte nur eine bestimmte Anzahl von Tagen dort schlafen. Danach musste man gehen, egal, ob draußen Eiseskälte herrschte oder nicht.
Einem Menschen einige Tage Obdach und Wärme zu schenken und ihm dies dann wieder wegzunehmen – das

erschien mir herzlos. Ich setzte mich mit dem sehr engagierten, mit mir gut befreundeten Leiter der Arche 38 zusammen und erläuterte ihm meine Bedenken. Die Aufenthaltsdauer könne nicht auf unbestimmte Zeit verlängert werden, erwiderte er, denn es würden noch andere auf einen Platz warten. „Es ist trotzdem unmöglich, den Menschen ihre neu gewonnene Bleibe nach ein paar Tagen einfach wieder zu nehmen und sie möglicherweise dem Erfrierungstod auszusetzen!“ Ich ließ nicht locker. Wir debattierten noch eine Weile herum, bis er schließlich meinte: „Wir beide sind Freunde, aber eines wollen wir doch einhalten: Du mischst dich nicht in meine Angelegenheiten und ich mich nicht in deine.“ Und so fasste ich den Entschluss, ein neues Projekt zu starten. Einen Ort zu schaffen, an dem Menschen, denen das Schicksal übel mitgespielt hatte, auf unbestimmte Zeit Unterkunft finden konnten.
Ich beauftragte die Organisation United Kids, zu erheben, welchen Bedarf es in Graz überhaupt für solch ein Wohnprojekt gab. Schließlich kam es zu einer Versammlung mit den Leitern sämtlicher Notschlafstellen in Graz, bei der das beachtliche Ergebnis dieser Untersuchung präsentiert wurde. Es stellte sich die Frage, ob es möglich war, die Betroffenen in die bestehenden Einrichtungen zu integrieren, was gewisse Lockerungen in den Statuten notwendig gemacht hätte. Beinahe einstimmig kam man damals zum Schluss, man würde an den bestehenden Konzepten nichts ändern, Pärchen, Tierbesitzer und Langzeitobdachlose könne man auch künftig nicht beherbergen.
Und so machten wir uns an die Planung des VinziTels, ein praktischer Umstand sollte uns dabei zu Hilfe kommen. Die Barmherzigen Schwestern besaßen neben unserer Pfarre ein großes Haus, das ehemalige Leopoldinum, mit einem

VinziShop
SCHÖN + BILLIG

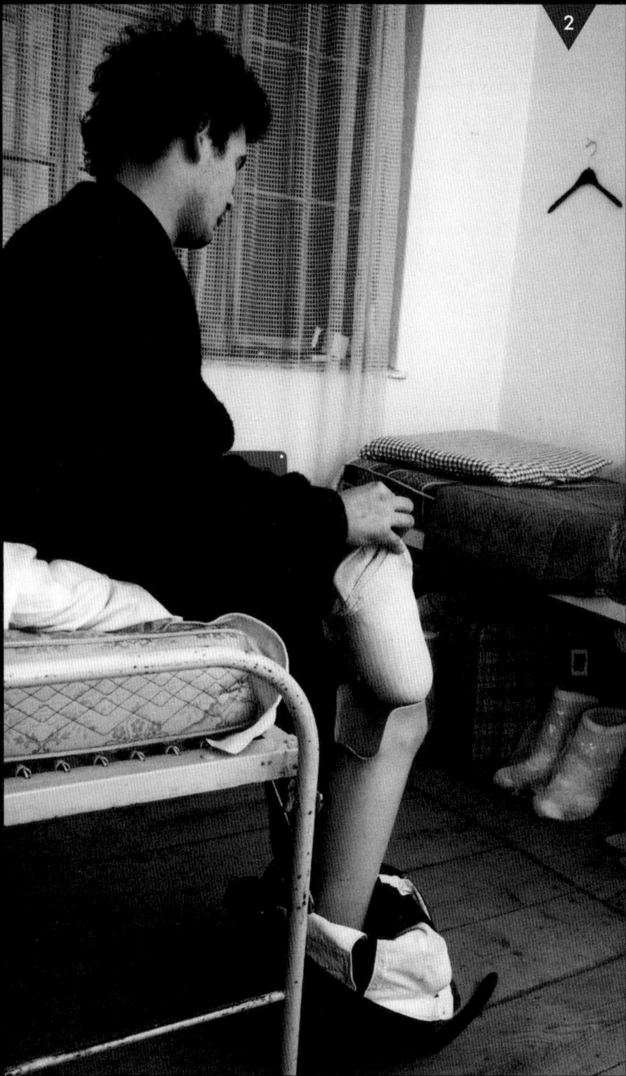
2

3

4

5

6

1 VinziShop – Kleider, die ein zweites Mal Freude machen
2 Minenopfer im VinziNest
3 Kostenloses Brot für alle
4 Gut behütet im VinziDorf
5 Brot, Liebe und Phantasie
6 Vom Bahnhof ins VinziBett

niedrigeren Anbau und einem Stück Grund. Es stand zum Verkauf, die Kaufsumme überstieg jedoch eindeutig unsere Möglichkeiten. Ich aber wollte dieses Gebäude unbedingt haben, schon deshalb, weil es bereits seit 1880 für die Betreuung armer Kinder genutzt wurde. Ich organisierte eine Besichtigung, gemeinsam mit dem Bürgermeister, der Soziallandesrätin und der Obfrau unserer Vinzenzgemeinschaft. Eindringlich wandte ich mich an die Umstehenden: Dieses Haus sei die älteste Sozialeinrichtung der Stadt Graz, ihr Verkauf an irgendeine Handelskette oder ein Bürounternehmen wäre unentschuldbar, man solle doch bitte überlegen, wie man das Gebäude für die Armen erhalten könne. Die Barmherzigen Schwestern erklärten sich bereit, uns den Kaufpreis zinsenfrei auf Raten abzahlen zu lassen. Dank der großzügigen Unterstützung des damaligen FPÖ-Wohnbaulandesrats Michael Schmid gelang es uns schließlich, das Objekt zu erwerben.
Unser Konzept und der Auftrag an die Architektin war, eine Art Hotel zu errichten. Es sollte kein zweites VinziNest werden, das durch seine baulichen Gegebenheiten ein Massenquartier war. Für das VinziTel waren 13 Doppelzimmer mit Dusche und WC vorgesehen. Als wir die

Pläne schließlich einreichten, wussten unsere Nachbarn nicht, wer genau denn hier einziehen sollte – zum Glück. Damals wie auch heute noch nehmen wir viele drogensüchtige Jugendliche auf, die von zu Hause verstoßen wurden oder weggelaufen sind und keine Unterkunft haben. Die Wartelisten für Therapieplätze sind lang.
Im Jahr 2002 war es so weit: Neben unserem Pfarrhaus eröffneten wir das VinziTel. Es ist wunderschön geworden und das erste Armenhotel Österreichs. Es gibt eine Rezeption, einen Speisesaal und das meiste, was zu einem Hotel sonst noch dazugehört. Den Aufenthalt im VinziTel bezeichnen alle Bewohner als äußerst angenehm und sympathisch. Paare leben bei uns und Menschen, die Tiere haben. Im Haus gibt es eine Psychotherapeutin, die den Bewohnern auf Wunsch Hilfe anbietet. Die durchschnittliche Aufenthaltsdauer unserer Gäste beträgt etwa einen Monat. Übrigens: Auch in der Arche 38 dürfen die Leute heute bis zu 30 Tage bleiben.
Das VinziTel ist unsere mit Abstand am schwierigsten zu führende Betreuungseinrichtung. Manche haben aufgrund ihrer Drogensucht mit Beschaffungskriminalität zu tun, sie leben isoliert und in sich gekehrt. Sie pflegen nur Kontakt zu den Menschen, die für sie wichtig, sprich für ihren Stoff zuständig sind. Es ist schon vorgekommen, dass sich Leute in der Toilette des Pfarrhauses eingeschlossen haben, um dort ihr Gift zu konsumieren. Ich habe immer weggeschaut. Was hätte es auch gebracht, sie zu vertreiben?
Aus der Kirche wurden einmal zwei alte Messingleuchter gestohlen. Die Diebe aus dem Nachbarhaus gingen bei ihrer Tat aber so ungeschickt vor, dass wir die Objekte schlussendlich zurückbekamen. Und eine Ikone der Muttergottes wurde mehrfach mit rotem, flüssigem Wachs

übergossen. Wir waren verzweifelt, weil wir den Urheber der Attacken nicht ausfindig machen konnten, und sahen uns schließlich gezwungen, ein Detektivbüro zu beauftragen. Eine Kamera wurde installiert, die zwei Wochen lang das Geschehen in der Kirche im Auge behalten sollte. Auf einem der Videos war schließlich Wundersames zu sehen: Ein als sehr schwierig bekannter VinziTel-Bewohner, der schon öfter im Gefängnis gesessen ist, betritt die Kirche, mit einer Zigarette im Mund. Er geht nach vor zum überlebensgroßen Kreuz, blickt unverwandt hinauf und raucht. Immer, wenn die Asche der Zigarette zu lang wird, streut er sie auf die Fußwunde des Gekreuzigten, die auf seiner Augenhöhe liegt. Dann raucht er weiter und schaut wieder hinauf zum Kreuz. Das wiederholt sich mehrmals.

Nun stellten sich uns mehrere Fragen: Warum geht ein Drogenabhängiger in die Kirche? Warum stellt er sich so direkt vor das Kreuz? Warum hat er keine Angst vor dem Erlöser?

Für mich ist das eine wunderschöne Botschaft dafür, was das Christentum eigentlich bedeutet: Du darfst vor deinem Gott so sein, wie du bist. Das muss nicht immer den Normen entsprechen. Gerade für die Menschen, die aus der Normalität herausfallen, ist Gott ganz besonders da.

Die Ikone, so stellte sich übrigens später heraus, war von einem 14-jährigen Mädchen verunstaltet worden. Sie wollte, so sagte sie, vor ihrer Freundin „cool" dastehen.

Das VinziTel ist die einzige Einrichtung, die immer wieder Besuch von der Polizei bekommt. Viele der Bewohner kommen direkt aus dem Gefängnis zu uns und wandern oft geradewegs wieder dorthin zurück. Unser Haus wird von zwei ausgebildeten Sozialarbeitern geleitet, die wissen, wie man mit bestimmten Menschen und Situationen umgehen muss. Ausschließlich ehrenamtliche Mitarbei-

ter wären damit wohl überfordert, nicht zuletzt weil wir auch Menschen aufnehmen, die in anderen Einrichtungen Hausverbot haben. Meine Mitarbeiter berichten, dass sie auch mit diesen Leuten weitgehend klarkommen.
Alle unsere Einrichtungen werden religiös betreut, im VinziTel ist das jedoch kaum möglich. Es ist keine homogene Gruppe, die dort lebt, die Leute sind schwierig und exzentrisch, es ist nicht wirklich möglich, ein Gemeinschaftsgefühl zustande zu bringen. Wir weisen lediglich ab und zu darauf hin, dass gleich nebenan die Kirche ist, dass man dort Gottesdienst feiern und auch ein religiöses Gespräch führen kann. Das wird auch immer wieder in Anspruch genommen.
Mittlerweile gibt es auch das erste VinziTel-Baby. Eine unserer ersten Bewohnerinnen, die gemeinsam mit ihrem Freund zu uns gezogen war, bekam in dieser Zeit ein Kind. Das Schöne war, dass damals zufällig Bischof Egon Kapellari zu Gast war. Ich bat ihn, die junge Mutter in ihrem Zimmer zu besuchen und das Kind zu segnen, das hat er auch getan. Immer wieder sucht er seither unsere Einrichtungen unangemeldet auf.

*

Es geht viel mehr, als man glaubt. Das haben wir uns zum Prinzip gemacht, und damit sind wir auch immer wieder auf Skepsis gestoßen. Offenbar leben manche Leute und Institutionen geradezu nach einem Dogma, das da heißt: Was net geht, geht net. Solche Dogmen darf es nicht geben, wenn es sich um Menschenleben handelt. Für die Vinzenzgemeinschaft Eggenberg gilt: Wir engagieren uns nicht halbherzig, sondern mit großer Anstrengung, sowohl in seelischer wie auch in geistiger Hinsicht, in körperlicher und auch finanzieller. Dieses Sich-Bemühen ist es, worum es geht. Vieles wäre einfacher, wenn prinzipiell Hilfswillige die Not ihrer Mitmenschen zu ihrer eigenen machen würden.

Mir fällt dazu eine Geschichte ein, die ein schönes Beispiel darstellt: Am Grazer Bahnhof gab es einen Mann, den alle Bahnhof-Richie nannten. Seit Menschengedenken schon schien er dort zu leben. Er trug einen kurzen Bart, hatte verschmitzte Augen und eine verkrüppelte rechte Hand. Er trank viel und war immer gut aufgelegt. Niemand wusste, wo er schlief, man sah ihn immer nur in der Bahnhofshalle. Wenn er in seiner Weinlaune allzu laut wurde, kamen für gewöhnlich zwei Polizisten, nahmen ihn am Arm und geleiteten ihn vor die Eingangstür. Dort machten die Beamten kehrt und gingen wieder hinein, dicht gefolgt von Richie. Dieses Spiel liebte er.

Ein paar Monate im Jahr saß er im Gefängnis, denn er hatte kein Geld, die vielen Strafmandate zu bezahlen, die er im Laufe der Zeit bekommen hatte. Und so musste er dafür sitzen, dass er einen Polizisten einmal Arschloch genannt hatte, gerne in die Blumenkisteln in der Wartehalle urinierte, Reisende beschimpfte, wenn sie ihm nichts geben wollten, und die Besitzer der Geschäfte in der Halle belästigte, wenn er nichts zu trinken hatte.

Richie war ein fröhlicher Mensch, der den Mitarbeitern des VinziBusses bestens bekannt war, und ich fragte mich immer wieder, was in seinem Leben wohl passiert war. Eines Tages setze ich mich zu ihm und begann, ihn auszufragen. Er erzählte, dass er aus St. Jakob im Walde komme und Forstarbeiter sei. Er habe eigentlich nie mehr getrunken als alle anderen, aber irgendwann sei ihm in Graz ein dummer Unfall passiert, seither sei seine Hand verkrüppelt. Sein Antrag auf krankheitsbedingte Frühpensionie-

rung war bei der Bauernkrankenkasse abgelehnt worden, er galt als arbeitsfähig und musste weiter im Forst helfen. Das schaffte er jedoch nicht mit seiner Hand, und er begann, mehr zu trinken. Immer auswegloser wurde der Strudel, in den er hineingeraten war. Irgendwann verließ er sein Zuhause endgültig und landete am Grazer Bahnhof, wo er von nun an sein Leben fristen sollte.
Das war Richies Geschichte, die ich nicht so stehen lassen konnte und wollte. Ich konnte den Mann überreden, zumindest für die Nacht in eines unserer Häuser zu ziehen, den Tag verbrachte er weiterhin am Bahnhof. Eines Morgens brachte ich ihm frische Wäsche und einen Steireranzug, kurze Zeit später machten wir uns auf den Weg zur Bauernkrankenkasse. Der Arzt, der Richie untersuchte, war fassungslos. Wie hatte sein Kollege diesen Mann vor vielen Jahren als arbeitsfähig erklären können? Und wie war es möglich, dass ihm die Möglichkeit eines Einspruchs nicht erklärt worden war? Tag für Tag, Jahr um Jahr, waren Hunderte Menschen an diesem Mann vorbeigegangen. Und keiner hatte sich gefragt, was mit ihm los sei. Er war eben der Bahnhof-Richie.
Ich habe damals nicht locker gelassen, bis der arme Mann mir seine Geschichte erzählt und schließlich seine verdiente Pension bekommen hat, wenn auch nicht rückwirkend, was ich im Übrigen als Sauerei empfinde. Darum geht es: So lange keine Ruhe geben, bis klar ist, was möglich ist und was nicht.
Eines Abends bekam ich einen Anruf von der Polizei. Ob ich ihnen helfen könne, einen Toten zu identifizieren? Er sei südlich von Graz an einem Wehr in der Mur gefunden worden, drei Tage lang hätte er schon im Wasser gelegen. Es könnte sich bei der Leiche möglicherweise um jemanden handeln, den ich kenne.

Die Vermutung der Polizei stellte sich leider als richtig heraus – als ich am Fundort eintraf, sah ich den toten Bahnhof-Richie am Boden liegen. Sein Körper war aufgedunsen, aber das verschmitzte Lächeln hatte er immer noch im Gesicht. Er muss in den Mühlgang gefallen sein, unfähig, sich selbst aus dieser misslichen Lage zu befreien. Mich machte dieser Anblick unsagbar traurig. Ich habe ihn in seiner Heimat St. Jakob im Walde begraben.
Dies ist eine schöne, traurige, wahre Geschichte, an der viele Schuldige beteiligt waren. Ich will den Mann nicht als unschuldig bezeichnen, wer weiß, was er in seinem Leben alles angestellt hat. Aber dass niemand früher auf das Schicksal dieses armen Menschen aufmerksam geworden ist und etwas für ihn unternommen hat, empfinde ich als zutiefst erschütternd.
In all meinem Denken und Tun bin ich davon überzeugt, dass der von den Nazis ermordete großartige Jesuitenpriester Alfred Delp auch heute noch vollkommen recht hat. Er schrieb einst: *Es wird kein Mensch mehr an die Botschaft vom Heil glauben, solange wir uns nicht blutig geschunden haben im Dienste des physisch, sozial, wirtschaftlich, sittlich oder sonst wie kranken Menschen. Damit meine ich das Nachgehen und Nachwandern auch in die äußersten Verlorenheiten und Verstiegenheiten des Menschen, um bei ihm zu sein. Genau und gerade dann, wenn Verlorenheit und Verstiegenheit ihn umgeben.*

Von der Armut in der Ferne

Ich habe in meinem Leben bisher keine besonders großen Wünsche gehabt. Die zwei größten wurden mir aber erfüllt: Ich wollte einmal die Bronx in New York sehen, das war schon ein Bubentraum von mir. Und einmal das Taj Mahal in Indien. Meine Mitarbeiter kannten meine Träume, und so schenkten sie mir zu zwei verschiedenen Anlässen jeweils eine Reise an diese Orte.
In meiner Vorstellung war die Bronx ein Platz, an dem ungeheuer viel Not, Diskriminierung und Unrecht herrschten, und das in großem Ausmaß. Es gibt noch unzählige andere Beispiele dafür, etwa die Favelas in Südamerika, aber gewisse Dinge sind für einen persönlich mit einer gewissen Symbolik behaftet, und für mich war das eben die Bronx.
Ich habe Mitbrüder in New York, Lazaristen. Sie sind an verschiedenen Orten tätig, unter anderem führen sie auch eine Universität, auf deren Campus ich Quartier bezog, um von dort aus die Stadt zu erkunden. Schon am ersten Tag nannte ich ihnen den Grund für meine Reise. Sie schauten mich erstaunt an. „Du bist doch nicht wirklich gekommen, um die Bronx zu sehen? Was willst du dort?“ Es waren Universitätsprofessoren und andere gebildete Leute, die völlig verständnislos die Köpfe schüttelten. Da kam ein österreichischer Priester zum ersten Mal nach Amerika, und was wollte er sehen? Die Bronx! Sie erzählten mir

jede Menge Horrorgeschichten und rieten mir dringend von einem Besuch dieses Stadtteils ab, schon gar nicht im Priestergewand. An jeder Ecke würde man mich anbetteln oder, noch schlimmer, mir etwas abnehmen.

Unsicher geworden, schob ich meine Pläne auf. Jeden Tag hatte ich eine neue Ausrede für mich parat, nicht in die Bronx zu gehen – aber vielleicht morgen. Ich muss gestehen, ich war besorgt. Ich durfte kein Risiko eingehen, denn ich wollte auf alle Fälle wieder zu meiner Pfarrgemeinde nach Österreich zurück. Und wenn mir meine Mitbrüder, die in New York leben, derart drastisch empfahlen, nicht dorthin zu gehen, dann war das wohl begründet.

In einer Art Vorstufe beschloss ich, eine Pfarre in Brooklyn zu besuchen – St. John, eine Gemeinde, die ebenfalls von Lazaristen betreut wird. Und ich erfuhr, dass Brooklyn noch viel schlimmer war als die Bronx: Dort gab es eine unsichtbare Demarkationslinie: Auf der einen Seite lebten die Hispanics, auf der anderen die Afroamerikaner, von denen viele Muslime waren, die in Ghettos lebten. Dort herrschten eigene, strikte Regeln. Wer sich nicht streng an den Koran hielt, wurde mit Gewalt dazu gezwungen oder vertrieben, und niemand ging dorthin, der dort nichts zu suchen hatte. Auch ich verspürte kein wirkliches Bedürfnis dazu, zumal ich den Islam bereits in meiner Türkeizeit kennengelernt hatte. Ich wollte einfach sehen, wie ein Mitbruder in einem Bezirk arbeitet, in dem sehr viel Armut herrscht. Dort steht auch die größte Vinzenzkirche der Welt, ein riesiges, baufälliges Gebäude. Der Pfarrer hatte eine auf sechs Säulen liegende Zwischendecke eingezogen und so eine Kirche in der Kirche errichtet, zu der man sich seinen Weg durch Gerümpel bahnen musste, die im Inneren aber sehr hübsch war. Er sagte zu mir, dass er mit dem Geld, das für eine Renovierung des Gebäudes

notwendig wäre, alle Armen seiner Gemeinde 50 Jahre lang versorgen könnte.
Dieser Mann hatte auch eine Organisation namens Bread and Life gegründet. Täglich wurde an 1000 Menschen ein warmes Mittagessen ausgegeben. Mehr als 50 Prozent der Gemeinde waren HIV-positiv, für sterbenskranke AIDS-Patienten gab es ein Hospiz. Mein Kollege tat alles, um der Armut mit sämtlichen Mitteln zu begegnen, die ihm zur Verfügung standen. Für afroamerikanische Mädchen, die nach der Schule keine Arbeit bekamen, hatte er einen Computerkurs organisiert. Und es gab noch zahlreiche andere Projekte in dieser Pfarrgemeinde, die mich faszinierten.
Ich kam mit einem jungen Mann ins Gespräch, der mit seiner Frau und seinem kleinen Kind auf dem Arm bei der Essensausgabe stand. Warum sie hier seien, fragte ich ihn. Er gab zur Antwort, dass sie von den etwa 400 Dollar Sozialhilfe allein nicht leben könnten. Da wurde mir bewusst, dass es hier, in diesem reichen Land, eigentlich noch schlimmer war als bei uns. Ich habe in New York viele Obdachlose gesehen, die in Kartons in den Subway-Stationen lagen. Es ging mir schlecht dabei, und ich musste an die Menschen in unseren Einrichtungen denken, die es eindeutig besser hatten.
Am vorletzten Tag meines Aufenthaltes war es schließlich so weit – ich hatte endgültig beschlossen, die Bronx zu besuchen. Zweimal hatte ich mich im Vorfeld umgezogen. Zuerst hatte ich vor, in Zivil zu gehen, doch dann legte ich mein Priestergewand an, weil ich mich nicht verstecken wollte. Als ich schon fast bei der Tür draußen war, drehte ich mich um und tauschte meine Kleider erst wieder gegen solche, die mich nicht als Geistlichen auswiesen. Außer einem Fotoapparat und Geld, in einem Bauchgurt

verborgen, nahm ich nichts mit auf den Weg in das berüchtigte Viertel.
Ich fuhr zu einer Lazaristengemeinde namens Holy Agony, die genau an der Grenze zur Bronx liegt. Dort werden ausschließlich Hispanics betreut. Ich erzählte dem dortigen Pfarrer von meinem lange gehegten Wunsch, diesen Stadtteil einmal zu besuchen, dass ich bis jetzt aber gezögert hätte. Auf seine Frage, warum das so sei, antwortete ich ihm, unsere Kollegen von St. John hätten mich eindringlich davor gewarnt. Er lachte: „Wer Angst hat, hat auch einen Grund dafür. Ich lebe seit zehn Jahren hier und habe mich noch nie gefürchtet." Ich ließ meinen Fotoapparat trotzdem bei ihm, setzte mich in die U-Bahn und fuhr nur ein kleines Stück in das Viertel hinein. Schon meine Mitarbeiter in Graz hatten mir geraten, spätestens dann aus der U-Bahn zu steigen, wenn der letzte Weiße dies ebenfalls tat. Ich kaufte ein paar Kleinigkeiten und betrat schließlich auch einen Supermarkt. Der große Raum war voller Holzregale, zwischen denen Frauen mit Reklameblättern in der Hand standen. Wie ich später erfuhr, kauften sie nur die Sonderangebote, alles andere konnten sie sich nicht leisten. Viel hatte ich auf meiner kurzen Reise ins Abenteuer nicht wahrnehmen können, aber diese Frauen haben mich damals berührt.
Nach wenigen Stunden stieg ich wieder in die U-Bahn ein, stolz auf die paar Eindrücke, die ich gesammelt hatte, und froh, dass alles gut ausgegangen war. Mit einem Mal bemerkte ich, dass die Fahrgäste von Station zu Station weniger wurden, Weiße waren überhaupt nicht mehr zu sehen. Als in meinem Waggon nur noch ein Mann saß, stand ich auf, ging in den Nachbarwaggon und fragte eine Frau, wann wir denn zur Central Station kommen würden.

Es stellte sich heraus, dass ich in die verkehrte Richtung, nämlich nach Norden, gefahren war und mich mittlerweile tief in der Bronx befand.
Je weiter man von Manhattan weg ist, desto schwieriger kann das Umsteigen werden. Als ich endlich eine Möglichkeit gefunden hatte, stand auf dem Bahnsteig außer mir nur ein einziger Mann, ein Stück weit entfernt. Ich blickte ständig in seine Richtung, weil ich dachte, er könnte sich mir vielleicht nähern. Angst habe ich in meinem Leben noch nie gehabt, aber dort hatte ich zumindest ein ungutes Gefühl, weil ich trotz aller Warnungen das Schicksal herausgefordert hatte. Doch nichts geschah, und ich kam wohlbehalten nach Manhattan zurück.
Ich bin sehr froh, dass ich in New York gewesen bin. Vor allem Brooklyn hat mich beeindruckt, durch das man sich als Weißer eigentlich nur mit dem Auto bewegen sollte, wie mir mein Kollege später sagte. Als ich wieder in Österreich war, musste ich erfahren, dass kurz nach meiner Abreise einer meiner amerikanischen Mitbrüder vor dem Pfarrhaus niedergeschlagen worden war.

*

Mein zweiter großer Lebenswunsch war es, einmal das Taj Mahal in Indien zu sehen. Dieser Traum hatte viel mehr mit Romantik und mit Kunstgenuss zu tun. Zu meinem 60. Geburtstag bekam ich eine Reise dorthin geschenkt, inklusive Reisebudget.
Von vornherein war für mich klar, dass ich nicht mit einer organisierten Gruppe, sondern auf eigene Faust unterwegs sein wollte. Mithilfe eines Reisebüros und eines befreundeten, Indien-kundigen Kollegen stellte ich eine Reiseroute zusammen. Ich kontaktierte auch meine Kolle-

gen in einigen der insgesamt 4000 indischen Vinzenzgemeinschaften und kündigte unser Kommen an.
In Neu-Delhi stellten wir – fünf Mitglieder der Vinzenzgemeinschaft und ich – zu unserer Freude fest, dass der Präsident der Vinzenzgemeinschaften kein klassisches touristisches Programm für uns zusammengestellt hatte, sondern uns den Stadtrand zeigen wollte. Je weiter wir uns vom Zentrum entfernten, desto augenscheinlicher wurde das Elend.
Alte Menschen, die keine Familienangehörigen haben, sind in Indien besonders arm dran. Wie die heiligen Kühe, die, wenn sie keine Milch mehr geben, davongejagt werden und sich dann in den Straßen der Städte von Papier und Stofffetzen ernähren. Wir besuchten ein Altersheim, das von einer Vinzenzgemeinschaft geführt wird. Es war Jänner und im Norden Indiens ziemlich kalt. Das Heim bestand aus einer großen Halle, in der durch Paravents kleine Kojen abgetrennt waren, in denen Platz für ein Bett, einen Stuhl und einen kleinen Tisch war. An der Wand hing das Essgeschirr für die Mahlzeiten, die es im Heim für alle gab. Die christlichen Schwestern kümmerten sich zwar liebevoll um die Alten, doch der allgemeine Standard, der einen krassen Unterschied zu Altersheimen hierzulande darstellt, war armselig. Trotzdem war es viel besser, als die letzten Jahre des Lebens auf der Straße zu verbringen.
Wir besuchten auch ein Waisenhaus. Dort erfuhren wir, wie groß die Belastung für arme Familien ist, wenn Mädchen im Haus leben, denn der Vater arbeitet hauptsächlich, um sich eines Tages die Aussteuer für seine Töchter leisten zu können. Und diese Arbeit ist zum Teil so schwer, dass die Männer oft nicht viel älter als 30 Jahre werden. Es wundert mich nicht, dass es in Indien Mütter

gibt, die ihre weiblichen Nachkommen töten, entweder nach oder vor der Geburt. Eine Schwester erzählte mir, die Regierung hätte Schwangerenberatungsstellen eingeführt und würde erlauben, kranke Embryonen abtreiben zu lassen. Von den ersten 5000 abgetriebenen Föten in Indien hatten beinahe alle lediglich eine „Krankheit" – sie waren weiblich. Ich möchte mir dazu kein Urteil anmaßen, schon gar kein moralisches.

In dieses Waisenhaus war eben erst ein kleines Mädchen gebracht worden, das neben seiner toten Mutter gefunden worden war. Sie war an Tuberkulose gestorben, der Vater hatte sich mit dem Sohn aus dem Staub gemacht und die Tochter neben dem Leichnam seiner Frau zurückgelassen.

Das sind Bilder des Leides und der Armut, die in solch geballter Form kaum wo zu finden sind. Ich habe in diesem Waisenhaus aber auch ein Ehepaar aus der Schweiz erlebt, strahlend und überglücklich, weil es gerade seine Adoptivtochter abholte.

Wir reisten weiter, von Neu-Delhi nach Agra. Ich bin ästhetisch sehr ansprechbar, und ich kann mich noch sehr gut an die Szenen von damals erinnern. Wir waren mit einem Wagen, der von Kamelen gezogen wurde, durch eine malerische, nebelverhangene Landschaft unterwegs. Plötzlich tauchte hinter der Nebelwand das Taj Mahal auf – eine weiße Schönheit, die durch nichts übertroffen werden kann. In meinem Leben war ich nur einmal derart beeindruckt gewesen – als ich die Königsmoschee von Isfahan sah, deren Inneres mich tief berührte. Der Nebel verzog sich langsam, die Sonne kam hervor. Ich konnte mich daran nicht sattsehen. Stundenlang sind wir geblieben. Mit großer, tiefer Freude genoss ich diesen Tag, und mir wurde bewusst, dass wir Europäer nicht die Einzigen

1

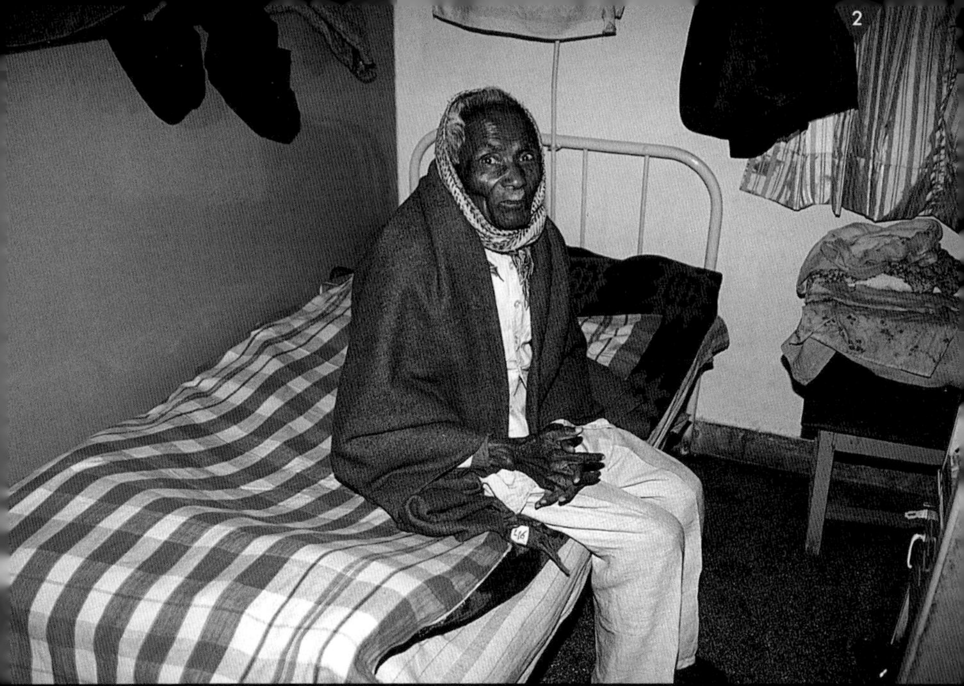
2

3

4

5

1 Kalkutta – auf der Suche nach Babynahrung
2 Altenheim in Neu-Delhi
3 Kalkutta – Elisabeth Gjecaj bei der morgendlichen Essensausgabe im Mutterhaus von Mutter Teresa
4 Kinder am Bahnhof von Kalkutta
5 Neu-Delhi – Mensch und Tier auf Nahrungssuche
6 Neu-Delhi – Schwerstarbeit für einen Hungerlohn

sind, die Wunderbares hervorgebracht haben. Wir haben keinen Anspruch darauf, die schönsten Kunstwerke und die prachtvollsten Bauwerke zu haben. Es gibt so viele Kulturen auf der Welt, die so viele Schätze beinhalten. Vieles davon hat unsere Zivilisation mit ihrer Präpotenz und Arroganz nicht nur missachtet, sondern auch zerstört.
Unser nächstes Ziel war Varanasi, das Zentrum des Hinduismus am Ganges. Auch das war ein bedeutsames Erlebnis – auf verschiedenen Ebenen. Wir hatten dort Kontakt zur größten christlichen Schule, die von einem Bischof organisiert wurde. Den Leiter dieser Schule hatten wir gebeten, uns durch Varanasi zu führen.
Es ist faszinierend, wie unterschiedlich die Mentalitäten der Völker dieser Welt sind. Unser Flugzeug nach Varanasi hatte vier Stunden Verspätung, und wir waren sicher, dass auf dem Flughafen niemand mehr auf uns warten würde. Doch unser Reiseleiter strahlte uns entgegen, als wären wir auf die Minute pünktlich angekommen. Wir lernten die Art dieser Menschen mit der Zeit sehr zu

schätzen. Auf der ganzen Reise etwa habe ich nie jemanden laufen gesehen, außer Kinder. Die Leute scheinen es nicht eilig zu haben, obwohl sie von Sonnenauf- bis Sonnenuntergang am Arbeiten sind.

Am nächsten Morgen holte uns unser freundlicher Führer ab, um uns zum Ganges zu bringen. Die Straße dorthin werde ich nie vergessen. Links und rechts lagen verstümmelte Menschen, doch niemand jammerte oder schrie, sie blickten uns nur an. Ein junger Mann, der keine Hände hatte, hielt mir mit seinen Armstumpen einen Blechnapf hin, ein anderer kroch uns auf einem Holzbrett entgegen. Die Bilder der Armut waren unerträglich, und sie hörten nicht auf. Solche Dinge sind nicht auszuhalten, wenn man nur einen Funken Empathie in sich trägt.

Man hatte uns geraten, bettelnden Menschen nichts zu geben, sondern stattdessen für soziale Einrichtungen zu spenden. Ich hielt mich nicht an diesen Rat und hatte immer viele Zehn-Rupien-Scheine bei mir. Um dieses Geld kann ein Mensch einmal am Tag satt werden.

Am Ufer des Ganges sahen wir einen Mann, der halbnackt an einer Holzsäule lehnte und in die aufgehende Sonne blickte – total bewegungslos, er schien völlig in sich zu ruhen und das Elend um sich herum nicht wahrzunehmen. Und wieder wurde mir der Unterschied zwischen unseren Kulturen bewusst. Im Hinduismus zählt das Leid des anderen nicht viel, das Leiden überhaupt hat eine völlig andere Bedeutung. Durch Leid und Entsagung hoffen die Menschen, Erleuchtung zu finden. Das extremste Beispiel sind wohl die Sadhus, die nichts wollen und nichts haben, außer ihre Bettlerschale. Sie sind nackt, mit Asche eingerieben, und der Penis eines Sadhus ist mit einem Faden abgebunden, um die absolute Entsagung zu unterstreichen.

Jeden Morgen werden die Leichen, die in der Nacht in den Straßen gesammelt werden, wie Müll in den Ganges gekippt. Das ist Normalität dort. Es ist eine eigene Welt, die unsereins kaum verstehen kann.
Mit einem Boot fuhren wir den Ganges entlang. In der Ferne sahen wir die Feuer von Leichenverbrennungen. Auf den Uferböschungen saßen oder lagen die Menschen, um zu sterben. Niemanden interessierte das. Jeder hatte seinen Platz, und wer etwas zu essen bekam, der freute sich. Wer nichts bekam, beklagte sich nicht. Irgendwann würde er ins Nirwana eingehen oder wiederkehren, hineingeboren in eine neue Kaste, auf dem Weg in ein neues, leidvolles Leben. Oder, wenn das Karma es gnädig meinte, in ein besseres.
Den Abend verbrachten wir in der christlichen Schule, wo wir angeregte Gespräche mit dem Schulleiter führten. Er erzählte uns, dass sich im Keller der Kirche eine Art christliches Disneyland befinde, in dem sich interessierte Hindus mit unserer Religion näher vertraut machen konnten. Wir waren natürlich neugierig, und so begleitete er uns hinunter. Und wirklich – alles bewegte sich, man hörte Geräusche und Stimmen, sah nachgestellte Szenen von der Heiligen Familie und von Moses, wie er das Meer teilt. Am Ende dieses unterirdischen Lehrpfades stand ein Taufbrunnen – einladend, als wolle er fragen: „Willst du, oder willst du nicht?“ Tatsächlich werden in dieser Kirche laufend Hindus getauft. Heimlich, denn der hinduistische Fanatismus ist groß. Als wir dort waren, brannten gerade viele Kirchen, und wir hörten von einer Ordensschwester, die vergewaltigt worden war.

*

Mit dem Nachtzug machten wir uns auf den Weg nach Kalkutta. Nach einer rumpligen Fahrt in einem übervollen Zug kamen wir in der Früh in der 16-Millionen-Stadt an. Zwei Franziskanerinnen holten uns vom Bahnhof ab, und wir bahnten uns durch die Menschenmassen einen Weg nach draußen. Das Erste, was wir sahen, war eine Gruppe blinder Kinder, die auf dem Gehsteig schliefen. Was noch sofort ins Auge stach, waren die vielen kommunistischen Symbole in der Stadt: Die Menschen dort haben nur zwei Hoffnungen – den Kommunismus und das Christentum.

Die Bilder des Leids auf dem Weg zu unserem Hotel waren schrecklich. Polizisten droschen auf Rikschafahrer ein, verwahrloste Kinder liefen in den Straßen umher. Wir kamen zu unserem Hotel, das wir dummerweise im Vorhinein gebucht hatten, nachdem man uns geraten hatte, in einem ordentlichen Quartier abzusteigen. Vor dem Eingang standen Wachleute, deren Aufgabe es war, die Bettler fernzuhalten. Wir betraten die Vorhalle und wurden von den Klängen eines Barpianisten empfangen, der gerade einen österreichischen Walzer spielte. Der Kontrast konnte schlimmer nicht sein.

In Kalkutta gibt es 3000 Slums. Um jeden vornehmen Häuserblock schmiegt sich eine Elendssiedlung, deren Bewohner von den Wohlhabenden leben, indem sie kleine Dienste wie Wäschewaschen, Bügeln, Botengänge oder Schneiderarbeiten für sie verrichten. Besonders schlimm ist die Situation der Rikschafahrer. Ich hatte schon vor dieser Reise das Buch „Stadt der Freude“ von Dominique Lapierre gelesen, in dem es um das Schicksal einer Rikschafamilie geht. Wenn man das liest, kann man einige Wochen lang nicht mehr gut schlafen. Bis heute unterstützen wir regelmäßig die Pfarrgemeinde Queen of Peace in Kalkutta, die sich dieser Menschen annimmt. Mit der Zeit konnten 36 Rikschas angeschafft werden, was das Leben vieler Familien erleichtert hat, da sie nun den Rikschabesitzern keine hohen Leihgebühren mehr zahlen müssen.

Ich ging in einen dieser Slums hinein. Mir fiel auf, dass die Menschen nicht bedrückt oder traurig wirkten, sondern ihre Armut lediglich an ihrem schäbigen Äußeren zu erkennen war. Die Kinder sind genauso fröhlich wie bei uns, auch wenn sie nur mit einem Klumpen Lehm oder der Felge eines alten Fahrrads spielen. Die meisten der Kleinen arbeiten jedoch: Sie sammeln Papier, alte Kleiderfetzen, Metall, einfach alles – den Gewinn kann man sich vorstellen.

Wir waren häufig mit dem Taxi unterwegs und steckten oft im Stau. Sofort trommelten bei solchen Gelegenheiten unzählige Kinderfäuste gegen die Scheiben. Ich hatte das Fenster immer einen kleinen Spalt weit geöffnet und schob manchmal einen Geldschein hinaus. Ein Erlebnis macht mich heute noch sehr traurig. Eine junge Frau klopfte an die Scheibe, 15 Zentimeter von meinem Gesicht entfernt, und flüsterte durch den Fensterspalt: „Tschapatti! Tschapatti!“ Brot. Ich hatte keinen kleinen Schein mehr bei mir. Die Frau wich nicht vom Auto und flehte weiter um Brot für ihr kleines, nacktes Kind, das sie auf dem Arm trug. Irgendwann gab sie es auf und wandte sich einem kleinen Stand zu, der Popcorn ver-

kaufte. Sie bückte sich, um aufzusammeln, was auf den Boden gefallen war, nahm ihr Baby, legte es auf die Motorhaube eines geparkten Autos und fütterte es damit. Dieser Anblick schnürte mir die Kehle zu, und obwohl ich ursprünglich vorgehabt hatte, das Auto nicht zu verlassen, stieg ich aus und kaufte der Frau eine Tüte Popcorn. Es war furchtbar, dass ich in diesem Augenblick nicht mehr für sie tun konnte.
Eines unserer Ziele in Kalkutta war das Sterbehaus von Mutter Teresa, in das jene Menschen kommen, die nicht einmal einen Platz zum Sterben haben. Wir lernten einen jungen Freiwilligen aus Bayern kennen, der schon seit drei Jahren dort arbeitete. Er hatte eine liebevolle und zugleich robuste Art, mit den Menschen umzugehen und sie dabei auch zu berühren. So wie Mütter ihre Babys angreifen. Er salbte die ausgetrockneten Körper, um sie vor dem endgültigen Verdorren zu schützen. Die Sterbenden bekommen keine Medikamente, nur Schmerzmittel.
Auch das Mutterhaus von Mutter Teresa hat tiefe Eindrücke hinterlassen. Schon vor dem Morgengrauen teilen die Schwestern dort an Tausende Menschen Grütze aus. Jeder nimmt sich einen Blechteller von einem großen Stapel und wartet auf seine Portion. Und trotz ihrer Armut beweisen die Menschen Würde: Es gibt kein Drängeln, jeder wartet geduldig. Dann setzen sie sich in langen Reihen auf den nackten Betonboden und essen ruhig ihre Mahlzeit mit der Hand. Wenn sie fertig sind, stehen sie auf, spülen den Teller unter einem Wasserhahn ab und gehen still weg.
Ich wollte an diesem Morgen mithelfen, das Essen zu verteilen. Dabei konnte ich meine kulinarische Neugier nicht bezwingen und kostete von dem gelben Brei. Am nächsten Tag bekam ich Fieber, das mich die restliche Reise über nicht mehr verlassen sollte. Kurze Zeit später, wir waren

schon auf der Weiterreise nach Madras, war mir so elend, dass ich am liebsten sofort nach Hause geflogen wäre. Wie ein Toter lag ich im Reisebus. Man brachte mich zu einem Arzt, der sofort Bescheid wusste. Ich war wohl nicht der Erste, der seine winzige Ordination mit solchen Symptomen aufsuchte. Mit den Medikamenten konnte ich zumindest so weit auf die Beine kommen, dass ich die Schönheit des Landes, die sich schließlich gegen Ende unserer Reise im Süden auftat, genießen konnte.
Ich habe in Indien zum ersten Mal wilde Lotusblüten gesehen, die ich sehr liebe und seit damals in unserem Gartenteich ziehe. Sie erinnern mich an die doppelte Welt Indiens, wo Schönheit und Hässlichkeit wie Tag und Nacht auseinanderklaffen. Mein Kollege aus Kalkutta, den wir heute noch unterstützen, besuchte mich eines Tages. Bevor wir uns in ein langes Gespräch vertieften, führte ich ihn hinaus in den Garten, um ihm den Teich zu zeigen – denn er war voll von Lotusblüten.

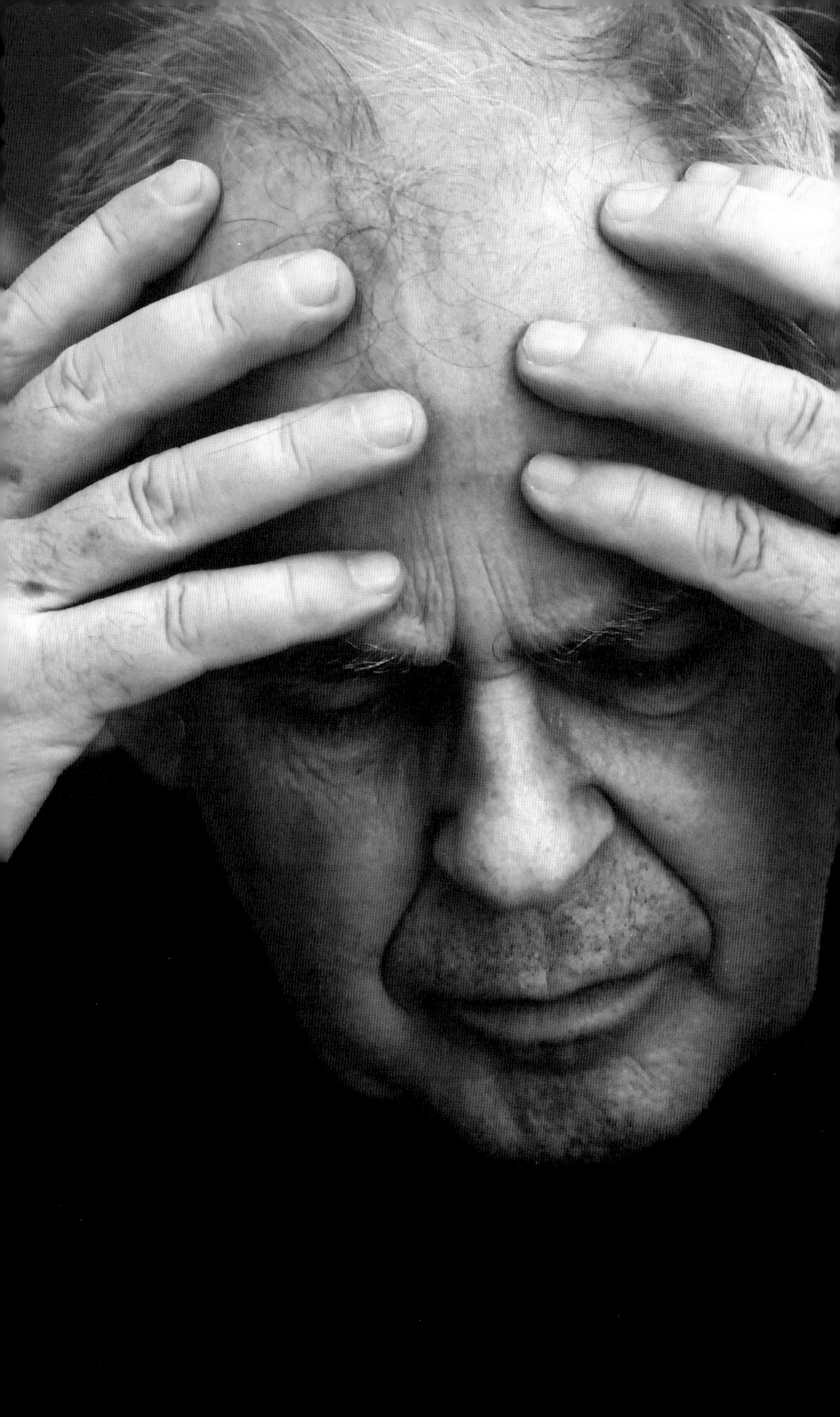

Was zu sagen bleibt

Ich bin Priester geworden, weil ich einst gespürt habe, dass Gott mich haben will. Mein Beruf füllt mich aus, er ist mein Leben. Ich darf ihn ausüben, obwohl ich nicht immer all das erfülle, was in beruflicher Hinsicht von mir erwartet wird. Die Menschen, die mich näher kennen, wissen, wie viele Mängel ich habe und wie oft ich daneben liege, wenn es darum geht, die richtigen Entscheidungen und vor allem das richtige Wort zu finden. Ich habe einen festen Willen und eine innere Zielstrebigkeit mit auf den Weg bekommen und setze diese auch ein. Für beide Eigenschaften bin ich dankbar, weil ich weiß, wie notwendig es ist, in schwierigen Situationen durchzuhalten.
Ich bin ziemlich gefühlsbetont, Emotionen sind meine ständigen Begleiter im Umgang mit Menschen und in der alltäglichen Erfüllung meiner Aufgaben. Immer wieder bin ich sehr bewegt und berührt. Das stärkste Empfinden habe ich dem Leid gegenüber. Wann immer ich Menschen treffe, die von Not und Schmerz gezeichnet sind, fühle ich mich selbst tief betroffen. Es ist ein Mitfühlen und Mitleiden, ein inneres Drängen, etwas zu unternehmen, ihr Leiden zu verringern oder zu beseitigen. Ich werde in das Schicksal des anderen hineingezogen, so stark, dass ich mich gedrängt fühle, mehr als nur meine Pflicht zu tun.
Ich kann es im Übrigen auch nicht ertragen, wenn Tiere leiden müssen. In meiner Zeit in Istanbul musste ich viele

Grausamkeiten mit ansehen. Hierzulande ist das nicht immer so offen zu sehen. Aus diesem Mitgefühl für leidende Tiere heraus habe ich damals begonnen, vegetarisch zu leben und dies sieben Jahre lang beibehalten. Da ich meiner Wirtschafterin hier in Graz jedoch nicht zumuten wollte, für mich eigens das Essen zuzubereiten, ließ ich das Fleisch bei den täglichen Mahlzeiten einfach weg. Mit der Zeit führte das jedoch zu Mangelerscheinungen. Eine Internistin riet mir aufgrund meiner Lebensumstände schließlich, wieder gemischte Kost zu essen. Und das mache ich seit damals, auch wenn es mir leid tut.
Doch nicht nur Leid berührt mich. Wenn ich glücklichen Menschen begegne, kann ich mich stark in sie hineinleben und diese Freude mit ihnen teilen. Grundsätzlich macht meine Empfindsamkeit das Leben nicht eben einfacher. Immer wieder trifft man dadurch Entscheidungen, die andere als unvernünftig oder falsch erleben. Dennoch bin ich froh, zu diesen starken Empfindungen fähig zu sein, und ich will mir diese Berührbarkeit auch erhalten.
Ich weiß, dass ich manchmal auch zu Härte neige. Nicht nur mir selbst, sondern auch anderen gegenüber. Ich sollte eigentlich wissen, dass nicht jeder die gleiche Leidenschaft, die gleiche Begabung und das gleiche Durchhaltevermögen hat. Nur das Ziel vor Augen, verlange ich im Umgang mit Menschen manchmal zu viel. Mir wurde das bewusst, als der von mir am meisten geschätzte pastorale Mitarbeiter verkündete, er würde uns verlassen. Der Mann, der vom Alter her mein Sohn hätte sein können und mit dem ich mich bestens verstand, sagte damals zu mir, er könne mein Tempo nicht mehr durchhalten.
Manchmal übersehe ich, dass ich rücksichtsvoll sein sollte, wenn jemand nicht Schritt halten kann oder will. Diese Rücksichtnahme fehlt mir oft auch mir selbst gegen-

über. Dass ich über keine besonderen physischen Kräfte verfüge, habe ich immer gewusst, was mich nicht davon abgehalten hat, siebenmal zu Fuß nach Mariazell zu gehen. Bei der letzten Wallfahrt war ich aber irgendwann so entkräftet, dass sich die Bäume zu drehen begannen. Ich musste mich niedersetzen, mir war übel und schwindlig vor Erschöpfung. Nach einer halben Stunde setzte ich meinen Weg fort. Was ich mir vorgenommen hatte, wollte ich zu Ende bringen. Zu schnell das Handtuch zu werfen, ist meine Sache nie gewesen.

Einer meiner ehemaligen Weggefährten und Mitarbeiter, eine prominente und schätzenswerte Persönlichkeit, hat mir immer wieder gesagt, ich würde nicht das Recht haben, jemanden zu etwas zu zwingen. Das ist vom Wortlaut her völlig korrekt, das ist mir klar. Aber es gibt auch einen Umkehrschluss: Das Reich Gottes, die gerechtere Welt, die Menschenwürde kann nicht erreicht werden, indem man es gemütlich angeht. Es braucht Selbstüberwindung, es braucht Anstrengung und gelegentlich auch ein Überschreiten eigener Grenzen. Ich halte es für notwendig, auch andere einzuladen, auf diesem Weg mitzugehen. Sie manchmal mitzuziehen und ihnen – wenn es sein muss – einen geistigen Tritt zu versetzen.

Ich denke zurück an die Anfangszeit des VinziDorfes, als ich letztendlich der Einzige war, der an ein Gelingen des Projektes glaubte, und nur eine einzige Frau an meiner Seite stand, die meinte, wir würden das schon schaffen. Es ist gelungen, und ich bin sehr glücklich darüber. Durch die Errichtung dieses Dorfes und die anderen Projekte, die dazugehören, ist es geglückt, die Obdachlosigkeit in Graz de facto zu beseitigen.

Ich denke an unser Arbeitsprojekt für die Bettler, das uns einst von Bürgermeister Stingl abgerungen und vom

Gemeinderat ursprünglich beschlossen, dann aber doch zurückgenommen worden war. Trotzdem war ich bereit, Verantwortung für diese Menschen zu übernehmen. Ich habe damals Gott ins Boot geholt. Oder er mich. Und es ist gelungen.

Mir ist wichtig, mir selbst und anderen gegenüber wahrhaftig zu bleiben. Man soll sagen, was man denkt. Nicht alles und auch nicht immer. Aber sich nur so auszudrücken, dass alle mit einem zufrieden sind, kann nicht Auftrag für meinen Beruf, Auftrag für einen Christen sein. Wir treten in die Fußstapfen Jesu, die für uns alle viel zu groß sind. Wir versuchen, mit ihm an der Erlösung dieser Welt mitzuwirken. Das geht aber nicht, ohne dabei selbst verletzt zu werden, und auch nicht, ohne anderen manchmal wehzutun. Das Prinzip, bei allen beliebt sein zu müssen, ist kein seelsorgliches.

*

Die Kirche hat Werte zu vertreten und Ziele zu verfolgen, die bei ihrer Verwirklichung manchmal schmerzen und den einen oder anderen vor die Entscheidung stellen: Wenn ich dazugehören will, muss ich auch mitmachen. Wir haben nicht das Recht, jemanden auszustoßen und allein zu lassen. Wir haben aber die Pflicht, dem anderen die Wahrheit zu sagen, wenn das Gewissen es von uns verlangt. Wenn möglich in Liebe, aber immer ohne einen Umweg.

Für mich wäre es wichtig, dass sich die Kirche mutiger, klarer und eindeutiger an die Seite derer stellt, für die der Erlöser eigentlich auf die Welt gekommen ist: die Kleinen, Schwachen, Gestrauchelten. Die Sünder. Meines Erachtens ist die Kirche in Europa auch heute noch viel zu sehr

an die vorhandenen gesellschaftlichen Strukturen angepasst. Alles, was am Rand liegt, liegt auch für die Kirche außerhalb ihres Interessengebietes. Das kann nicht sein. Bischof Reinhold Stecher sagte einst, kurz bevor er sein Amt niederlegen musste: „Die Kirche ist unbarmherzig." Das ist sie wirklich. Wo bleibt die positive Botschaft für Menschen, die nicht mithalten können, die versagt haben? Was ist zum Beispiel mit den Geschiedenen, die wieder heiraten wollen? Sie werden wie Außenseiter behandelt, und so fühlen sie sich meist auch. Sie bekommen keine zweite Chance, in einer neuen Partnerschaft zu leben, voll integriert in die kirchliche Gemeinschaft. Ähnlich erscheint mir auch in der Behandlung von Menschen, die aus der Kirche ausgetreten sind – nämlich dann, wenn sie sterben. Ich selbst war es, der in dieser Stadt dafür gekämpft und letztlich auch erreicht hat, dass auch sie ein ganz normales kirchliches Begräbnis bekommen, wenn die Angehörigen sich das wünschen. Mehr Barmherzigkeit – das würde ich mir von der Kirche wünschen. Doch dafür gibt es zu wenige Anzeichen.
Schon im Winter 1997/98 wurde in manchen Medien, besonders in Bezirksblättern der FPÖ, die an alle Haushalte gingen, und auch in politisch aktiven Kreisen sehr abfällig über die Roma aus der Slowakei geredet. Man versuchte, Druck zu machen, um ein Bettelverbot oder andere Restriktionen für diese armen Menschen zu erwirken. Ich konnte den damaligen Vorsitzenden der Stadtkirche von Graz, Prälat Karl Hofer, dazu motivieren, eine Erklärung abzugeben, dass die Kirche sich entschieden an die Seite dieser verfolgten Minderheit stellt und auch jedes Bettelverbot ablehnt. Diese Erklärung kam zustande und wurde auch veröffentlicht. Neben der katholischen Kirche hatten sich auch die evangelische, die altkatholische Kir-

che und die Diözesancaritas an der Aktion beteiligt. Aus heutiger Sicht ist zu sagen: Diese öffentliche Erklärung hat wesentlich dazu beigetragen, dass die damals verantwortlichen Politiker von einem schon angedachten Bettelverbot Abstand genommen haben.
Als es im Jahr 2006 steiermarkweit erneut zu Versuchen kam, diese armen Menschen von den Straßen unserer Städte zu vertreiben, bemühte ich mich wieder, die Kirche auf die Seite dieser diskriminierten Menschen zu bringen. Ich schrieb einen Brief an alle Grazer Pfarrer und meldete mich auch auf der Pfarrerwoche mit meinem Anliegen zu Wort. Ich wies darauf hin, dass der evangelische Superintendent, Hermann Miklas, das Gleiche bereits in einem Brief an seine Pfarrer getan hatte. Doch unter der neuen Führung der Stadtkirche war diese Solidarität nicht mehr zu erreichen. Ich bedauere dies sehr, weil die Kirche sich nicht drücken und wegschauen darf, wenn Menschen in ihrer Not allein gelassen oder sogar verfolgt und vertrieben werden. Dies ist insbesondere deshalb so schmerzlich, weil dieses Schweigen zum Teil mit Argumenten begründet wird, die aus Kreisen der Verächter dieser Volksgruppe stammen. Die Kirche darf nicht zur Erfüllungsgehilfin einer menschenverachtenden Politik werden. Auch nicht durch Schweigen.
Die Päpste schreiben Enzykliken. Ich gebe zu, ich habe die meisten nicht gelesen. Einige aber schon, und am häufigsten jene unseres jetzigen Papstes, Benedikt XVI.: „Gott ist die Liebe." Selten habe ich so schöne Zeilen gelesen. In seinem Text findet sich auch die Aufforderung, sich der Ärmsten anzunehmen, dafür Sorge zu tragen, dass keiner zurückbleibt.
Der Autor dieser Enzyklika kam eines Tages nach Österreich. Schon zwei Jahre vor seinem Besuch hatte ich dem

Papst geschrieben, er möge auf seiner Reise doch auch Zeit finden, das VinziDorf zu besuchen. Ich wusste, dass dies praktisch nicht durchführbar war, doch ich wollte ihm damit etwas ganz Bestimmtes signalisieren: Er möge nicht vergessen, dass es in Österreich auch sehr arme Menschen gebe, denen er sich sichtbar zuwenden solle.

Das Programm für den Heiligen Vater war straff durchgeplant. Und obwohl es praktisch keine freie Zeitlücke mehr gab, zwang man ihm damals noch einen Abstecher nach Heiligenkreuz auf. Er hätte nicht zusagen müssen, aber er tat es. Ist der Besuch bei den singenden Mönchen im Stift wirklich wichtiger als der Besuch einer österreichischen Obdachloseneinrichtung? Ich sage entschieden nein.

In allerletzter Minute versuchte ich, sowohl über den Nuntius, den Kardinal als auch den Erzbischof von Salzburg, vom Papst doch noch ein Zeichen seiner Nähe zu den Ärmsten zu erwirken. Doch lediglich eine kleine Geste sollte uns zuteil werden: Beim Empfang der Ehrenamtlichen im Wiener Konzerthaus durften einige Bewohner des VinziDorfes anwesend sein. Man hatte uns ein paar Plätze in den hinteren Reihen zugewiesen. Am Ende der Veranstaltung hätte es noch eine letzte Möglichkeit gegeben, ein Zeichen zu setzen. Weder Zeit noch Kraft, lediglich ein wenig guten Willen hätte es gebraucht. Neben dem großen Saal gab es ein eigenes Empfangszimmer, aus dem alles über eine große Videoleinwand in den Saal hinaus übertragen wurde. Einzelne Persönlichkeiten aus ganz Österreich durften dem Heiligen Vater dort die Hand geben. Ich habe keinen einzigen Armen auf dem großen Bildschirm gesehen. Es waren ausnahmslos Vertreter von Gruppen und Institutionen zugegen, die ohnehin im Blickfeld des öffentlichen Lebens stehen.

Mag sein, dass der Heilige Vater für solche Details nicht zuständig war. Als ich jedoch den Nuntius fragte, ob der Papst meinen Brief wohl gelesen hätte, reagierte er empört – was ich ihm mit dieser Frage unterstellen wolle? Somit musste ich annehmen, dass der Papst von meinen Zeilen gewusst hatte.
Benedikt XVI., der eine solch großartige Enzyklika geschrieben hat und der sich die Mühe gemacht hat, in Österreich mit so vielen prominenten und wichtigen Menschen zusammenzutreffen, ihnen die Hände zu reichen, mit ihnen zu essen – dieser Papst hat keine Sekunde Zeit gefunden, einem sichtbar armen Menschen die Hand zu geben. Das hat mich zutiefst geschmerzt.

*

Der Gedanke, dass ich einen Himmelvater hatte, war für mich sehr bedeutungsvoll. Immer wieder verwies unsere Mutter uns auf ihn und die Himmelmutter. Sie nährte meine Phantasie auch mit Erzählungen aus der Heiligen Schrift. Später, in der Volksschule, liebte ich besonders das Bilderbuch zum Katechismus, in dem der Himmelvater mit langem Bart zu sehen war, wie er mit den Engeln über den Wolken schwebt und die Welt erschafft.
Immer, wenn mich etwas bewegte und meine Mutter mir dabei nicht helfen konnte, wandte ich mich an ihn. Er war für mich die letzte Autorität, der große, mächtige Beschützer, der alles kann und der mich eben wie ein Vater liebt. Den auch ich liebe, weil er so gut zu mir und zu uns allen ist. Und weil er alles, was für mich wichtig ist, ordnet und lenkt. Ich hatte großen Respekt vor ihm, sein Wille war für mich absolut wichtig. Ich habe es nie gewagt, am Sonntag auch nur einmal der heiligen Messe

fernzubleiben. Das habe ich seit meiner Kindheit auch so beibehalten.

Weil es uns damals so beigebracht wurde, hatte ich auch ein wenig Angst vor der Hölle. Doch wirklich beschäftigt hat sie mich nie. Ich wollte mich lediglich nicht der Gefahr aussetzen, dorthin zu kommen.

Als Kinder haben wir täglich gebetet, morgens, mittags bei Tisch und am Abend. Am späten Sonntagnachmittag beteten wir gemeinsam den Rosenkranz. Ich war unter uns Kindern der Erste, der ab einem gewissen Zeitpunkt revoltierte und die Mutter dazu brachte, mit uns nur mehr ein „Gesätzchen" zu beten.

Eine Beziehung zu Jesus habe ich erst ab dem zehnten Lebensjahr entwickelt, als ich mich entschlossen hatte, Priester zu werden. Aber auch dann war er noch lange nicht mein direkter Ansprechpartner. Ich empfand ihn eher als denjenigen, der mich zu einer besonderen Aufgabe berufen hatte und demgegenüber ich mich ausschließlich in meiner Berufswahl verantwortlich fühlte. Sein Lebensweg und seine Lehren waren für mich Vorbild und Auftrag zugleich.

Mein Vertrauen zu Gottvater war ganz groß. Als ich im Bischöflichen Gymnasium in der dritten Klasse vor Schulschluss mit dem sicheren Durchfallen rechnen musste, ging ich in die Hauskapelle und bat ihn um ein Wunder: Er möge doch meine Fünfer zu Vierern machen, damit ich meinen Weg zum Priestertum fortsetzen könne. Er erhörte mich nicht. Es sollte mir eine Lehre sein, Gott nicht herauszufordern, sondern die Lebensaufgaben zuerst nach Möglichkeit selber zu erfüllen.

Als ich schon Priester war und in unserem Knabenseminar als Erzieher arbeitete, wurde mein Glaube an den guten Himmelvater zum ersten Mal wirklich auf die Probe gestellt. Ein elfjähriger Bub, der als Seminarist die Absicht hatte, Priester zu werden, und der besonders liebenswürdig war, bekam zu Ferienbeginn plötzlich Bauchschmerzen. Ich brachte ihn selbst ins Krankenhaus. Nach den ersten Wochen, in denen man keine richtige Ursache für seine Schmerzen gefunden hatte, wurde ich unruhig. Eines Tages rief mich der behandelnde Arzt zu sich und teilte mir mit, der Bub habe Leberzirrhose und werde vermutlich nicht überleben. Ich war erschüttert. Sofort schrieb ich einen Brief an seine Mitschüler und bat sie, für ihn zu beten. Im Haus, in dem die Buben lebten und wo auch ich ein Zimmer hatte, gab es eine Kapelle. Mein Kollege und ich begannen dort Tag und Nacht ununterbrochen abwechselnd zu beten. Ich legte die Heilige Schrift vor den Tabernakel und schlug sie auf bei der Stelle: *Alles, um was ihr in meinem Namen bittet, werde ich tun, damit der Vater im Sohn verherrlicht wird* (Joh 14,13). Wir beteten voll Vertrauen eine ganze Woche lang, und viele Menschen aus der Pfarrgemeinde unterstützten uns mit ihrem Gebet zu Hause.

Nach einer Woche, es war ein Sonntagmorgen, rief mich die Stationsschwester an und teilte mir mit, der Bub sei soeben verstorben. In mir wurde es total finster. Ich fuhr sofort ins Krankenhaus, begab mich in das Zimmer des Kindes, kniete neben ihm nieder und war zutiefst traurig. Laut betete ich den Schmerzhaften Rosenkranz: *Der für uns das schwere Kreuz getragen hat.* Während ich betete, hörte ich plötzlich vom Gang her einen herzzerreißenden Schrei. Es war die Mutter. Ich höre diesen Verzweiflungsschrei noch heute. Lange Zeit kamen die Eltern nicht ins Zimmer. Als sich endlich die Tür öffnete, betete ich laut weiter, ohne mich ihnen zuzuwenden. Meine Trauer und meine Enttäuschung über die Untätigkeit Gottes waren abgrundtief.

Noch heute weiß ich nicht, was ich darüber denken soll. Ich habe damals – und auch heute noch – Gott nicht verstanden. Wie soll man auch? Später habe ich es in ähnlichen Fällen nicht mehr gewagt, ein Wort über Gott zu verlieren. Das Nichthandeln Gottes war und ist manchmal nicht erklärbar. Einzig das Schicksal Mariens unter dem Kreuz ihres Sohnes hat mir in solchen Situationen Halt gegeben.
In jenen Jahren, in denen nach und nach die VinziWerke entstanden, bekam mein Glaube an Gott eine neue Kraft. Ich erlebte unübersehbar, wie er sich in ganz schwierigen Situationen an meine Seite stellte und das ergänzte, was ich nach Einsatz all meiner Kräfte nicht bewältigen konnte. Ich fühlte seine beschützende und helfende Nähe so real, dass mich nichts von dieser Überzeugung hätte abbringen können. Der Psalmvers 23,1, ***Der Herr ist mein Hirt, nichts wird mir fehlen,*** war so in mein Leben hineingewachsen, dass ich mich sehr stark und sicher fühlte. Im Alltag meiner Seelsorge versuchte ich immer wieder, auch andere Menschen auf diesen starken, liebevollen und rettenden Gott hinzuweisen.
Etwa in der Mitte meines Lebens kam plötzlich ein tiefer Einbruch in meinem Glauben. Ich wusste, dass mein Leben den Höhepunkt überschritten hatte und dass nun in absehbarer Zeit das Ende kommen würde. Daran hatte ich vorher nie ernsthaft gedacht. Ich hatte in mir nur das Leben gespürt und gefühlt, dass es schön war, da zu sein. Nun aber meldeten sich die ersten Zeichen des Abnehmens der Lebenskraft und des Durchhaltevermögens. Was kam auf mich zu?
Ich blickte in mich hinein, ich schaute in mir zu jenem Himmel hinauf, in dem sich meine Eltern befinden und wo Gott das Ein und Alles ist. Ich schaute und schaute und sah nichts. Gar nichts. Es wurde dunkel in mir.

Ich feierte täglich die heilige Messe und predigte sonntags von Gott und dem Leben bei ihm. Ich tröstete bei Begräbnissen Angehörige mit dem Hinweis auf ein wunderbares Wiedersehen mit ihren Lieben. In mir aber fühlte ich nichts davon. Große Angst packte mich. War ich selbst ein betrogener Betrüger? Mein Leben konnte doch kein einziger Irrweg gewesen sein. Sollten alle Menschen, die an Gott und die Ewigkeit glauben, einer Täuschung erlegen sein? Alles nur ein hilfloser Trost in einem schweren Leben? Vorstellungen, die nichts als Wunschdenken sind? Es war schrecklich. Ich wusste nicht, was ich tun sollte.

Unser Pfarrhaus ist mit der Kirche zusammengebaut und mit ihr durch eine Tür verbunden. Eines Nachts stand ich aus dem Bett auf und ging im Pyjama in die finstere Kirche. Nur das Ewige Licht warf einen matten, roten Schimmer auf die vergoldete Tabernakeltür. Ich legte mich vor dem Altar auf die nackten Stufen und verweilte lange vor dem Allerheiligsten. Ich betete nicht, dachte an nichts, war nur am Ende all dessen, was mein Leben bisher ausgemacht hatte. So wie ich war, wollte ich an jenem Ort da sein, an dem Tausende von Menschen ihr Leid, ihre Not, ihre Hoffnungen hingetragen und ausgebreitet hatten. Wo sie auch getröstet oder zumindest gestärkt wurden.

Ich war leer, ausgetrocknet und ohne Gefühle. Gott, wenn Du da bist, handle an mir! Ich bitte dich!

Ich weiß nicht, wie viele Wochen ich in diesem Zustand verbrachte und als Seelsorger tätig war. Irgendwann kam wieder Leben in mein Inneres. Und ohne dass ich es gemerkt hätte, kehrte Gott ganz still wieder ein in mich. Ganz tief, ganz stark und ganz lebendig. Er war wieder da, wie immer. Aber ganz neu. Er hatte mich gereinigt von all meinen Vorstellungen von und den Erwartungen an ihn. *Er war da als der Ich bin da* (Ex 3,14). Und das war wunderbar.

Wenn ich heute an mein Ankommen bei Gott denke, erfüllt mich das mit Freude, aber auch mit ein wenig Sorge. Mit Freude, weil ich weiß – ich habe es erfahren –, dass es unendlich schön ist, bei ihm zu sein, für immer und ewig. Die Sorge kommt aus meiner Selbsteinschätzung. So ganz harmlos wird dieser Übergang zu ihm wohl nicht sein. Dass alles so einfach vergessen sein wird, was in meinem Leben danebengegangen ist und wo ich an meiner Lebensaufgabe vorbeigelebt habe, kann ich nicht glauben. Ein reinigender Übergang, ein Fegefeuer, wird wohl notwendig sein. Auch daran glaube ich.

Ich habe keine Angst, mein Leben in die Hände Gottes zurückzulegen. Ich weiß, dass er mich aufnehmen wird und dass ich dann so sein und leben kann, wie er mich gedacht und geplant hat. So, dass aus mir der wird, der ich sein könnte. Ich werde mich dann in einer völlig anderen, neuen Welt wiederfinden, die all das erfüllt, wovon wir alle träumen. Eine Welt der umfassenden Liebe und der Erfüllung all unserer Sehnsucht.

Wenn ich an die Zukunft denke und daran, was mir in meinem Leben an Möglichkeiten noch offen steht, dann sind es zwei Dinge, die mich beschäftigen. Zum einen hoffe ich, dass ich mir die Fähigkeit und Bereitschaft bewahre, den Menschen das Evangelium nicht nur in Worten, sondern auch in Taten zu vermitteln. Worte bewegen, aber Taten ziehen. Wir sind als Priester dazu berufen, Menschen mitzunehmen auf den Weg in eine heilere Welt, in der Liebe, Gerechtigkeit und Friede Schritt für Schritt verwirklicht werden.

Zum Zweiten hoffe ich, dass Gott mich davor bewahrt, zu viele Menschen durch meine Schwächen und Fehler zu enttäuschen. Und dass er ausbessert, was ich falsch mache. Ich bin weit über der Mitte meines Lebensweges

angekommen. Er wird hoffentlich dort münden, wo wir alle ankommen möchten, ob wir uns dessen bewusst sind oder nicht.
Mein letzter und größter Wunsch wäre, dass ein paar Menschen eines Tages an dem Ort stehen und für mich beten, an dem ich meine letzte Ruhestatt haben werde – auf dem Friedhof des VinziDorfes.

BILDERLAN
Wir haben das Foto weiterentwickelt

Nachwort

Im Frühsommer des Jahres 1992 traf ich Wolfgang Pucher zum ersten Mal. Es war eine Zeit, in der mich vieles bewegte, und er kam mir gerade recht.

Ein halbes Jahr war es her, dass ich beschlossen hatte, Journalistin zu werden. Das war am 22. November 1991, im kroatischen Vukovar, Tag drei nach der Eroberung der Stadt durch die Jugoslawische Volksarmee. Ich war als Kameraassistentin mit einer Wiener Videofirma, die für das spanische Fernsehen arbeitete, im ehemaligen Jugoslawien unterwegs. Nachdem ich meines Studiums an der Wiener Filmakademie überdrüssig geworden war, hatte ich diesen Job in der Hoffnung auf gänzlich neue Erfahrungen angenommen.

Meine bereits kriegserfahrenen Kollegen hatten gar nicht erst versucht, mich vor dem zu warnen, was ich dort erleben würde. Die Blauäugigkeit, mit der ich mich in dieses Abenteuer stürzte, war grenzenlos. Und so war es nicht überraschend, dass mir mein Chef bereits am Abend des 22. November an der Hotelbar in Belgrad die Kündigung aussprach. Mit den Worten, ich sei für diese Arbeit wohl doch nicht geeignet.

Mein Weltbild wurde an jenem Tag gänzlich auf den Kopf gestellt. Ich habe in Vukovar Dinge gesehen, die man nicht sehen sollte. Meine Fassungslosigkeit über diese unbeschreiblichen Bilder der Zerstörung ließen mich meine beruflichen Aufgaben vergessen, ich ging verloren zwischen den Ruinen dieser leblosen Stadt, samt dem Rucksack mit der Kameraausrüstung. Es regnete in Strömen, Schutt und Schlamm bedeckten knöcheltief die zerschossenen Straßen. Mein Job spielte in diesen Stunden für mich keine Rolle. Ich weiß noch genau, dass ich nicht mehr in der Lage war, zu beurteilen, ob diese Hölle wirklich real war. Tagelang sollte ich nicht mehr aufhören können, zu heulen, und noch viele Jahre später holten mich diese Bilder immer wieder ein.

Ich habe damals den felsenfesten Entschluss gefasst, Journalistin zu werden. Ein ambitioniertes Ziel, doch nicht leicht und schon gar nicht schnell zu realisieren. Mein völlig ungeübter Versuch, im Frühling 1992 eine Story für die Nullnummer des neu gegründeten Magazins „NEWS" zu schreiben, blieb in seinen Anfängen stecken. Im Zuge meiner tollpatschigen Recherchen zum Thema Vergewaltigungsopfer aus Bosnien, die in österreichischen Pfarren Zuflucht suchten, war ich jedoch einem Menschen begegnet, der mir bis zum heutigen Tag viel bedeutet.

Bei einem meiner Besuche zu Hause in Graz erzählte mir meine Mutter von einem Pfarrer, einem angeblich sehr charismatischen Mann, der auf dem Sportplatz seiner Pfarre bosnische Flüchtlinge in Zelten beherbergen würde. Ich machte mich umgehend auf den Weg zu ihm, ohne meinen Besuch vorher anzukündigen. Die Kirche der Pfarrgemeinde St. Vinzenz und der Garten voller Bäume gefielen mir, die Sonne schien, die Vögel zwitscherten. Ich überwand meine Nervosität und betrat etwas zögerlich, aber entschlossen das große, alte Pfarrhaus.

Meine Mutter hatte recht. Wolfgang Pucher war ein Mann mit großem Charisma, und ich mochte ihn sofort. Stundenlang sind wir damals in der Gartenlaube zusammengesessen, um ein Interview zu führen, das in Wirklichkeit ein langes, tiefes Gespräch war. Über Krieg und Frieden, Liebe und Schmerz und die vielen Zweifel, die mich damals plagten.

Es war der Beginn einer langen, innigen Freundschaft mit einem Mann, in dem ich nicht so sehr einen Priester als vielmehr einen wirklich besonderen Menschen sah. Ich hatte nie ein besonderes Naheverhältnis zum katholischen Glauben, und ich werde Wolfgangs Reaktion nie vergessen, als ich ihm vor vielen Jahren verkündete, ich wäre aus der Kirche ausgetreten. Er sah mich verschmitzt an und sagte: „Na, Zeit war's." In Wahrheit ist er in dieser Hinsicht stets hartnäckig geblieben und versucht bis zum heutigen Tag, mich auf den Weg Gottes zurückzuführen. Da ich in spiritueller Hinsicht eine stets Zweifelnde bin, mag es durchaus sein, dass es ihm eines Tages gelingt.

Ich habe im Laufe der Jahre eine gewisse Ähnlichkeit zwischen uns bemerkt. Wir sind beide sehr emotional, und auch meine Umwelt hat manches Mal unter meinem Jähzorn zu leiden. Die Stunden, die wir mit unseren Gesprächen während der Entstehung dieses Buches verbrachten, waren nie langweilig, meist voller Humor, und bisweilen haben wir auch gestritten, wenn wir uns wo nicht einig waren. Das geht auch gut mit ihm.

Wolfgang hat auch meinen beruflichen Werdegang begleitet. Sein Engagement für Hilflose hat mich immer stark berührt, und ich bin froh, dass ich in meinem Job die Möglichkeit habe, ihn dabei zu unterstützen. Ich scheue mich nicht davor, zuzugeben, in diesem wie auch in vielen anderen Fällen anwaltschaftlichen Journalismus zu betreiben. Doch ich stehe nicht nur dazu, ich halte es auch für unbedingt notwendig, den Schwachen in der Gesellschaft und jenen, die sich für sie einsetzen, die Möglichkeit zur öffentlichen Stellungnahme zu geben.
Ich empfinde es als Glück, seit nunmehr 14 Jahren für den Österreichischen Rundfunk zu arbeiten, was mir nach mehreren mühsamen Anläufen im Jahr 1995 endlich gelungen war. Die Redaktion des „Journal Panorama“ auf Ö1 ist dafür bekannt, mitunter über Dinge zu berichten, die politisch unbequem sind. Ich gestehe, mich dort dementsprechend wohlzufühlen.
In besonderer Erinnerung ist mir eine Sendung über Hostice, die Heimat der Grazer Bettler. Meine Recherchen führten mich damals auch ins Büro des Grazer Bürgermeisters Siegfried Nagl, der seit Jahren den innigen Wunsch nach einem generellen Bettelverbot in seiner Stadt hegt. Es sei unverständlich, dass ein Geistlicher das Betteln auf der Straße unterstütze. Vielmehr sei Hilfe vor Ort gefragt, sagte er damals im Interview. Sein Pressesprecher, Thomas Rajakovics, sprach in dem Zusammenhang von Computern, die die Stadt Graz schon an Hostice gespendet hätte, die jedoch bereits alle gestohlen worden wären.
Davon wollte ich mich selbst überzeugen, und so fuhren Wolfgang und ich im Mai 2007 in das slowakische Dorf, um Nachschau zu halten. Ich konnte mich dort davon überzeugen, dass sowohl die Computer noch vorhanden waren und von den Jugendlichen begeistert und umsichtig

genutzt wurden als auch, dass vielmehr Wolfgang Pucher es war, der hier wirklich etwas tat.
Dass man diesen Menschen nicht nur Diebstahl unterstellte, sondern ihnen im Grunde ihr Recht auf Armut absprach, war Anlass genug für mich, wieder einmal über den Umgang meiner Heimatstadt mit sogenannten Randgruppen zu berichten.
Als ich im Herbst 2008 vom Verlag Styria gefragt wurde, ob ich mir vorstellen könnte, anlässlich seines 70. Geburtstages ein Buch über Wolfgang Pucher zu schreiben, sagte ich sofort ja, ohne eine Ahnung davon zu haben, wie ich das innerhalb von drei Monaten anstellen sollte. Doch von Anfang an haben mich die Geschichten dieses Mannes gefangen genommen, und so ist mir mein erstes Buch gar nicht so schwergefallen.
Ich habe Wolfgang gefragt, warum er seine Biographie eigentlich nicht selber schreibt. Er habe einst an die 40 Seiten getippt und es schließlich bleiben lassen, antwortete er. Den Nerv und die nötige Konzentration für solch ein Projekt habe er einfach nicht. Und so habe ich seine Erzählungen in Ichform niedergeschrieben. Das hat bewirkt, dass ich in den vergangenen Wochen förmlich eingetaucht bin in diesen Menschen. Ich hoffe, diese Art und Weise der Wiedergabe haben seine Berichte anschaulich und nachvollziehbar gemacht.

*

Das Feedback einiger Menschen während meiner Arbeit hat mir viel bedeutet und mich durch lange Schreibnächte getragen. Ich möchte meiner Familie und meinem Liebsten danken, die sich die jeweiligen Erstfassungen der Kapitel vorgenommen haben, um den „Flow“ zu checken. Meinem

verständnisvollen Chef Ernest Hauer, der ein wachsames Auge auf meine Rechtschreibung und etwaige schiefe Bilder hatte. Und Anneliese Kainer vom Verlag Styria, die stets gespannt auf nächste Kapitel wartete.
Mein größter Dank gilt Wolfgang Pucher, der mir nicht nur großartige Geschichten erzählt hat, sondern mich auch tief in seine Seele hat blicken lassen. Ich hoffe, dass Armut und Not eines Tages politisch und gesellschaftlich so weit anerkannt sind und bekämpft werden, dass es dieser außergewöhnliche Mensch künftig ein wenig ruhiger angehen kann.

Cornelia Krebs, im Jänner 2009

An einem Frühsommernachmittag des Jahres 1992 stand sie in meiner Kanzlei. Ich schätzte sie an die 20 Jahre, sie blickte mich fordernd an und verlangte von mir ziemlich energisch, ihr möglichst sofort ein Interview zu geben. Auf die Frage, welches Medium sie schicke, sagte sie, die neue Zeitschrift „NEWS". Sie komme extra aus Wien und wolle eine Geschichte über bosnische Frauen machen, die im Krieg vergewaltigt worden waren. Sie hätte gehört, dass es Pfarren gäbe, die diesen Frauen helfen würden. Ich sagte ihr, dass ich davon nichts wisse. Aber ich könnte ihr berichten, dass wir nebenan auf dem Sportplatz bosnische Flüchtlinge in Zelten einquartiert hätten. Obwohl ich wenig Zeit hatte, dachte ich, diese Frau, Conny Krebs, darfst du nicht wegschicken. Weil das Haus mit Hilfesuchenden und Helfern voll war und es dort keine Möglichkeit für ein ruhiges Gespräch gab, lud ich sie ein, mit mir ins Gartenhäuschen zu kommen, um sich dort mit mir zu unterhalten. Wir setzten uns hin, und sie begann sofort zu fragen. Was mich zu dieser Zeltaktion für Flüchtlinge gebracht habe, warum meiner Ansicht nach so viele Menschen dagegen protestieren würden, welche Ziele ich für die Betreuten verfolge und Ähnliches. Sie stellte ihre Fragen sehr präzise und forderte immer eine klare Antwort. Das Gespräch wurde von Frage zu Frage interessanter und anspruchsvoller. Sie wollte auch immer mehr über mich selber wissen. Ich konnte und wollte ihren Fragen nicht ausweichen. So kamen wir von den Problemen mit dem Zeltdorf sehr rasch auf wesentliche Dinge im Leben zu sprechen. Ich berichtete ihr, was mich motiviert, wenn ich etwas für Menschen tue. Was mir schwerfällt und vor allem, was mir hilft, schwierige Situationen zu bewältigen.

Sie hatte keine vorformulierten Fragen auf einem Zettel bei sich, sondern stellte jede neue Frage in Reaktion auf meine eben gegebene Antwort. Dabei blickte sie mir unentwegt in die Augen. Sie hörte mir konzentriert zu – nicht wie manch andere Kollegen, die oft, bevor sie eine Frage stellen, bereits eine bestimmte Antwort erwarten und dann nur noch mit halbem Ohr zuhören. Ich spürte auch, dass sie die Art, wie ich mit den mir gestellten Aufgaben umging, manchmal nicht ganz nachvollziehen konnte. Offenbar hatte sie bereits ihre Erfahrungen mit Problemen im Leben gemacht und war damit anders zurechtgekommen als ich.

Plötzlich hatte ich das Gefühl, dass sie jetzt nicht mehr als Journalistin bei mir war, sondern als junge Frau, die etwas mit sich trug, das sie bewegte und das sie gerne mit jemandem besprochen hätte. Mit einem Menschen, dem sie zutraute, dass er sie verstand und der auch in der Lage war, ihr etwas zu sagen, das sie für ihr Leben brauchen konnte. Ich fragte sie einfach, ob es ihr nicht gut gehe und ob sie mit mir darüber reden wolle.

Plötzlich begann sie zu weinen. Wir saßen lange still beieinander, dann erzählte sie aus ihrem Leben. Ich war beeindruckt, wie viel diese junge Frau schon erlebt hatte. Ihr längerer Aufenthalt in Israel, ihre Bekanntschaft mit einem Rabbiner, der ihr beigebracht hatte, dass sie allen Schmuck ablegen müsse, wenn sie beten wolle, damit sie

wirklich ganz als sie selbst vor Gott dastünde. Ihre Telefonschulden für Gespräche mit ihrem israelischen Freund, den sie täglich anrief, um die Beziehung am Leben zu erhalten. Und schließlich ihre Erfahrungen in Kroatien.
Es kam vieles aus ihr heraus, das mich teilweise mit Staunen, teilweise mit Bewunderung erfüllte. Ich merkte, dass sie eine bemerkenswerte Persönlichkeit ist, die mit aller Energie auf der Suche nach dem Leben – ihrem Leben – ist. Und sofort hatte ich gewusst, dass ich in dieser Situation ganz bei ihr bleiben musste – weil ich vielleicht der Einzige war, von dem sie sich im Augenblick etwas sagen ließ und den sie ernst nahm.
Ich hörte aufmerksam zu und versuchte ihr zu vermitteln, dass es für jede Situation im Leben einen tieferen Grund und auch einen Sinn gibt, warum sich alles so zuträgt. Ich konnte und wollte ihr auch nicht verschweigen, dass Gott für mich die letzte und maßgebliche Stütze im Leben ist. Ich erzählte ihr, wie ich mit Gott umgehe, wenn ich seine Hilfe dringend brauche.
Unser Gespräch hatte schon viel zu lange gedauert. Ich musste mich langsam auf den Weg ins Zeltdorf machen, wo ich jeden Abend mit den Mitarbeitern und jenen Flüchtlingen, die es wollten, die heilige Messe feierte. Ich lud Conny ein, nur wenn sie wolle, mit mir ins Zelt zum Gottesdienst zu kommen. Zu meiner Überraschung ging sie mit. Nach der Messe umarmte sie mich fest und herzlich. Dann fuhr sie fort. Ich wusste, wir würden uns wieder begegnen.
Den beabsichtigten Artikel hat sie nie verfasst. Aber sie meldete sich bei mir telefonisch. Sie wollte mir erzählen, wie es ihr jetzt gehe. Und sie wollte auch wissen, ob sie mich wieder besuchen dürfe. Meine Zustimmung war selbstverständlich. Es sollte noch etwas dauern. Zu

Weihnachten kam sie schließlich zu uns in die Mette und brachte ihre Eltern und ihren Bruder mit. Nach dem Gottesdienst saßen wir noch eine gute Weile in meiner Kanzlei beisammen, und es war, als würden wir alle einander schon ewig kennen.
Eines Tages flatterte eine Einladung auf meinen Schreibtisch. Zur Überreichung des Claus Gatterer Preises im Siemens-Forum in Wien. Ich wusste damals nicht, dass dies einer der renommiertesten Journalistenpreise Österreichs ist. Conny hatte ihn für eine Sendung der Ö1-Reihe „Journal Panorama" bekommen, die von einer Überlebenden des Nazi-Terrors handelte. Bei der Verleihung war diese Frau auch anwesend. Die Sendung wurde im Rahmen der Veranstaltung vorgespielt, es war großartig. Da wurde mir erst bewusst, welch begabte Journalistin sie ist.
Wir hielten unseren Kontakt zueinander aufrecht. Immer, wenn sich in ihrem Leben etwas Besonderes tat, meldete sie sich bei mir, und ich tat es ebenso. Von Zeit zu Zeit begegnete ich ihrer Familie, und wenn sie in Graz war, kam sie auf einen Sprung bei mir vorbei. So entstand mit der Zeit eine große Vertrautheit zwischen uns.
Im vergangenen Herbst kam Anneliese Kainer vom Styria-Verlag zu mir und teilte mir mit, der Verlag wolle anlässlich meines bevorstehenden 70. Geburtstages ein Buch über unseren Einsatz für arme Menschen und meine Person veröffentlichen. Auf die Frage, ob ich jemanden nennen könne, der über unser Tun und mich gut Bescheid wisse und auch in der Lage sei, zu beschreiben, was in den letzten Jahren geschehen ist, war ich zunächst überfragt. Da fiel mir Conny Krebs ein. Der Verlag nahm diesen Vorschlag sofort an.
Conny stimmte rasch zu, und wir begannen mit ausführlichen Gesprächen über das, was geschehen war und was

dahinterstand. Die Gespräche mit ihr waren wie beim ersten Mal vor 17 Jahren. Mit großem Einfühlungsvermögen stellte sie mir Impulsfragen, die ich so beantwortete, wie es mir eben auf der Zunge lag. Sie fragte nur dann nach, wenn sie den Zusammenhang besser verstehen oder mehr aus meinem Inneren herausholen wollte. Wenn sie spürte, dass ich nicht noch tiefer in mich hineinschauen lassen wollte, ließ sie es so, wie ich es gesagt hatte.
Es war ihr Wunsch, das Buch in der Ichform zu schreiben. Dabei hat sie alles, was sie bei unseren Gesprächen aufgezeichnet hat, mit eigenen Worten wiedergegeben, ohne den Inhalt zu verändern. Das Buch berichtet darüber, was geschehen ist, so wie ich mich daran erinnere. Und auch über die Motive, die dazu geführt haben, soweit ich sie selber nachvollziehen kann. Da Conny mich seit Jahren gut kennt und sie oft auch viel Persönliches mit mir besprochen hat, ist es ihr gelungen, unser Tun in Verbindung mit meinem persönlichen Leben bestens darzustellen.

*

Wenn wir auf das schauen, was notwendig ist, wird mir immer mehr bewusst, dass wir alle, auch wenn wir unser Bestes geben, immer noch zu wenig tun. Ich weiß wohl, dass es viele gibt, die sich genauso bemühen, sich in den Dienst der Ärmsten zu stellen und dabei nicht immer nur Unterstützung finden. Ich wünsche mir aber, dass Menschen, die gerne etwas für Arme und Ausgegrenzte tun möchten, durch dieses Buch den Mut bekommen, es zu versuchen. Und dass sie daran glauben, dass ihnen Hilfe zufließt. Wenn sie dabei bleiben, mögen sie erfahren, wie schön es ist, Gott in den Armen zu dienen.

Wolfgang Pucher, im Jänner 2009

VinziWerke

1.	VinziBus Graz	1991
2.	VinziNest Graz	1992
3.	VinziDorf Graz	1993
4.	VinziHaus Graz	2000
5.	VinziBus Salzburg	2000
6.	VinziMed Graz	2000
7.	VinziTel Graz	2002
8.	VinziMünz Graz	2002
9.	VinziShop Graz	2002
10.	VinziDom	2003
11.	VinziHelp Graz mit Haus Rosalie	2004
12.	VinziMarkt Graz, Rochelgasse	2004
13.	VinziRast Wien	2004
14.	VinziMarkt Graz, Hergottwiesgasse	2005
15.	VinziOtthon, Hostice, Slowakei	2005
16.	VinziSchutz Graz	2006
17.	VinziMarkt Voitsberg	2006
18.	VinziShop Hostice, Slowakei	2006
19.	VinziBett Wien	2006
20.	VinziBus Klagenfurt	2007
21.	VinziPasta Hostice, Slowakei	2007
22.	Betreute Wohnform VinziHelp	2007
23.	VinziMarkt Wien	2008
24.	VinziMarkt Leibnitz	2008
25.	VinziMarkt Judenburg	2009
26.	VinziMarkt Kottingbrunn	2009
27.	VinziMarkt Deutschlandsberg	2009
28.	VinziWürstl Wien	2010
29.	VinziLife, Graz	2010
30.	VinziShop Wien	2010
31.	VinziPort Wien	2010
32.	VinzigMarkt Bad Aussee	2011
33.	VinziBus Odessa	2011
34.	VinziDach-Housing First Salzburg	2012
35	VinziShop Graz, 2. Filiale	2013
36.	VinziHerz	2013
37.	VinziMed Odessa	2014
38.	VinziMarkt Wartberg	2015

Selbstständig entstanden sind:

1.	VinziBus Bozen	2003
2.	VinziBus Innsbruck	2004
3.	VinziOase	2012
4.	VinziShop Leibnitz	2014
5.	VinziShop Judenburg	2014

In den Einrichtungen der VinziWerke Österreich finden täglich bis zu 450 Personen Unterkunft und 1.400 Personen werden mit Essen bzw. Lebensmitteln versorgt.

Abendbrot für Obdachlose	70 Pers./täglich
Notschlafstelle für männliche Ausländer	78 Pers./täglich
Dauerherberge für männliche Obdachlose	35 Pers./täglich
Anlaufstelle für Hilfesuchende	
Abendbrot für Obdachlose	35 Pers./täglich
Krankenstube für Bedürftige	5 Pers./täglich
Notschlafstelle für Inländer/innen	24 Pers./täglich
Einzelwohnungen für Extremfälle	10 Pers./täglich
Billige Kleider für jeden	110 Pers./täglich
Bildungs- und Kommunikationszentrum in Hostice	
Frauen helfen Frauen	15 Pers./täglich
Lebensmittel für Bedürftige	90 Pers./täglich
Notschlafstelle für In- und Ausländer/innen	77 Pers./täglich
Lebensmittel für Bedürftige	45 Pers./täglich
12 Roma-Wohnungen	51 Pers./täglich
Notschlafstelle für Ausländerinnen	25 Pers./täglich
Lebensmittel für Bedürftige	60 Pers./täglich
Billige Kleider für jeden	2 Arbeitsplätze
Notschlafstelle für In- und Ausländer/innen	50 Pers./täglich
Abendbrot für Obdachlose	30 Pers./täglich
Nudelproduktion von Roma-Frauen	14 Arbeitsplätze
Kleinmietwohnungen mit Betreuung	9 Pers./täglich
Lebensmittel für Bedürftige	400 Pers./täglich
Lebensmittel für Bedürftige	70 Pers./täglich
Lebensmittel für Bedürftige	50 Pers./täglich
Lebensmittel für Bedürftige	30 Pers./täglich
Lebensmittel für Bedürftige	30 Pers./täglich
Sozialer Würstelstand	Projekt beendet
Haus f. acht psychisch schwer belastete Frauen	8 Pers./täglich
Billige Kleidung für Jede/n	80 Pers./täglich
Notschlafstelle für EU Bürger	55 Pers./täglich
Lebensmittel für Bedürftige	30 Pers./täglich
Abendbrot, Kleider u. medizinische Versorgung	100 Pers./täglich
Von der Obdachlosigkeit in die eigene Wohnung	10 neue Wohnungen/Jahr
Billige Kleidung für Jede/n	50 Pers./täglich
Familiennotschlafstelle	25 Pers./täglich
Medizinische Versorgung Obdachloser	30 Pers./täglich
Lebensmittel für Bedürftige	
Abendbrot für Obdachlose	50 Pers./täglich
Abendbrot für Obdachlose	30 Pers./täglich
Betreuung Obdachloser	30 Pers./täglich
Billige Kleider für Jede/n	40 Pers./täglich
Billige Kleidung für Jede/n	60 Pers./täglich

Mehr als 700 Ehrenamtliche schenken ihre Zeit den VinziWerken und unseren Gästen und BewohnerInnen.

Stand Jänner 2015

Spendenkonto:
Steiermärkische Sparkasse
BLZ 20815
Kto.-Nr. 02200 406888

Pfarrer Pucher:
E-Mail: Pucher@vinzi.at
Tel: 0316 58 24 02

VinziWerke:
Lilienthalgasse 20, 8020 Graz
www.vinzi.at